集人文社科之思　刊专业学术之声

集刊名：全球史
主办单位：北京外国语大学历史学院
主　编：李雪涛
执行编辑：高　然

# CHINESE JOURNAL OF GLOBAL HISTORY

## 学术顾问

巴斯蒂（Marianne Bastid-Bruguière）　　顾　彬（Wolfgang Kubin）

腊碧士（Alfons Labisch）　　李伯重（Li Bozhong）

吕　森（Jörn Rüsen）　　杨　丹（Yang Dan）

## 学术委员会

戴秋娟（Dai Qiujuan）北京外国语大学　　顾　杭（Gu Hang）北京外国语大学

顾　钧（Gu Jun）北京外国语大学　　刘家峰（Liu Jiafeng）山东大学

柳若梅（Liu Ruomei）北京外国语大学　　内田庆市（Uchida Keiichi）日本关西大学

彭小瑜（Peng Xiaoyu）北京大学　　秋田茂（Akita Shigeru）日本大阪大学

沈国威（Shen Guowei）日本关西大学

孙来臣（Sun Laichen）美国加州州立大学富勒顿分校

孙立新（Sun Lixin）山东大学　　王邦维（Wang Bangwei）北京大学

王马克（Marc Matten）德国埃尔兰根 – 纽伦堡大学

张国刚（Zhang Guogang）清华大学　　章　清（Zhang Qing）复旦大学

## 第3辑

集刊序列号：PIJ-2020-406

集刊主页：www.jikan.com.cn/ 全球史

集刊投约稿平台：www.iedol.cn

# 全 球 史

## 第3辑

*Chinese Journal of Global History* Vol.3

李雪涛 主编

社会科学文献出版社
SOCIAL SCIENCES ACADEMIC PRESS (CHINA)

感谢我的同事兼好友李雪涛教授邀请我为《全球史》写几句话。作为一位汉学家，我很清楚半个多世纪以来中国和欧洲一直有着共同的历史，也必将共享同一个未来。在当下不同民族和不同文化开始产生新的裂痕与隔阂之际，出版这样的刊物是一个充满希望的信号。几年前，德国的"海外史学会"（Gesellschaft für Überseegeschichte）更名为"全球史学会"（Gesellschaft für Globalgeschichte），这表明该学会的研究视角发生了转变。此次更名经历了漫长的讨论。在这个过程中，学术界慢慢承认：我们生活在同一个世界，只有不断带着这样的观点去思考问题，启蒙运动的理想才有可能实现。这是因为，尽管不同文化之间存在着种种差异，尽管人们自己构建或"创造"了他们所探索的世界，这个世界仍然是一个共有的世界。与此同时，我们也知道，当我们谈论世界时，我们还没有开始维特根斯坦的"认知游戏"（Erkenntnisspiel）。正因为我们与他人共享这个世界，汉娜·阿伦特（Hannah Arendt, 1906~1975）提出了对"共同世界"（gemeinsamen Welt）的思考：它"不会仅仅因为由人类构建"就是人性的了，"如果没有一直被人们所谈论"，它依然是非人性的。阿伦特说："只有通过交谈，我们才能将世界上和我们内心正在发生的事情变得人性化。在这种交谈中，我们学习如何成为人。"年轻的中文刊物《全球史》，正可成为这样一个交流与讨论的平台。（王晓宁　译）

施寒微（Helwig Schmidt – Glintzer）

哥廷根大学东亚文学与文化研究系荣休教授

# 目 录

# 书　评

全球史（第3辑）

# 专 论

# 《美国东方学会会刊》汉学研究的分期<br>及其演变成因[*]

李　松　黄　懿[**]

**摘　要**　《美国东方学会会刊》（*Journal of the American Oriental Society*）是美国本土主办的第一本东方学刊物。通过对其 1843～2019 年刊载的汉学类论文进行分期整理，可以分为 1843～1914 年、1915～1928 年、1929～1944 年、1945～2019 年四个时期。根据其论文内容的主题进行分类，对华研究重点包括如下问题：中国古代历史、语言、儒学、民俗与文学研究等。该刊物研究主题的演变与热点分布反映了欧洲与美国东方学研究旨趣的变化，美国本土汉学和中国学的崛起形成了新的学术方向，美国国内政治局势的变化也对研究进程产生了直接的冲击。结合《美国东方学会会刊》的汉学研究状况与西方东方学史以及汉学史的发展进程，可以较为全面地把握该杂志汉学研究的历史分期、演变过程及其原因。

**关键词**　东方学　《美国东方学会会刊》　汉学研究

## 引　言

从学术史源头来看，美国的汉学（Sinology）研究属于西方学界东方

---

＊　本文系武汉大学中外联合科研平台种子基金支持计划：武大—杜克中西文论的对话互鉴研究联合科研平台（KYPT－PY－1）阶段性成果。

＊＊　李松，武汉大学文学院教授，武汉大学当代思想与文化研究中心主任。黄懿，武汉大学当代思想与文化研究中心助理。

学（Oriental studies）的一个有机组成部分。在美国东方学与汉学的历史发展过程中，成立有学术共同体的专业性学会组织和创办学术期刊是这一研究领域走向成熟的重要标志。① 费正清（John King Fairbank）认为"有组织的中国学研究标志是 1842 年成立的美国东方学会"。美国东方学会（American Oriental Society）的宗旨是"传播关于东方的知识，促进对东方语言和文学的研究"。② 国际上同类的老牌学会还有在巴黎成立的亚洲学会（Societe Asiatique）、在伦敦成立的皇家亚洲学会（The Royal Asiatic Society）、在莱比锡成立的德意志东方学会（Deutsche Morgenländische Gesellschaft）等。创办于 1843 年的《美国东方学会会刊》（下文简称为《会刊》）是美国东方学会的旗舰刊物，也是出版的第一本美国东方学本土学术刊物，旨在以文献学和考古学的方法考察东方学。美国东方学会凭借学术期刊这一重要平台，组织并汇聚了跨越国家、地区、学科、文化等区隔的学人群体，促进了美国东方学、汉学以及中国学（Chinese studies）的学术发展。《会刊》历史悠久、资料丰富、口碑甚佳，其刊载的研究成果涉及的学术领域极广，所载论文被东方学界与汉学界广泛引用，成为东方学研究的重要学术资源。据笔者统计，截至 2019 年，《会刊》合计发行 139 卷，所载汉学研究论文合计 502 篇。③ 作为美国东方学研究的代表性刊物，该会刊不仅是管窥欧洲与北美东方学的重要窗口，也是汉学研究不可回避的学术宝库。

目前国内学界对该刊物进行了深入细致的学术探索，据笔者查找与统计中国知网、读秀等数据库（截至 2021 年 11 月 7 日），现有研究成果按类

---

① 李松、韩彩琼、田璐：《海外英文汉学期刊的创办历史与现状》，《南京理工大学学报》2021 年第 1 期；李松、田璐：《海外英文中国学期刊的创办历史与现状》，《云梦学刊》2021 年第 6 期。

② John K. Fairbank, "Assignment for the 70's", *The American Historical Review*, Vol. 74, Issue 3 (1969).

③ 需要说明的是，本文此处的统计数字与孟庆波差距颇大。他认为，《美国东方学会会刊》自 1843 年创刊，截至 2012 年共发行 132 卷，发表对华研究的文章及书评共约 2300 篇，占《会刊》总篇目的大约 1/5，涉及中国的语言、文字、文学、历史、思想、宗教、古代科技、少数民族等主题。二者数目差距很大的主要原因是，本文的统计以刊载的文章为主，孟庆波的统计则包括了数量巨大的书评。见孟庆波《来华美国人对美国东方学会早期汉学研究的贡献（1842～1930）》，《西部学刊》2015 年第 3 期。

别可分为如下几类。第一，关于《会刊》的宏观与总体研究。冯新华基于大量的原始资料，钩沉美国东方学会的成立及发展状况，清晰呈现出其东方学背景、基本组织结构及其与东方各国的关系，并提炼出美国东方学会的政治性、宗教性及其博物学和人文学的研究传统，还在美国东方学会的研究成果中选取了部分印度学、日本学、阿拉伯－伊朗学以及汉学成果加以具体研究。① 第二，关于《会刊》刊载的某一方面内容的具体考察。如孟庆波揭示了海外学界的汉学贡献，建构了国内外的学术对话。② 冯新华将《会刊》的中国现代文学部分作为一个窗口考察美国汉学研究的方法以及研究方向。③ 孟庆波关于美国东方学会的藏书研究，其成果聚焦个案，以小见大，体现了小切口深挖掘的特色。④ 第三，关于《会刊》某一时期的主要作者群体的研究。如孟庆波聚焦学人群体，选题独到，涉及深广的汉学史知识。⑤ 第四，关于《会刊》历史发展阶段问题的探讨。学者李珍华以 1843～1991 年为界，将《会刊》分为三个阶段。⑥ 顾钧整体探讨美国东方学会及其会刊的内容与历史，考察了美国东方学会的历史沿革及其不同时期的汉学研究重点。⑦ 孟庆波将 1842～1930 年作为《会刊》汉学研究的早期阶段进行探讨。⑧ 这三位学者的话题与本论文直接相关，也是笔者借镜并对话的资源。总之，国内上述四类研究成果中，首都师范大学的冯

---

① 冯新华：《美国东方学会与美国东方学》，博士学位论文，北京师范大学，2012。
② 具体成果参见：孟庆波《〈美国东方学会会刊〉中的西藏宗教史研究（1843～2000）》，《云南民族大学学报》2015 年第 1 期；孟庆波《〈美国东方学会会刊〉中的汉语研究（1843～2012）》，《古汉语研究》2014 年第 2 期。
③ 冯新华：《从〈美国东方学会会刊〉管窥美国的中国现代文学研究》，《广西师范大学学报》2016 年第 5 期。
④ 孟庆波：《俾列利查士威林向美国东方学会图书馆的赠书》，《汉学研究》2017 年第 1 期，第 338～356 页；孟庆波：《美国东方学会图书馆的早期汉学藏书（1842～1905）——兼论 19 世纪的美国汉学目录学》，《燕山大学学报》2020 年第 3 期。
⑤ 孟庆波：《来华美国人对美国东方学会早期汉学研究的贡献（1842～1930）》，《西部学刊》2015 年第 3 期。
⑥ 〔美〕李珍华：《"胡天汉月方诸"：简介美国东方学会》，《国际汉学》第 1 期，商务印书馆，1995，第 493 页。
⑦ 顾钧：《美国东方学会及其汉学研究》，《中华读书报》2012 年 4 月 4 日，第 19 版。
⑧ 孟庆波：《来华美国人对美国东方学会早期汉学研究的贡献（1842～1930）》，《西部学刊》2015 年第 3 期。

新华和中国矿业大学的孟庆波两位学者开掘很深、功夫很细；北京外国语大学的顾钧教授宏观与微观结合，进行了兼顾系统与局部的考察。①

美国东方学中的汉学学术研究有一个从初创走向成熟的历史过程，要全面把握其发展脉络的话，需要开展宏观的学术史考察，而学术史研究的基础是确认它的基本过程和发展阶段，因而有必要从分期研究入手。冯新华认为："美国东方学会的汉学研究自始至今先后经历了发端、兴起及深入三个历史阶段。以卫三畏、丁韪良、柔克义、布雷德利、夏德、劳费尔、施赖奥克、顾立雅、卜弼德、恒慕义、谢弗、赵元任、叶理绥、薛爱华等为代表的一批成员构成了学会汉学研究的中坚力量。"② 如果以《会刊》作为实证的个案的话，笔者拟将1843～2019年间《会刊》刊载的汉学研究论文按学科知识进行分类，考察不同时期（萌芽、起步、勃兴、鼎盛）涉及的知识内容，分析其关注重点的演变，并探索研究热点变化的内部学术因素与外部社会影响。

## 一 1843～1914年 《美国东方学会会刊》 汉学研究的萌芽阶段

朱政惠的论文和专著对美国的中国学史进行了深入的宏观考察，试图寻找其中的演变线索与规律。他俯瞰其整个历程之后认为："美国中国问题的研究比欧洲起步晚，随着传教士的步入中国而开始，因此一开始谈不上是严谨研究。20世纪前后，才在欧洲汉学影响下，逐步步入学术正轨。又大体是在二战前后，在区域研究的旗帜下，走向关注现当代中国问题研究。不过直到新中国成立初，这段路走得还是比较坎坷。"③ 如果说这段概括有些粗略的话，那么恰好可以通过以《会刊》为中心进行微观描述与实例论证。

---

① 关于该刊物的更多研究成果参见李松、吴冰霞《视角、主题与方法：海外汉学期刊研究的回顾与反思》，《南京理工大学学报》2021年第5期。
② 冯新华：《美国东方学会与美国东方学》，博士学位论文，北京师范大学，2012。
③ 朱政惠：《关于美国中国学家的总结和反思》，《历史教学问题》2003年第4期。

（一）分期理由

李珍华探讨了该《会刊》的分期问题，他将此杂志的历史发展分为三个时期："从中国学研究的角度来看，学报大致可以分为三大阶段。第一阶段是从 1843 年到 1915 年的 60 多年间，共出版 35 卷，每卷期数不定，平均每年（每卷）两期。"① "学会在中国学研究上的第二大阶段是从 1915 年到 1942 年近 30 年的时间。这期间学会和美国社会对中国开始予以重视，并投入相当可观的财力人力从事培养人才和收集图书资料的工作。"② 1943 ~ 1991 年为第三阶段。③ 上述观点对分期研究十分重要，也是本文的参考对象。

笔者选择以 1914 年作为第一阶段的终点、以 1915 年作为第二阶段的起点，因为 1915 年之前《会刊》刊载的实质意义上的汉学研究成果很少。据李珍华的统计，《会刊》在 1843 ~ 1915 年仅发行了 35 卷，每卷期数不等，平均每年两期。这一时段的论文以研究古印度、两河流域、埃及、波斯和阿拉伯、希伯来为主，关于中国的论文很少。④ 这是符合美国东方学起步阶段的实际历史面貌的。他认为，从 1843 年到 1899 年的 50 多年间，《会刊》发表的有关中国地理民俗的文章合计 4 篇。⑤ 受到一战的影响，1914 年的《会刊》推迟了发行，改为 1915 年发行。从 1915 年起，《会刊》每年持续发行，以季刊为主，关于中国研究的论文数量明显增长。本文与李珍华关于《会刊》第一阶段的分期大致相同。李珍华的分期明确以中国研究为对象和依据，需要说明的是，他这里的"中国研究"实际上是指汉学。1945 年美国东方学学会内部开展论战，远东学会（Far Eastern Association，亚洲学会的前身）从美国东方学会分离出来，并于 1948 年创立《远东季刊》（*Far Eastern Quarterly*，《亚洲研究杂志》前身），从此美国关

① 〔美〕李珍华：《"胡天汉月方诸"：简介美国东方学会》，《国际汉学》第 1 期，第 488 页。
② 〔美〕李珍华：《"胡天汉月方诸"：简介美国东方学会》，《国际汉学》第 1 期，第 489 页。
③ 〔美〕李珍华：《"胡天汉月方诸"：简介美国东方学会》，《国际汉学》第 1 期，第 493 页。
④ 〔美〕李珍华：《"胡天汉月方诸"：简介美国东方学会》，《国际汉学》第 1 期，第 488 ~ 489 页。
⑤ 〔美〕李珍华：《"胡天汉月方诸"：简介美国东方学会》，《国际汉学》第 1 期，第 489 页。

于东方的研究分为人文科学（以语言、历史、文化、民俗等为主）与社会科学（以政治学、经济学、社会学、人类学等为主）两个领域。可以发现《远东季刊》以及后来的《亚洲研究杂志》显然是以中国学为重点，《会刊》则以东方学为重点。李珍华梳理的起讫时段是 1843～1991 年，之所以选择以 1991 年为统计与分期的终点，是因为其文章写作时间是 1991 年（他本人于 1993 年病逝）。本文统计的起讫时间是 1843 年至 2019 年，分期的终点时间后移，因而与李珍华的统计结果有差异。

## （二）研究概况

据冯新华分析，美国东方学会自 1842 年创立之后，其"东方学研究主要由印度学研究、阿拉伯学研究、伊朗学研究、汉学研究及日本学研究等内容构成。印度学（或称梵学）是美国东方学会最重要的研究内容之一。美国东方学会曾出现过索尔兹伯里、惠特尼、兰曼、克拉拉、约翰·霍普金斯等著名的印度学家。《美国东方学会会刊》中的印度学研究论文所占的篇幅最多"。① 可见汉学虽然是《会刊》涉及内容之一，但是在初期阶段并非关注重点。据顾钧的研究和统计，在 19 世纪的学术环境中，中国处于东方学的边缘，《会刊》留给中国的版面十分有限。以 19 世纪所出的前 20 卷为例，与中国有关且有一定篇幅的文章只有 10 篇，篇目如下："克拉普罗特《中国纸币史》（第 1 卷第 136～142 页）；格里诺《中国：人口、贸易、条约签订的前景》（第 1 卷第 143～161 页）；勃朗《中国文化，或中国人特性的形成原因》（第 2 卷第 167～206 页）；马西《运用电码标示汉字的方式》（第 3 卷第 195～207 页）；索尔兹伯里《西安大秦景教碑的真伪》（第 3 卷第 399～419 页）；布拉德利《中国方言的罗马字拼写》（第 4 卷第 327～340 页）；伟烈亚力《西安大秦景教碑》（第 5 卷第 275～336 页）；丁韪良《古代中国的北方蛮族》（第 11 卷第 362～374 页）；柔克义《朝鲜与中国的关系》（第 13 卷第 1～33 页）；柔克义《西藏佛本生故事》

---

① 冯新华：《美国东方学会与美国东方学》，博士学位论文，北京师范大学，2012。

（第 18 卷第 1~14 页）。"① 根据以上所刊篇目的内容分析，顾钧认为："从上面 10 篇文章可以看出三个特点，一是研究课题多属于古代，二是语言文字研究所占比例较高，三是关注少数民族、中外关系，而较少论及作为中国文化主体的儒家文化。这三点基本上可以概括 19 世纪美国东方学会汉学研究的特点。"② 孟庆波的研究与上述统计结果存在差异，他指出，从 1843 年创刊到 1863 年，《会刊》的前 7 卷合计刊登有关中国的文章有 18 篇。这与顾钧认为《会刊》19 世纪所出的前 20 卷中与中国有关且有一定篇幅的文章只有 10 篇有较大出入。孟庆波认为这 18 篇文章中有几篇文章带有强烈的现实观照色彩，他通过分析以上文章认为，美国的汉学不同于欧洲那种传统意义上的书斋式汉学，它夹杂了很多现实观照、传教关怀和国家利益的考量。③

据笔者统计，从 1843 年的第 1 卷到 1899 年的第 20 卷，与中国有关的文章合计 22 篇，除了顾钧列举的 10 篇，还有如下 11 篇论文和 1 篇书评：裨治文（E. C. Bridgman）的《犹太人在中国》④（1851 年）；《在开封的犹太人》⑤（1853 年）；卫三畏（S. Wells Williams）的《中国丛报》⑥（1853 年）；驻华传教士玛高温（D. J. Mac‑gowan）的《航海金针》⑦（1854 年）；驻华传教士布拉德利（Charles W. Bradley）的《汉语方言的书面转化》⑧（1854 年）；怀德（Moses C. White）的书评《评 Stanislas Hernisz

---

① 顾钧：《美国东方学会及其汉学研究》，《中华读书报》2012 年 4 月 4 日，第 19 版。
② 顾钧：《美国东方学会及其汉学研究》，《中华读书报》2012 年 4 月 4 日，第 19 版。
③ 孟庆波：《美国中国学的发端史研究》，《华南农业大学学报》2013 年第 2 期。
④ E. C. Bridgman, "Jews in China", *Journal of the American Oriental Society*, Vol. 2（1851），pp. 341 – 342.
⑤ Josiah W. Gibbs and Edward E. Salisbury, "The Jews at Khaifung‑fu in China", *Journal of the American Oriental Society*, Vol. 3（1853），pp. 235 – 240.
⑥ S. Wells Williams, "Chinese Repository", *Journal of the American Oriental Society*, Vol. 3（1853），p. 240.
⑦ D. J. Mac‑gowan, "The Law of Storms in Chinese", *Journal of the American Oriental Society*, Vol. 4（1854），pp. 456 – 457.
⑧ Charles W. Bradley, "Chinese Local Dialects Reduced to Writing", *Journal of the American Oriental Society*, Vol. 4（1854），pp. 327, 329 – 340.

〈习汉英合话〉和 Stephen P. Andrews〈汉语新发现〉》① （1855年）；伟烈亚力（A. Wylie）的《景教碑上的色干佛》② （1855年）；咩士（顾钧译作"马西"，William A. Macy）的《卫三畏的〈英华分韵撮要〉》③ （1859年）；惠特尼（W. D. Whitney）的《比约和韦伯关于中印星座体系关系的思考》④ （1866年）和《回应韦伯教授对涉及中、印、阿拉伯星座体系论文的批评》⑤ （1866年）；卫三畏的《马端临〈文献通考〉对扶桑及其他中国以东国家的记载》⑥ （1885年）；白汉理（Henry Blodget）的《中国帝王的天地崇拜》⑦ （1899年）。

笔者认为，从1843年创刊到1863年，《会刊》的前7卷合计刊登有关中国的文章15篇，与孟庆波统计的18篇略有出入。从1900年到1914年，与中国有关的论文共有5篇，其篇目如下：福开森（John C. Ferguson）的《中国科举考试的废除》⑧ （1906年），夏德（Friedrich Hirth）的《金斯米尔先生与匈奴》⑨ （1909年）、《拂菻之谜》⑩ （1909年）、《古代中国对东

---

① M. C. White, "Hernisz's Guide to Conversation in English and Chinese, and Andrews's Discoveries in Chinese", *Journal of the American Oriental Society*, Vol. 5 （1855 – 1856）, pp. 218 – 225.

② A. Wylie, "On The Nestorian Tablet of Se – gan Foo", *Journal of the American Oriental Society*, Vol. 5 （1855 – 1856）, pp. 275, 277 – 336.

③ William A. Macy, "On Dr. S. W. Williams's Chinese Dictionary", *Journal of the American Oriental Society*, Vol. 6 （1858 – 1860）, pp. 566 – 571.

④ W. D. Whitney, "On the Views of Biot and Weber Respecting the Relations of the Hindu and Chinese Systems of Asterisms", *Journal of the American Oriental Society*, Vol. 8 （1866）, pp. 1 – 94.

⑤ W. D. Whitney, "Reply to the Strictures of Prof. Weber upon an Essay Respecting the Asterismal System of the Hindus, Arabs, and Chinese", *Journal of the American Oriental Society*, Vol. 8 （1866）, pp. 382 – 398.

⑥ S. Wells Williams, "Notices of Fu – Sang, and Other Countries Lying East of China, Given in the Antiquarian Researches of Ma Twan – Lin", *Journal of the American Oriental Society*, Vol. 11 （1885）, pp. 89 – 116.

⑦ Henry Blodget, "The Worship of Heaven and Earth by the Emperor of China", *Journal of the American Oriental Society*, Vol. 20 （1899）, pp. 58 – 69.

⑧ John C. Ferguson, "The Abolition of the Competitive Examinations in China", *Journal of the American Oriental Society*, Vol. 27 （1906）, pp. 79 – 87.

⑨ Friedrich Hirth, "Mr. Kingsmill and the Hiung – nu", *Journal of the American Oriental Society*, Vol. 30, No. 1 （1909）, pp. 32 – 45.

⑩ Friedrich Hirth, "The Mystery of Fu – lin", *Journal of the American Oriental Society*, Vol. 30, No. 1 （1909）, pp. 1 – 31.

非的关注》①（1909 年）和《拂菻之谜》②（1913 年）。上述列举的 27 篇文章（包括 26 篇论文和 1 篇书评）的研究内容，正如上文顾钧所论，以中国古代历史为主，且多与语言文字和中外关系有关。1843～1914 年，《会刊》的汉学研究旨趣在一定程度上受到欧洲东方学思潮与学者的影响；刊登的论文和书评的作者大部分为传教士和驻华外交官，当时美国专业的东方学者尚不多见，研究缺乏总体规划，知识深度也不够。

（三）演变原因

法兰西学院于 1814 年设立了汉学教席，即便如此，为什么欧洲的汉学比起阿拉伯学、印度学还是要晚得多呢？法兰西学院两位最早的汉学教授雷慕沙（Abel Rémusat）和儒莲（Stanislas Julien）也将大量精力放在佛教研究而不是汉学研究，个中原因何在？以美国汉学为例，顾钧的解释是："在欧洲的影响下，美国的东方研究同样是将大量的人力物力投向波斯、印度、埃及，中国则处于相对次要的位置。这从《学报》上能很清楚地看出，在 19 世纪出版的 20 卷当中，关于印度的古代经典四大《吠陀》的文章多达数十篇，却没有一篇关于中国的《诗》、《书》、《礼》、《易》的文字。"③ 顾钧引用了德国当代汉学家傅海博（Herbert Franke）对这个问题的解释："'在欧洲，汉学作为一个学术研究课题基本上是 19 世纪的产儿，它比印度学和闪族研究要晚得多，后两种研究的发生背景也不尽相同，希伯来以及其他东方语言在欧洲有很长的教学历史，这样做有时是为了维护基督教以反对伊斯兰教，欧洲和伊斯兰教的接触发生在地中海以及巴尔干半岛国家，巴勒斯坦曾在土耳其的统治下更成为接触的重要原因。对于印度的兴趣主要是因为学者们发现梵语从某种意义上来说是所有印欧语言的祖先，印度学一般被认为是对梵文的研究，早期的印度研究还伴随着一种

---

① Friedrich Hirth, "Early Chinese Notices of East African Territories", *Journal of the American Oriental Society*, Vol. 30, No. 1 (1909), pp. 46 – 57.

② Friedrich Hirth, "The Mystery of Fu – lin", *Journal of the American Oriental Society*, Vol. 33 (1913), pp. 193 – 208.

③ 顾钧：《美国东方学会及其汉学研究》，《中华读书报》2012 年 4 月 4 日，第 19 版。

寻找人类文明源头的幻想。'（《欧洲汉学概论》）学术研究虽然带有自身的独立性，但不可能脱离历史的发展和实际的需要而存在。"① 除了上述观点以外，我们还可以援引美国学者赖德烈（K. S. Latourette）的说法作为依据："我们的大学给予中国研究的关注很少，在给予了某种程度关注的大约 30 所大学中，中国仅仅出现在一个学期关于东亚的概论性课程中，只有三所大学有能够称得上对中国语言、体制、历史进行研究的课程。美国的汉学家是如此缺乏，以至于这三所大学中的两所必须到欧洲去寻找教授。"② 以上是对美国汉学研究在初期阶段起步晚、发展缓慢的解释，也是对《会刊》早期阶段汉学成果不多的印证。

## 二 1915～1928 年 《美国东方学会会刊》 汉学研究的起步阶段

从《会刊》的研究主体来看，顾钧认为："20 世纪以来，汉学研究在美国东方学会中的比重有所增加。越来越多的学者开始为《学报》投稿并参与学会的活动，主要有夏德（Friedrich Hirth）、劳费尔（Berthold Laufer）、顾立雅（H. G. Creel）、宾板桥（Woodbridge Bingham）、德效骞（Homer H. Dubs）、卜德（Derk Bodde）、恒慕义（Arthur W. Hummel）、傅路德（Luther C. Goodrich）等。这些学者均兼通中西，其中不少有欧洲的学术背景，他们成为二次大战以前美国汉学研究的中坚力量。"③一批专业汉学家的出现奠定了美国汉学起步的前提，也确立了初期阶段基本的研究方法。

### （一） 分期理由

李珍华认为，美国东方学会在中国学研究上的第二个阶段是从 1915 年到 1942 年，近 30 年时间。"这期间学会和美国社会对中国开始予以重视，并投入相当可观的财力人力从事培养人才和收集图书资料的工作。在这阶

---

① 顾钧：《美国东方学会及其汉学研究》，《中华读书报》2012 年 4 月 4 日，第 19 版。

② K. S. Latourette, "American Scholarship and Chinese History", *Journal of the American Oriental Society*, Vol. 38 (1918), p. 99.

③ 顾钧：《美国东方学会及其汉学研究》，《中华读书报》2012 年 4 月 4 日，第 19 版。

段的前期，美国中国学界出现了三位举足轻重的汉学家。他们是哥伦比亚大学专攻泛亚和中西文化交通史的夏德教授、芝加哥菲尔德自然史博物馆的考古、文物和物质文明专家劳费尔博士和加州柏克莱大学研究中国及东南亚语言文字的科尼利厄斯·B. 布雷德利（Cornelius B. Bradley）教授。三位里的前两位的学术渊源是德国的汉学体系。但无论他们的学派源流，他们所代表的是美国深入研究中国学的开端，一种缜密细腻和考据性极强的学风的崛起。具有同等意义的发展是学会西部（即现在的中西部）分会也在这期间成立于芝加哥，分会有它自己的组织，每年开年会，宣读论文，例如在 1917 年的年会上即有劳费尔博士宣读中国考古近况的报道文章。更有一点值得注意的是 1919 年美国学会协会的成立。协会的成员是美国各大学术组织如美国东方学会、美国语言学会、哲学学会、考古学会、历史学会、美国现代语学会等。协会的主要目的是联系各学术组织间的工作，促进学术研究。协会在这时成立和美国这时国势鼎盛，变为世界第一债权国有点关系。最低限度，它的成立是美国国力的表示。"① 李珍华从学术资源、学者主体、学缘关系、学术建制、学术会议等方面揭示了汉学研究的发展历程。顾钧的考察可以进一步补充李珍华的结论，他为美国汉学史分期基于如下事实："1929 年 2 月美国学术团体理事会（American Council of Learned Societies，1919 年建立的全国性学术促进机构）专门成立了'促进中国研究委员会'（Committee on the Promotion of Chinese Studies），以此来改变美国汉学研究落后于其他学科的局面。"② 他将 1929 年作为美国汉学中期与晚期的分界线，可见学术组织对于汉学研究的直接推动作用，这一问题还值得进一步探讨。

孟庆波的考察则基于不同时段与观照视点有更深入的开掘。他认为，1842～1930 年是美国东方学会汉学研究的早期阶段，经过若干年的酝酿，一系列学术事件使得美国的对华研究在 20 世纪 20 年代末开始进入提速阶段，新的社会科学研究也逐渐萌芽。他的看法与笔者将 1843～1914 年视为

① 〔美〕李珍华：《"胡天汉月方诸"：简介美国东方学会》，《国际汉学》第 1 期，第 489～490 页。

② 顾钧：《美国汉学的历史分期与研究现状》，《国外社会科学》2011 年第 2 期。

萌芽阶段、1915～1928 年视为起步阶段是基本一致的。孟庆波提供了大量依据，作为美国汉学研究的大本营，美国东方学会在新形势下自然会为推动对华研究作出努力。在 1928 年 4 月 10～12 日的美国东方学会第 150 次会议上，美国东方学会做出有关汉学研究的第一次正式声明。1928 年，美国学术团体理事会的首届中国学研究促进会议不仅由美国东方学会主办，并且该会议的第二届就直接在美国东方学会的 1929 年年会上召开。正是这两次会议使美国学术团体理事会成立了远东研究委员会（Conference on Far Eastern Studies），美国东方学会也决定与之深入合作。美国东方学会的年会会纪表明，1930～1933 年，该学会连续 4 届年会都与美国学术团体理事会远东研究委员会联合举办。①

笔者选择 1928 年作为第二阶段的终点，与这一年美国东方学会第 150 次会议的这一声明有密切关系。在这一声明发表后，《会刊》上发表的对华研究论文数量显著增多，1843～1928 年《会刊》前 48 卷共刊载对华研究论文 36 篇，而从 1929 年到 1944 年的 15 年，《会刊》刊载对华研究的论文就达 56 篇之多。

## （二）研究概况

1915 年起，《会刊》的发行进入了稳定期，每年无间断。1915～1928 年，《会刊》发表了 10 篇对华研究的论文，涉及中国古代的民俗、政治、语言、历史、儒学、少数民族和宗教，话题分布较为零散。在这 10 篇论文中，与中国古代历史相关的论文最多，合计 4 篇，占据了 2/5，可以看作这一时期《会刊》的关注重点。这 4 篇论文分别是第 37 卷夏德的《西亚的中国先锋张骞的故事：司马迁〈史记〉第 123 卷原文及译文》②、第 38 卷赖德烈的《美

---

① 孟庆波：《来华美国人对美国东方学会早期汉学研究的贡献（1842～1930）》，《西部学刊》2015 年第 3 期。

② Friedrich Hirth, "The Story of Chang K'ién, China's Pioneer in Western Asia: Text and Translation of Chapter 123 of Ssï - Ma Ts'ién's Shï - Ki", *Journal of the American Oriental Society*, Vol. 37 (1917), pp. 89 - 152.

国学术与中国历史》①、第 40 卷郭戴利（Telly H. Koo）的《西汉政治制度的发展》② 和第 44 卷许地山的《中国经典的历史》③。另外 6 篇论文分别是科尼利厄斯·布拉德利的《两种中国方言的音调》④、劳费尔的《西藏书写的起源》⑤、儒莲和戈登·塞耶（Gordon W. Thayer）的《儒莲的满语字典手稿》⑥、毕安祺（Carl W. Bishop）的《古代中国的大象与象牙》⑦、何乐益（Lewis Hodous）的《立春》⑧、爱德华·胡美（Edward H. Hume）的

**图 1　1915～1928 年《会刊》上刊载的汉学研究论文数量**
资料来源：作者自制。

---

① K. S. Latourette, "American Scholarship and Chinese History", *Journal of the American Oriental Society*, Vol. 38 (1918), p. 97.

② Telly H. Koo, "The Constitutional Development of the Western Han Dynasty", *Journal of the American Oriental Society*, Vol. 40 (1920), pp. 170–193.

③ Hsü Ti-Shan, "The History of the Canon of the Chinese Classics", *Journal of the American Oriental Society*, Vol. 44 (1924), pp. 273–284.

④ Cornelius Beach Bradley, "The Tone-Accents of Two Chinese Dialects", *Journal of the American Oriental Society*, Vol. 35 (1915), pp. 199–206.

⑤ Berthold Laufer, "Origin of Tibetan Writing", *Journal of the American Oriental Society*, Vol. 38 (1918), pp. 34–46.

⑥ Stanislas Julien and Gordon W. Thayer, "Julien's Manuscript Dictionary of the Manchu Language", *Journal of the American Oriental Society*, Vol. 40 (1920), pp. 140–141.

⑦ Carl W. Bishop, "The Elephant and Its Ivory in Ancient China", *Journal of the American Oriental Society*, Vol. 41 (1921), pp. 290–306.

⑧ Lewis Hodous, "The Reception of Spring", *Journal of the American Oriental Society*, Vol. 42 (1922), pp. 53–58.

《"国"字对中国政治变化的顺应》①。

夏德的《西亚的中国先锋张骞的故事：司马迁〈史记〉第 123 卷原文及译文》重新翻译了司马迁《史记·大宛列传》，这一卷主要记载了张骞出使西域的故事。赖德烈的《美国学术与中国历史》主要关注美国学者对中国历史的研究状况，简单介绍了几位汉学家和他们的一些学术贡献。早期海外汉学研究的中心是中国的历史、语言和文化，但 20 世纪 20 年代美国汉学界很少有与中国历史相关的研究，赖德烈说："在我们的外交官和领事中，只有两到三位做出过杰出的文学贡献，而且大多数传教士似乎过于沉迷于组织、管理和宣传方面的紧迫问题，无法花大量时间专门研究学术。"②"《美国东方学会会刊》虽然一直保持着很高的学术水平，并且其中发表了几篇有关中国历史题材的有价值的文章，但并没有达到有类似目的的跨大西洋期刊的规模和发行量。"③ 赖德烈还指出，美国对中国历史研究的贡献是培训了一批中国学者。郭戴利的《西汉政治制度的发展》从周朝的封建制度、封建制度的衰亡、秦朝统治下的中央集权时期、汉高祖重建的总体规划、分封政府、封国势力的增长和七国起义、中央集权的时期、中央政府、当地政府、西汉行政体制的影响这十个方面展开，较为全面地论述了西汉政治制度的由来和发展过程。许地山的《中国经典的历史》是对儒家经典的科普，首先介绍了周朝经典的不同名称，如典、册、文、书等，然后介绍了周朝以后经典的演变，包括数量上的变化和顺序的变化等。④ 中国古代历史是传统汉学研究的重点，赖德烈认为："在当今这个时代，几乎没有必要指出中国历史作为西方学术研究领域的兴趣和重要性。没有任何一个现存的国家有如此久远的历史……与邻近的印度人民形

---

① Edward H. Hume, "Note on the Adaptation of a Chinese Character to Political Change", *Journal of the American Oriental Society*, Vol. 46 (1926), pp. 58 – 60.

② K. S. Latourette, "American Scholarship and Chinese History", *Journal of the American Oriental Society*, Vol. 38 (1918), p. 99.

③ K. S. Latourette, "American Scholarship and Chinese History", *Journal of the American Oriental Society*, Vol. 38 (1918), p. 99.

④ K. S. Latourette, "American Scholarship and Chinese History", *Journal of the American Oriental Society*, Vol. 38 (1918), p. 99.

成鲜明对比的是，中国人几乎从一开始就具有历史意识，并留给了后代大量资料，其中大部分是精心和批判性地收集的，这使西方学者悲喜交加。"① 这段文字主要揭示了中国古代历史成为关注重点的两个原因：其一，在现存的国家中，中国的历史最为悠长；其二，中国的记史传统保存了大量可供研究的资料。

### （三）演变原因

关于上述分期背后反映出的美国汉学演变的原因，可以从朱政惠的考察获得一定的证据支持。他认为："在美国，比较早反映美国中国学工作的文献，应该是 1928 年 12 月以后形成。为促进美国中国学的发展，美国学术团体理事会出面组织召开了美国首届促进中国学会议，讨论发展美国中国学问题。当时美国东方学会会长恒慕义（Arthur Hummel Sr.）主持了会议。1930 年，又在加拿大多伦多举行了第 2 次促进中国学会议。"② 随着更多文献被发现，相信会有更多的支撑依据。

本文关于《会刊》的前两个阶段大致相当于孟庆波所说的"1842～1930 年是该学会汉学研究的早期阶段"。③ 他认为："1842～1930 年间，美国东方学会的汉学研究尚处于初步发展的状态，在美国东方学的学术谱系内也处在似乎可有可无的边缘位置，这个时期是该学会汉学研究的早期阶段。"④他的理由是："如前所述，1843～1930 年的 87 年间，《会刊》前 50 卷共刊登对华研究的文章及书评 56 篇。而此期《美国东方学会会刊》刊载所有的文章及书评共 1305 篇。客观地说，这个数量在美国东方学会的东方学研究中显得微乎其微，反映了早期汉学在整个东方学框架内的边缘地位。也正是因为如此，这些早期汉学文献才显得弥足珍贵。它们完成了美

---

① K. S. Latourette, "American Scholarship and Chinese History", *Journal of the American Oriental Society*, Vol. 38 (1918), p. 97.
② 朱政惠:《关于美国中国学家的总结和反思》,《历史教学问题》2003 年第 4 期, 第 29 页。
③ 孟庆波:《来华美国人对美国东方学会早期汉学研究的贡献 (1842～1930)》,《西部学刊》2015 年第 3 期, 第 39 页。
④ 孟庆波:《来华美国人对美国东方学会早期汉学研究的贡献 (1842～1930)》,《西部学刊》2015 年第 3 期, 第 39 页。

国最早的对华研究，维系了汉学在美国东方学会学术序列中的存续。在这56 篇文章中我们发现有 20 篇出自来华美国人之手，涉及 17 人。"①与孟庆波考察研究者作为"来华美国人"不同的是，顾钧注意到中国学者在美国东方学、汉学圈中的活动和影响。他认为："这一时期另一个值得注意的现象是来自中国的学者开始参加美国东方学会的各种活动，如许地山、梅光迪、裘开明、李方桂、赵元任等。由于这批学者的努力，东方学会的汉学研究在 20 世纪的前 40 年发生了一些可喜的变化。但从总体上讲，东方学会注重近东、古代和语文学方法的传统却没有大的改变，这引起了新一代远东研究学者，特别是汉学家的不满，他们希望建立一种不同于欧洲的汉学研究和亚洲研究的新模式。"②

孟庆波进一步根据其研究结果指出《会刊》的研究特点：其一，从整体上坚持传统汉学的属性，这在早期阶段的《会刊》有极明显的体现。其二，注重时效性和现实观照。"这两个特点在美国东方学会汉学研究早期阶段的融合，形成了以传统汉学研究为主体、同时又兼顾现实关照的学术路径，最终发展成有美国自身特色的汉学。另外，从学术史的角度看，美国汉学的现实关照意识也为后来美国中国学的诞生埋下了伏笔。"③可见，美国汉学研究孕育于东方学内部，从萌芽、起步逐渐具备了独立发展的基础，至于中国学从汉学中脱离并独立，这是下一阶段的发展结果了。

## 三　1929～1944 年《美国东方学会会刊》汉学研究的勃兴阶段

据孟庆波的研究："《美国东方学会会刊》所刊登的汉学文章也在 1930 年后发生了质的变化。在篇数上，1843～1930 年的 88 年间，《会刊》前

---

① 孟庆波：《来华美国人对美国东方学会早期汉学研究的贡献（1842～1930）》，《西部学刊》2015 年第 3 期，第 40～41 页。
② 顾钧：《美国东方学会及其汉学研究》，《中华读书报》2012 年 4 月 4 日，第 19 版。
③ 孟庆波：《来华美国人对美国东方学会早期汉学研究的贡献（1842～1930）》，《西部学刊》2015 年第 3 期，第 43 页。

50 卷共有 34 位作者发表有关对华研究的文章及书评 56 篇；而 1931～1941 年仅 11 年间，《会刊》的第 51～61 卷刊登此类文章及书评共 189 篇。在研究的层面上，1931 年后的这些研究还突破了汉学的传统主题，涉及了西方汉学文献学、中国共产主义运动、民族主义和学术最新进展等内容，使得《美国东方学会会刊》成为当时美国对华研究的风向标。其次，从美国东方学会年会所收到或宣读的论文来看，1930 年也是其汉学研究发生数量飞跃的分水岭。1842～1930 年，美国东方学会召开年会等各类会议 142 次，共收到或宣读汉学论文 155 篇。而 1931～1941 年间仅 11 届年会就收到或宣读论文 150 篇。综上，通过讨论当时美国对华研究的总体趋向和分析《美国东方学会会刊》的数据，我们认为，1931 年之后是美国对华研究及美国东方学会汉学研究的飞速发展阶段。汉学在美国东方学会框架内的位置有了显著提高，中国学研究也在汉学研究的基础上逐渐萌生。而相比之下，1930 年及以前美国东方学会的汉学研究则惨淡经营、缓慢发展，本文将之确定为早期阶段。"① 以上数据提供了重要的论证支撑。与孟庆波的上述早期分段以及发文数据统计相比较，本文 1929～1944 年的分期与之基本相近，并且认为这一阶段为勃兴期，具体理由和成因如下。

（一）分期理由

1929 年始，《会刊》对华研究相当于从自发的学习阶段进入自觉的开创阶段，基本上每年都刊载了对华研究的论文。1929～1944 年，《会刊》合计刊载了 56 篇对华研究论文，约为 1915～1928 年刊载论文数量的 6 倍。在研究范围上，与前一阶段相比，1929～1944 年《会刊》刊载的对华研究论文增加了道学、佛教、女性、文学、图书和汉学六个方面的内容。从数量来看，中国古代的语言（11 篇）、历史（11 篇）、儒学（8 篇）、民俗（4 篇）是这一时期《会刊》对华研究的关注重点。语言研究方面的论文

---

① 孟庆波：《来华美国人对美国东方学会早期汉学研究的贡献（1842～1930）》，《西部学刊》2015 年第 3 期，第 40 页。

篇目如下：《中国僧人姓名的音译》①、《更正：中国僧人姓名的音译》②、《作为西周历史文献的金文》③、《"焉"字研究》④、《"安"字的用法》⑤、《中国古代文字的使用》⑥、《汉语的拼音化》⑦、《汉藏语之元音系统》⑧、《汉藏语音学的问题》⑨、《汉语洋泾浜英语语法与篇章》⑩ 和《孟加拉汉语研究》⑪；历史研究方面的论文有《〈盐铁论〉中的引文类型》⑫、《关于〈魏书〉的一些说明》⑬、《和熹邓皇后传》⑭、《中国古代的纪年》⑮、《大学

① James R. Ware, "Transliteration of the Names of Chinese Buddhist Monks", *Journal of the American Oriental Society*, Vol. 52, No. 2 (1932), pp. 159 – 162.

② James R. Ware, "Correction: Transliteration of the Names of Chinese Buddhist Monks", *Journal of the American Oriental Society*, Vol. 52, No. 3 (1932), p. 269.

③ Herrlee Glessner Creel, "Bronze Inscriptions of the Western Chou Dynasty as Historical Documents", *Journal of the American Oriental Society*, Vol. 56, No. 3 (1936), pp. 335 – 349.

④ George A. Kennedy, "A Study of the Particle Yen", *Journal of the American Oriental Society*, Vol. 60, No. 1 (1940), pp. 1 – 22.

⑤ J. K. Shryock, "The Use of the Word An 安", *Journal of the American Oriental Society*, Vol. 58, No. 1 (1938), pp. 156 – 166.

⑥ Edward Erkes, "The Use of Writing in Ancient China", *Journal of the American Oriental Society*, Vol. 61, No. 3 (1941), pp. 127 – 130.

⑦ John de Francis, "The Alphabetization of Chinese", *Journal of the American Oriental Society*, Vol. 63, No. 4 (1943), pp. 225 – 240.

⑧ Robert Shafer, "The Vocalism of Sino – Tibetan", *Journal of the American Oriental Society*, Vol. 61, No. 1 (1941), pp. 18 – 31.

⑨ Robert Shafer, "Problems in Sino – Tibetan Phonetics", *Journal of the American Oriental Society*, Vol. 64, No. 3 (1944), pp. 137 – 143.

⑩ Robert A. Hall, Jr., "Chinese Pidgin English Grammar and Texts", *Journal of the American Oriental Society*, Vol. 64, No. 3 (1944), pp. 95 – 113.

⑪ Elmer H. Cutts, "Chinese Studies in Bengal", *Journal of the American Oriental Society*, Vol. 62, No. 3 (1942), pp. 171 – 174.

⑫ James R. Ware, "Correction: Transliteration of the Names of Chinese Buddhist Monks", *Journal of the American Oriental Society*, Vol. 52, No. 3 (1932), p. 269.

⑬ James R. Ware, "Notes on the History of the Wei Shu", *Journal of the American Oriental Society*, Vol. 52, No. 1 (1932), pp. 35 – 45.

⑭ Nancy Lee Swann, "Biography of the Empress Têng: A Translation from the Annals of the Later Han Dynasty", *Journal of the American Oriental Society*, Vol. 51, No. 2 (1931), pp. 138 – 159.

⑮ C. W. Bishop, "The Chronology of Ancient China", *Journal of the American Oriental Society*, Vol. 52, No. 3 (1932), pp. 232 – 247.

博物馆中的一件中国新青铜器》①、《魏书和隋书里的"道"》②、《一个富有的
女商人：巴寡妇清》③、《唐太宗的马和玉雕》④、《中国黄金时代的模范帝
王》⑤、《唐代历史的第一个记录者》⑥ 和《中国统治王朝的年代问题》⑦；儒
学研究方面的论文有《孔子教育中的"自然"》⑧、《孔子与荀子》⑨、《〈论
语〉中使人困惑的一句》⑩、《〈论语〉IX，1》⑪、《儒家乌托邦》⑫、《汉代
儒学的胜利》⑬、《〈春秋〉的解释》⑭ 和《建构中国文化的主导思想》⑮；民
俗研究方面的论文有《中国皇宫建筑和家具的现行规定：1727～1750》⑯、

① Helen E. Fernald, "A New Chinese Bronze in the University Museum, Philadelphia", *Journal of the American Oriental Society*, Vol. 51, No. 1 (1931), pp. 16 – 22.

② James R. Ware, "The Wei Shu and the Sui Shu on Taoism", *Journal of the American Oriental Society*, Vol. 53, No. 3 (1933), pp. 215 – 250.

③ Nancy Lee Swann, "A Woman among the Rich Merchants：The Widow of PA 巴寡妇清 (3rd Century B. C. )", *Journal of the American Oriental Society*, Vol. 54, No. 2 (1934), pp. 186 – 193.

④ Helen E. Fernald, "The Horses of T'ang T'ai Tsung and the Stele of Yu", *Journal of the American Oriental Society*, Vol. 55, No. 4 (1935), pp. 420 – 428.

⑤ Jean Gates, "Model Emperors of the Golden Age in Chinese Lore", *Journal of the American Oriental Society*, Vol. 56, No. 1 (1936), pp. 51 – 76.

⑥ Woodbridge Bingham, "Wên Ta – Ya：The First Recorder of T'ang History", *Journal of the American Oriental Society*, Vol. 57, No. 4 (1937), pp. 368 – 374.

⑦ George A. Kennedy, "Dating of Chinese Dynasties and Reigns", *Journal of the American Oriental Society*, Vol. 61, No. 4 (1941), pp. 285 – 286.

⑧ Homer H. Dubs, "'Nature' in the Teaching of Confucius", *Journal of the American Oriental Society*, Vol. 50 (1930), pp. 233 – 237.

⑨ Herrlee Glessner Creel, "Confucius and Hsün – Tzü", *Journal of the American Oriental Society*, Vol. 51, No. 1 (1931), pp. 23 – 32.

⑩ Derk Bodde, "A Perplexing Passage in the Confucian Analects", *Journal of the American Oriental Society*, Vol. 53, No. 4 (1933), pp. 347 – 351.

⑪ Berthold Laufer, "LunYü IX, 1", *Journal of the American Oriental Society*, Vol. 54, No. 1 (1934), p. 83.

⑫ Dudley Tyng, "The Confucian Utopia", *Journal of the American Oriental Society*, Vol. 54, No. 1 (1934), pp. 67 – 69.

⑬ Homer H. Dubs, "The Victory of Han Confucianism", *Journal of the American Oriental Society*, Vol. 58, No. 3 (1938), pp. 435 – 449.

⑭ George A. Kennedy, "Interpretation of the Ch'un – Ch'iu", *Journal of the American Oriental Society*, Vol. 62, No. 1 (1942), pp. 40 – 48.

⑮ Derk Bodde, "Dominant Ideas in the Formation of Chinese Culture", *Journal of the American Oriental Society*, Vol. 62, No. 4 (1942), pp. 293 – 299.

⑯ Carroll B. Malone, "Current Regulations for Building and Furnishing Chinese Imperial Palaces, 1727 – 1750", *Journal of the American Oriental Society*, Vol. 49 (1929), pp. 234 – 243.

《中国及其他地方的柠檬》①、《中国的黑巫术》② 和《中国镜子的早期意义》③。笔者不避烦琐，翻译列举如上，目的是展现《会刊》的汉学旨趣与贡献。

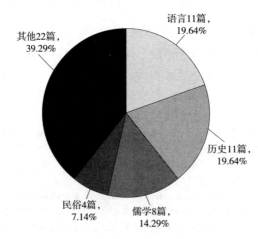

**图 2　1929～1944 年汉学研究论文分布情况**

资料来源：作者自制。

## （二）研究概况

中国古代的语言、历史、儒学、民俗是西方传统汉学研究的重点，1929～1944 年，海外学者的研究兴趣并没有发生太大的变化。值得一提的是，这一时期许多现在耳熟能详的汉学家的文章刊载在《会刊》上。如卜德、宾板桥、德效骞、劳费尔、顾立雅、费正清等，施赖奥克（J. K. Shryock）还在该刊物上发表了大量书评。为了更好地了解这一时期《会刊》的关注重点，笔者从中国古代的语言、历史、儒学、民俗相关的论文中挑选四篇论文进行简要的介绍。

---

① Berthold Laufer, "The Lemon in China and Elsewhere", *Journal of the American Oriental Society*, Vol. 54, No. 2 (1934), pp. 143 – 160.

② H. Y. Feng and J. K. Shryock, "The Black Magic in China Known as Ku", *Journal of the American Oriental Society*, Vol. 55, No. 1 (1935), pp. 1 – 30.

③ Ardelia Ripley Hall, "The Early Significance of Chinese Mirrors", *Journal of the American Oriental Society*, Vol. 55, No. 2 (1935), pp. 182 – 189.

施赖奥克在 1938 年的《会刊》上发表了《"安"字的用法》，他在文中列举了"安"组成的 41 个词语或短语，并分析了"安"在部分词语或短语中的含义和词性。施赖奥克认为过去的译者仅仅是将汉语翻译成欧洲的语言，忽略了汉语语法的特殊性。[①] 吉恩·盖茨（Jean Gates）在 1936 年的《会刊》上发表了《中国黄金时代的模范帝王》，试图展示"模范皇帝"（Model Emperors）和传说演变的传统背景，以及现代中国和西方学者对传说地位的看法。文章的第一部分是模范帝王传说中的传统与个性，他考证了早期文献中对尧舜禹的记载，列举了一些学者对尧舜禹的传说的理解，对尧舜禹存在的真实性和存在的年代提出了质疑；文章的第二部分是传说产生的背景和条件，他认为尧舜禹的传说产生于公元前 4 世纪，并用前人的研究来支持这一说法，此外，他从时代背景和客观条件出发，分析尧舜禹的传说产生于公元前 4 世纪的原因。[②] 卜德于 1933 年在《会刊》上发表《〈论语〉中使人困惑的一句》，他认为"子罕言利与命与仁"这一句很难理解，理雅各将其断句为"子罕言，利，与命，与仁"，中国的译者辜鸿铭也赞同理雅各的翻译。但是卜德援引史绳祖之言"盖子所罕言者，独利而已，当以此句作一义。曰命曰仁，皆平日所深与，此句别作一义"[③]，认为"与"在这里不是连词，而是动词，表示赞同，将这一句翻译为 "The master rarely spoke of profit. But he gave forth his ideas concerning the appointments of Heaven，and also gave forth his ideas concerning perfect virtue"（孔子很少谈到利，但是他认同命，认同仁）。[④] 卜德的这篇文章得到了中国学者的回应，80 年之后顾钧的《"子罕言利与命与仁"的英译问题》[⑤]一文支持了卜德的翻译，但也有许多学者发表了不同的见解。1934 年的

---

① J. K. Shryock，"The Use of the Word An 安"，*Journal of the American Oriental Society*，Vol. 58，No. 1（1938），pp. 156 – 166.

② Jean Gates，"Model Emperors of the Golden Age in Chinese Lore"，*Journal of the American Oriental Society*，Vol. 56，No. 1（1936），pp. 51 – 76.

③ （宋）史绳祖：《学斋占毕》，中华书局，1985，第 13 页。

④ Derk Bodde，"A Perplexing Passage in the Confucian Analects"，*Journal of the American Oriental Society*，Vol. 53，No. 4（1933），pp. 347 – 351.

⑤ 顾钧：《"子罕言利与命与仁"的英译问题》，《读书》2013 年第 2 期，第 77 ~ 81 页。

《会刊》刊载了劳费尔对卜德的文章的回应，劳费尔认为史绳祖唯一正确的是把"与"当作动词，但是典籍中并未有把"与"解作"许"的先例，此处的"与"应当理解为比较，这句话的意思是"与命与仁相比，孔子很少谈到利"。阿德利亚·李普利·霍尔（Ardelia Ripley Hall）在1935年的《会刊》上发表了《中国镜子的早期意义》，介绍早期青铜镜的意义。通过对《尚书》《诗经》《左传》等文献中的有关记载和铜镜上铭文的研究，霍尔认为镜子的意义决定于它的功能，镜子具有反射的功能。在周朝的世界观中，地上的秩序被认为是天上秩序的反映，人民的境遇在政治上反映了上天的制裁和统治者的性格和命运，是世界观念的延伸，这种反射的象征意义体现在镜子里。闪亮的青铜镜面与太阳、月亮和星星的光芒相似，象征着天的最高智慧，它作为一种宇宙象征的有效性被从太阳中汲取火和从月球汲取水的例子证明。此外，在道教中，镜子被认为是一种具有超自然力量的物品。[①]

### （三）演变原因

从1929年到1944年，《会刊》汉学研究关注重点经历了第二次演变，即从中国古代历史到语言、儒学、民俗的演变，这与美国东方学会对汉学研究的重视有关。一方面，美国东方学会对汉学研究的重视是一个重要的导向，使得该学会的会员更多地投入汉学研究；另一方面，《会刊》吸引了更多的社会投稿。美国东方学会会员和学会外的学者对中国古代的民俗、语言、儒学等方面的研究成果明显增加了。

1928年，在劳费尔、赖德烈、恒慕义等几位知名汉学家的倡议下，在美国学术团体理事会成立了促进中国研究委员会，赖德烈负责促进与美国东亚学会的合作。据赖德烈所言，他对美国东方学会施加压力，要求美国东方学会在东亚研究上做的更多。在1928年4月10～12日的美国东方学会第150次会议上，该学会发布了有关汉学研究的第一次正式声明："本

---

[①] Ardelia Ripley Hall, "The Early Significance of Chinese Mirrors", *Journal of the American Oriental Society*, Vol. 55, No. 2 (1935), pp. 182 – 189.

会渴盼科学的汉学研究能够在美国得到有力扶持，因此，本会决定鼓励在《会刊》刊发汉学文献并在年会上探讨汉学事宜。"① 顾钧认为："美国学术界逐渐意识到了这个问题，1929 年 2 月美国学术团体理事会（American Council of Learned Societies，1919 年建立的全国性学术促进机构）专门成立了'促进中国研究委员会'（Committee on the Promotion of Chinese Studies），以此来改变美国汉学研究落后于其他学科的局面。"②顾钧此处提到的 1929 年作为一个重要学术事件的时间节点，为《会刊》的分期提供了参考依据。

美国东方学会对中国问题的重视除了汉学家的推动外，也与当时整个美国的学术环境和政治倾向有关。据李增田介绍，美国在第一次世界大战期间坐获渔翁之利，趁着欧洲列强无暇东顾之际，将自己的扩张触角进一步伸向东亚，与此相应，为了促进美国政府和民众对东方文化的了解，洛克菲勒等基金会也纷纷为亚洲研究提供大量经费资助，从 20 世纪 20 年代起，美国的东亚研究机构、中国研究机构在数量上得到较大发展。③ 上文提到的促进中国研究委员会也是这一时期在洛克菲勒基金会的资助下成立的。在学界加强中国问题研究的大趋势下，美国东方学会接受赖德烈的提议也是合情合理的。美国东方学会对中国问题的重视或许还与当时中国国内的政治局势变化有关。1966 年中国科学院的《外国对中国的研究》一书就将美国东方学会由侧重印度学和希伯来学转向重视中国问题的原因归结于 1928 年中国的国民革命，"从中国发生国民革命的 1928 年起，东方学会就不断纠正以前侧重印度学和希伯来学的倾向，重视中国问题和加强中国研究"。④

---

① Proceedings of the American Oriental Society, at the Meeting in Washington D. C., 1928, *Journal of the American Oriental Society*, Vol. 48（1928）.

② 顾钧认为："我们或者可以把美国汉学分成更为清晰的三个时期，即早期（1877 年前）、中期（1877～1928 年）、后期（1929 年后）。"参见顾钧《美国汉学的历史分期与研究现状》，《国外社会科学》2011 年第 2 期，第 105 页。顾钧的这一分期与本文对《会刊》的分期有一定的吻合之处。

③ 李增田：《鲍大可及其中国研究》，国家行政学院出版社，2014，第 3 页。

④ 中国科学院哲学社会科学部学术资料研究室译《外国对中国的研究》，商务印书馆，1966，第 10 页。

## 四 1945～2019 年 《美国东方学会会刊》 汉学研究的鼎盛阶段

朱政惠认为："新中国成立后，美国的中国学反而有一段相对滞后状况，这主要是麦卡锡主义的影响。美国国内的反共思潮一度使美国的中国问题研究受到严重破坏。这种状况，一直到 1958 年才有所回转。1958 年美国'国防教育法'的颁布，使美国的中国学有了很大转机。福特基金会和美国政府包括美国诸多大学对中国学研究的巨大投资，使美国中国学突飞猛进，这是美国学发展史上的黄金时期。对这一历史时期的中国学发展状况的研究和总结，也成为一些美国中国学家关注的热点。大致到 70 年代，相关的论著相继问世。"① 顾钧具体论述了美国汉学向中国学转型的外部因素。其一，战争爆发刺激学术进行智库转型的需求。"太平洋战争的爆发激发了东方学会内部的论战。1941 年，为了适应美国在亚洲利益的需要，以费正清（John K. Fairbank）为代表的一批学者发起成立了远东学会（Far Eastern Association）。该会得到福特基金会、洛克菲勒基金会的资助，很快成为美国研究中国问题最重要的机构之一。费正清在学会内外鼓吹用各种社会科学方法（政治学、经济学、社会学、人类学等）对近现代中国进行研究，成为一种新的美国模式的开创者。远东学会开始还和东方学会保持密切的联系，后来由于自身的迅速发展，终于在 1954 年完全离开母体。这一举措的长远意义在于，从 20 世纪 50 年代开始，美国的'汉学研究'和'中国学研究'有了各自的学术活动阵地。"② 其二，战争爆发对于美国学术研究的直接影响。"1942 年是珍珠港事变的第二年，也是美国东方学会成立 100 周年。太平洋战争加深了美国对东亚的重视，这很快也反映到了学术研究上。东方学会也就在这时进入了一个新的发展阶段。无论是数量还是质量，《学报》上有关汉学的文章和年会上宣读的汉学论文都在不断上升。据统计，从 1942 年到 2012 年这 70 年间，《学报》所发表的汉学论文平均每年（每卷）有四五篇之多，如以一年四篇计算，这期间

---

① 朱政惠：《关于美国中国学家的总结和反思》，《历史教学问题》2003 年第 4 期，第 30 页。
② 顾钧：《美国东方学会及其汉学研究》，《中华读书报》2012 年 4 月 4 日，第 19 版。

发表的论文就有近三百篇，讨论的问题集中在宗教史、交通史、物质文明史等领域，但这些讨论多数是元代以前的问题——厚古薄今的传统一如从前。"① 上述外部因素的分析，反映了美国东方学、汉学与中国学之间的连锁关系与互动机制，呈现了政治和学术之间的纠缠与因应关系。

## （一）分期理由

与前两个时期的起点不同的是，1945 年作为起点的原因与对华研究论文的数量变化关联不大。通过统计可以发现，1945 年之后的前 20 年，也就是 1945～1964 年，《会刊》每年刊载的与中国有关的文章并没有明显的数量上的变化。除 1957 年外，《会刊》每年都有发表对华研究的论文，但一年最多不超过 10 篇。1945～2019 年《会刊》共刊载与中国有关论文 410 篇，平均每年 5.5 篇，比 1929～1944 年的平均刊载数约多 2 篇。

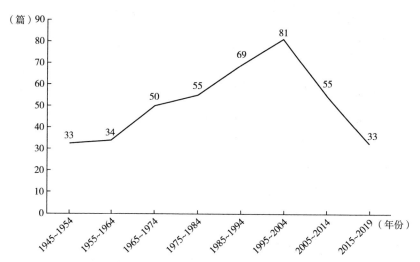

**图 3　1945～2019 年《会刊》刊登的汉学研究论文数量变化**
资料来源：作者自制。

之所以选择 1945 年作为这一时期的起点，与 1945 年美国学界的一次重要讨论导致的学术转型有着密切联系。李珍华提供了罗斯福总统和美国学术团体理事会在战后给美国东方学会的贺信的部分内容。该贺信赞扬了

---

① 顾钧：《美国东方学会及其汉学研究》，《中华读书报》2012 年 4 月 4 日，第 19 版。

美国东方学会在提供熟悉中日文字和语言的人才，加强联合国成员间的文化联系上的作用。① 通过太平洋战争，美国东方学会的一些成员意识到对远东当代的研究和学习活的语言的必要性，因此，1945 年，学会内部发生了一场论战，具体过程如下，"学会的中西部分会通过三点决议提供学会作议案讨论：一是抗议学会过分偏重近东（古埃及、两河流域、希伯来）文化，建议加强远东研究；一是学会过分偏重语言文字学的研究，建议加强宏观的和比较文化的研讨；一是学会过分偏重上古和中古，建议加强近代和当代的研究。经讨论，学会给出的答复是：第一，所谓偏重是因时、因地、因场合而异的，不能一概而论；第二，有关内容的问题，学会认为它应继续其以人文研究为主体的传统，不应插手于属于社会科学范畴的学术活动。"② 1946 年的年会上对这次讨论有专门的报告。这次讨论是美国东方学会发展史上的重大转折点，美国东方学会的决定推动了远东学会的成立，导致中国学研究并没有在美国东方学会的框架中展开。

## （二）研究概况

从研究的范围来看，1945～2019 年间《会刊》的对华研究增加了中国古代哲学、文化、艺术、科学四个方面的内容。从数量上来看，研究中国古代语言、历史、儒学、佛教、文学和文化的论文都在 20 篇以上，研究中国古代语言和文学的论文更是分别达到 83 篇与 95 篇之多。语言学一直是《会刊》的关注重点，不足为奇，但研究文学论文数量急剧增加的原因很值得思考。

据孟庆波在《〈美国东方学会会刊〉中的汉语研究（1843～2012）》的考察，汉语研究的内容随着时间的推移向深入发展，从最初的语言描述到语言教材的评介，到对单字词法的讨论和对汉藏语系的描述和规范，再到后来对汉语语音方言、历史语言学、汉语语言学学科的全面探讨，每一步都标志着汉语研究的学术深化。③ 经过对照可以发现，1945～2019 年，

---

① 〔美〕李珍华：《"胡天汉月方诸"：简介美国东方学会》，《国际汉学》第 1 期，第 491 页。
② 〔美〕李珍华：《"胡天汉月方诸"：简介美国东方学会》，《国际汉学》第 1 期，第 492 页。
③ 孟庆波：《〈美国东方学会会刊〉中的汉语研究（1843～2012）》，《古汉语研究》2014 年第 2 期，第 85 页。

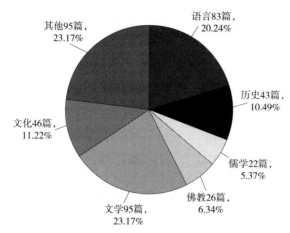

**图 4　1945～2019 年汉学研究论文分布情况**

资料来源：作者自制。

中国古代语言研究也是从对单字的研究和对汉藏语系的描述和规范扩展到后来对汉语语音方言、历史语言学、汉语语言学学科的全面探讨。

1915～1944 年，文学方面的研究包括 1942 年卜德在《会刊》上发表的《再论中国的一些超自然故事：干宝及搜神记的新探讨》[①]。1945 年之后包括如下成果：1947 年的《柳宗元》[②]、1951 年的《评话和〈三国志〉的早期历史》[③]、1964 年的《曹植的十五首诗：新方法的一次尝试》[④]、1965 年的《李商隐的"锦瑟"》[⑤]、1966 年的《苏轼的本我与山水》[⑥]、1968 年的《敦煌抒情诗的日期》[⑦]、1990 年的《从个案集到小说：帝国晚

---

[①] Derk Bodde, "Again Some Chinese Tales of the Supernatural: Further Remarks on Kan Pao and His Sou‑shên chi", *Journal of the American Oriental Society*, Vol. 62, No. 4 (1942), pp. 305‑308.

[②] J. I. Crump, Jr., "Lyòu Dzūng‑Ywan", *Journal of the American Oriental Society*, Vol. 67, No. 3 (1947), pp. 166‑171.

[③] J. I. Crump, Jr., "P'íng‑huà and the Early History of the Sān‑kuó Chìh", *Journal of the American Oriental Society*, Vol. 71, No. 4 (1951), pp. 249‑256.

[④] Hans H. Frankel, "Fifteen Poems by Ts'ao Chih: An Attempt at a New Approach", *Journal of the American Oriental Society*, Vol. 84, No. 1 (1964), pp. 1‑14.

[⑤] James J. Y. Liu, "Li Shang‑Yin's Poem 'The Ornamented Zither' (Chin‑sê)", *Journal of the American Oriental Society*, Vol. 85, No. 2 (1965), pp. 129‑138.

[⑥] Andrew L. March, "Self and Landscape in Su Shih", *Journal of the American Oriental Society*, Vol. 86, No. 4 (1966), pp. 377‑396.

[⑦] Shih‑chuan Chen, "Dates of Some of the Tunhuang Lyrics", *Journal of the American Oriental Society*, Vol. 88, No. 2 (1968), pp. 261‑270.

期的公案》①、1992 年的《甄姬之死：中国中世纪早期的小说与史学》②、2011 年的《真实感的起源：对中国中世纪文学史的再思考》③。总之，文学研究的范围与问题日渐丰富，自 1964 年起诗歌尤其是唐诗成为《会刊》的研究重点。

### （三）演变原因

从 1945 年到 2019 年，《会刊》汉学研究关注重点经历了第三次演变，即从中国古代的语言、历史、儒学、民俗到语言和文学研究的演变。《会刊》汉学研究关注重点的第三次演变有三个原因是比较明确的。第一，远东学会的成立和《远东季刊》的发行推动了美国中国学研究的形成，中国学研究领域吸引了一部分原本从事传统汉学研究的研究者，这影响到了相关领域的汉学成果的数量。第二，研究范围的增加分散了对原有关注重点的关注，汉学家对民俗、历史、儒学的研究相对减少。第三，唐诗研究的热潮使得中国古代文学领域的成果数量增多。《会刊》对华研究关注重点的第三次演变的原因还有待继续探索，比如除唐诗外，其他古典诗歌研究数量增长也使得中国古代文学领域的研究数量增多，那么是什么导致其他古典诗歌研究数量的增长呢？这一点还有待学界的探讨。

通过对中国古代文学研究再一次细分可以发现，这些论文所涉及的文本和对象有相当一部分是诗词（58 篇），尤其是唐诗（18 篇）。据高超《美国的唐诗译介与研究》一文介绍，20 世纪初期美国文学界新诗运动的发展，掀起了翻译、学习以唐诗为主的中国古诗的第一次高潮，20 世纪四五十年代归于沉寂，20 世纪 60 年代对战后美国社会强烈不满的"垮掉一代"开始向东方寻求心灵的慰藉，以唐诗为代表的追求"天人合一""回归自然"的中国传统思想文化再度吸引了众多美国诗人、作家以及学者的

---

① Ann Waltner, "From Casebook to Fiction: Kung – an in Late Imperial China", *Journal of the American Oriental Society*, Vol. 110, No. 2 (1990), pp. 281 – 289.

② Robert Joe Cutter, "The Death of Empress Zhen: Fiction and Historiography in Early Medieval China", *Journal of the American Oriental Society*, Vol. 112, No. 4 (1992), pp. 577 – 583.

③ Xurong Kong, "Origins of Verisimilitude: A Reconsideration of Medieval Chinese Literary History", *Journal of the American Oriental Society*, Vol. 131, No. 2 (2011), pp. 267 – 286.

注意，再次兴起了唐诗研究的热潮。① 这可能是中国古代文学研究数量增长的原因之一。李珍华指出："图书的丰富，师长深邃的学问和他们对后进的奖掖，学术风气的开放，是造成目前美国唐诗研究高潮的先决条件。"② 斯坦福大学的刘若愚和耶鲁大学的傅汉思（Hans Hermann Frankel）等第二代学者培养出的第三代学者则是20世纪70年代以后美国唐诗研究的主力，其中最著名的应该是耶鲁大学出身的宇文所安（Stephen Owen）。张万民在《西方理论与北美中国古典文学研究》中提到刘若愚在1975年发表的一篇文章，"刘若愚在文章中还指出，将西方的新兴理论运用于中国文学研究，产生了三个很好的结果：一是'它为中国文学带来新鲜的观点'；二是'它将中国文学置于更广阔的视角'；三是'它使中国文学更容易被普通读者接受'。刘若愚进一步补充道：这些研究使得'西方文学和比较文学的学者最近都开始关注中国文学——并且很感兴趣'。"③ 以上依据为文学研究成果数量增加的原因提供了部分解释。值得注意的是，从方法论来看，只有1974年和1975年的两篇中国古代文学方面的研究文章涉及西方理论，分别是《谢慧莲的〈雪赋〉：结构研究》④和《"帕里-洛德"理论在白话小说中的运用》⑤。很显然，西方文学理论在中国古代文学研究中的运用并不是这一时期中国古代文学研究急剧增长的原因，这两篇文章的方法论实践值得进一步探讨。

## 结　语

1843～2019年间《会刊》刊载了502篇汉学研究论文，约为这一时期

---

① 高超：《美国的唐诗译介与研究》，载孙立春、勾艳军主编《中日文学交流之溯源与阐释：王晓平教授古稀纪念文集》，浙江工商大学出版社，2016，第25～36页。

② 唐代文学论丛编辑部编辑《唐代文学论丛》总第4辑，陕西人民出版社，1983，第333页。

③ 张万民：《西方理论与北美中国古典文学研究》，《文学遗产》2018年第6期，第172页。

④ Stephen Owen, "Hsieh Hui-lien's 'Snow Fu': A Structural Study", *Journal of the American Oriental Society*, Vol. 94, No. 1 (1974), pp. 14-23.

⑤ Alsace Yen, "The Parry-Lord Theory Applied to Vernacular Chinese Stories", *Journal of the American Oriental Society*, Vol. 95, No. 3 (1975), pp. 403-416.

所刊载论文总数的 1/5，可见汉学研究是《会刊》关注的重点领域，其四个分期中的三次演变并没有跳出传统汉学研究的框架。《会刊》对华研究关注重点的三次演变与如下因素密切相关：美国政治局势的变化，美国东方学会对汉学研究的重视程度的提高，美国中国学研究的形成，传统汉学研究范围的扩大，以及 20 世纪 70 年代兴起的唐诗研究热潮。因此，虽然《会刊》对华研究主要基于传统汉学研究的框架，但还是会受到内部学术因素和外部政治因素的影响，并进行相应的调整和转型。当然，《会刊》对华研究关注重点的演变原因不限于本文分析的内容，有待学界更为广泛而深入的研究。

综上所述，《会刊》这一历史悠久、影响深远的学术刊物可以视为美国汉学界的风向标，对这一刊物的关注重点、研究热点的考察，有助于国内学者把握美国东方学史、汉学史以及中国学的发展脉络和研究动态。由于知识与视野的限制，文中漏洞在所难免，期待方家教正。

# 全球视域下蔗糖叙事：蔗糖传播、奴隶贸易与近代早期英国消费社会的兴起<sup>*</sup>

曹瑞臣<sup>**</sup>

**摘　要**　在古代和近代以来的世界，由于人类对糖的疯狂嗜好与追求，以印度和中国为中心的甘蔗种植与蔗糖生产不断冲破地域和民族国家界限，在南亚、东亚、西亚、阿拉伯和地中海世界的诸多地区实现了广泛传播和消费。尤其大航海时代以后，甘蔗种植和蔗糖的传播在殖民主义力量的驱动下，实现了跨国、跨文化、跨大洋的全球传播和消费。一部蔗糖的全球传播和消费史就是一部饮食文化交流互动的历史，同时也是一部文明交流互鉴的历史。近代蔗糖的生产与贸易被纳入资本主义世界体系，真正有力地推动了甘蔗种植的全球传播与蔗糖消费全球化。围绕甘蔗种植的物种大交换和蔗糖消费带来了近代数百年非人道的奴隶贸易，进而加速了欧洲各国尤其是近代英国的资本原始积累、社会变革与现代消费社会的兴起。

**关键词**　蔗糖叙事　奴隶贸易　近代英国　消费社会

几千年来，人类的食物范围获得极大扩展。自进入文明时代以来，人类通过耕种各种作物、蔬菜、圈养家畜以及渔猎等方式获取食物，以生存繁衍。而人类对食物营养的需求贯穿人类繁衍生息的过程，人类学

---

\* 本文系国家社科基金项目"全球化视野下英国消费社会兴起与变迁研究（1700～1900）"（16BSS038）阶段性成果。

\*\* 曹瑞臣，菏泽学院人文与新闻传播学院教授。

领域中食物和进食方面的杰出学者奥德雷·理查兹（Audrey Richards）认为："摄取营养作为一种生物过程，它是有机个体的生命过程中一种最基本的、周而复始的更快的需求。"[①] 在以甘蔗为原料的蔗糖出现以前，蜂蜜作为主要甜味剂在古代中国、印度、埃及、希腊以及伊斯兰国家都扮演了重要角色。作为权力象征，糖的获取和消费体现了一种社会等级和身份地位；作为药物，糖可作为治疗多种疾病的药材，在医学和药物学中起着重要作用。蔗糖消费的全球化不仅极大满足了人类摄取糖和能量的需求，改善了体质，均衡了膳食营养结构，丰富了饮食文化，而且还有力推动了人类文明的交流互鉴。哥伦布生态大交换第一次实现了全球范围内的生物物种大交流，加速了甘蔗物种在全球的种植与传播，蔗糖的生产与消费被纳入西方殖民主义和资本主义世界体系，蔗糖也成为世界性商品。欧洲社会围绕蔗糖产生的以黑人奴隶为劳动力的甘蔗种植园经济与蔗糖生产及加工、蔗糖贸易与消费成为近代大西洋三角贸易持久不衰的重要因素。而蔗糖的资本主义化和工业化对于推动蔗糖由昂贵的奢侈品向廉价大众消费品转变、对近代欧洲消费社会的转向，尤其是近代早期英国消费社会的兴起产生了重大推动作用。因此本文就全球视野中糖（主要是指由甘蔗榨汁而制成的蔗糖）的历史叙事、围绕糖进行的奴隶贸易和近代英国消费社会的兴起之间的内在关联和互动关系进行分析，以此审视近代以来蔗糖的资本主义化对世界历史进程的推动和欧洲社会的重大影响。

## 一　甘蔗与蔗糖的全球传播

在人类获取的食物中，甜味食品和饮料一直是人类饮食文化的重要组成部分，糖在人类活动中用途广泛。糖既可直接满足人们的口腹之欲，也可用于去除其他食物的苦味、用作处方药物甚至宗教誓言等。数个世纪以

---

[①] 〔美〕西敏司：《甜与权力：糖在近代史上的地位》，王超、朱健刚等译，商务印书馆，2010，第15页。

来，蔗糖出现之前是蜂蜜在医学和药物学中扮演了一个重要角色。无论是古代中国、印度、希腊还是伊斯兰国家，蜂蜜都是治疗多种疾病的药材。① 当然"糖""甜""蜂蜜"等词语也代表着人生最开心的时刻和对美味的感知。例如《百科全书》认为糖具有增加节日气氛的功效，把它与赞美口唇的愉悦结合起来，而文学则把糖的消费与完美的社交、温文有礼的欢乐结合在一起。②

### 1. 甘蔗的起源与扩散

因为蔗糖由甘蔗榨汁制成，要探寻蔗糖的世界起源就需要明确甘蔗原产地在哪里。国内外学者针对甘蔗种植的起源长期以来考证了很多，都有不同看法，多采用推测说。西方学者普遍认可的一种说法是甘蔗最初生长在热带和亚热带，印度的恒河流域或是印度尼西亚的某个地方都有可能是其原产地。③ 也有学者认为蔗糖起源于太平洋的新几内亚地区，大约 1 万年前的澳大利亚北部的新几内亚居民第一次开始种植甘蔗。之后甘蔗种植向北和向西扩散，进入中国和印度。到了 800 年，中东的伊斯兰国家已经在种植园里灌溉甘蔗了，种植甘蔗的地方就是今天的黎巴嫩和以色列。1096 年，第一次十字军东征期间，欧洲人在这片被征服的土地上首次见到甘蔗。④ 而中国部分学者认为甘蔗起源于中国，代表学者有周可涌先生。早在 20 世纪 80 年代，周先生就撰文指出种蔗制糖源自中国。他的依据是《诗经》《楚辞》等古文献的记载，《诗经》记载公元前 12 世纪以前中国就已有制糖，成书于公元前 3 世纪的《楚辞·招魂》明确提到甘蔗制糖，到 3 世纪初，甘蔗种植和制糖已经从长江流域传播至黄河流域。周先生通过各种考证认为甘蔗种植和制糖都是经过中国直接或间接向世界传播的，尤其是宋元时期海外贸易发达，中国的甘

---

① 〔英〕詹姆斯·沃尔韦恩：《糖的故事》，熊建辉、李康熙等译，中信出版社，2020，第 3 页。

② 〔法〕达尼埃尔·罗什：《平常事情的历史：消费自传统社会中诞生（17~19 世纪）》，吴鼐译，百花文艺出版社，2005，第 312 页。

③ 〔日〕川北稔：《一粒砂糖里的世界史》，赵可译，南海出版公司，2018，第 17 页。

④ 〔美〕查尔斯·C. 曼恩：《1493：从哥伦布大航海到全球化时代》，朱岩岩、郑嵩岩译，新华出版社，2016，第 207~208 页。

蔗种植、甘蔗种子和制糖技术很可能在那个时候向西传播到阿拉伯世界，然后经地中海传至意大利和西班牙，最后经哥伦布传播至美洲各地。① 季羡林先生对糖的起源和制造技术的传播也进行了非常详尽的研究和考证，关于甘蔗原产地问题，季羡林先生梳理了西方两位最知名的糖史研究学者李普曼（Lippmann）关于甘蔗起源于印度的观点和德尔（Deerr）关于甘蔗起源于南太平洋和向东南亚、印度等地传播的观点后，认为都不是很可靠。他进而又对中国学者李治寰提出的甘蔗原产地"印度说""中国说""南太平洋说"的多元说进行分析，认为多元说不太符合物种起源理论，依旧坚持甘蔗物种起源一元论。尽管季羡林先生最终没有给出明确的答案，但他认为甘蔗的原产地只能是三者其一，因为起源地考察复杂，涉及多学科科学知识，需要持续跟进研究。② 不过他认为中国古代有野生甘蔗也是事实，至迟到周代，南方的楚国已经开始种植甘蔗，《楚辞》有"柘浆"字样，"柘"就是"蔗"，到了两汉魏晋南北朝尤其是南北朝时期，中国南方已经广泛种植甘蔗，而北方典籍则没有关于甘蔗的记载。这说明甘蔗生长在南方热带或亚热带湿润地区。③

### 2. 糖在中国

关于制糖技术，季羡林先生认为，中国的蔗糖制造开始于三国魏晋南北朝到唐代的某一个时代，至少在北魏以前。这一全新的提法与吉敦谕和吴德铎两位学者分别认为制糖起源于汉代和唐代的观点不同。《新唐书》和《旧唐书》中对制糖技术都有记载，季羡林先生认为唐代是中国蔗糖制造技术改进的关键时期。《新唐书》中记载唐太宗于 647 年派遣使臣到印度摩揭陀国学习熬制蔗糖技术，并下诏扬州等地如法用甘蔗熬糖；又说制造出来的糖比西域的好得多，"色味逾西域远甚"。此外，敦煌残卷 P3303

---

① 周可涌：《中国蔗糖简史——兼论甘蔗起源》，《福建农学院学报》1984 年第 1 期，第 69 页。

② 季羡林：《蔗糖史：体现在植蔗制糖上的文化交流轨迹》，中国海关出版社，2009，第 466~473 页。

③ 季羡林：《蔗糖史：体现在植蔗制糖上的文化交流轨迹》，第 82 页。

号也有印度制糖传入中国的记载，《大唐西域记》中也有相关记载。[①] 唐代以前的印度制糖技术水平在很多方面高于同时期的中国制糖技术是事实，但中国的制糖技术在引入印度新的制糖法后很快在宋元时期达到新高度，糖业发展工艺水平和蔗糖种类甚至超过了印度。当时中国能制造出高端结晶冰糖，并有专门的糖厂作坊，因此中国在宋元以后乃至明清时期快速成长为亚洲新的糖业生产与贸易中心。到 1400 年前后，中国已经与地中海地区一起成为当时最重要的世界蔗糖生产贸易中心。

### 3. 大航海之前欧洲人对甘蔗和蔗糖的认识

欧洲人关于甘蔗最早的记载见于亚历山大大帝东征，公元前 327 年亚历山大大帝东侵印度时，他的随从记录说当地人会咬食一种稀奇芦苇，不用蜂的帮助就会产生一种蜜，之后称糖为"无蜂之蜜"即源于此。[②] 有学者认为有关糖的确切记载来自 500 年的印度佛教典籍《律藏》，书中以类比的方式描述了煮沸汁液、制作粗糖蜜和糖球的过程，中世纪欧洲对域外奢侈品的认知也来自印度。[③] 627 年，拜占庭皇帝希拉克略攻占波斯君主在巴格达附近的行宫时，在一份报告中曾把糖描述为一种"印度的奢侈品"。[④] 阿拉伯帝国崛起后，随着其在西亚、北非和欧洲的扩张，来自印度的甘蔗种植和制糖法也逐渐传播至欧洲的西班牙和地中海世界。从历史上看，阿拉伯帝国因其横跨欧亚非、沟通东西的独特地缘环境，亚洲的很多物产和技术通过阿拉伯世界传入地中海世界，如棉花和造纸术的传播等，阿拉伯帝国成为传播媒介。大航海时代来临之前，古代历史上的帝国在突

---

[①] 季羡林：《蔗糖史：体现在植蔗制糖上的文化交流轨迹》，第 82、451~452 页。关于中国制糖制造时间的观点分歧可见季羡林《蔗糖的制造在中国始于何时》，《社会科学战线》1982 年第 3 期；吉敦谕《糖和蔗糖的制造在中国起于何时》，《江汉学报》1962 年第 9 期；吴德铎《关于"蔗糖的制造在中国起于何时"》，《江汉学报》1962 年第 11 期。刘士鉴先生曾致力于中国糖史的研究，也比较认同季羡林先生关于中国蔗糖制造非汉代非唐代的看法，具体见刘士鉴《蔗糖在中国起始年代的辨析》，《农业考古》1991 年第 3 期。

[②] 周可涌：《中国蔗糖简史——兼论甘蔗起源》，《福建农学院学报》1984 年第 1 期，第 70~71 页。关于欧洲人对甘蔗的最早认识，日本学者也提到亚历山大大帝东征到印度时，士兵所发现印度人食用不是由蜜蜂制造的"固体蜂蜜"，之后少量蔗糖被商队传入欧洲。见〔日〕川北稔《一粒砂糖里的世界史》，第 17 页。

[③] 〔美〕西敏司：《甜与权力：糖在近代史上的地位》。

[④] 〔美〕西敏司：《甜与权力：糖在近代史上的地位》。

破人类文明的孤立分散、地域疆界和交通的限制、推动文明间交流互鉴中产生了重大作用。如亚历山大领导的马其顿王国、罗马帝国、阿拉伯帝国、拜占庭帝国以及奥斯曼帝国等崛起的帝国在文化传承和文明交流碰撞中都吸收了它们之前的帝国或异域文明的特色饮食文化。就糖的传播和认识而言，从珍视蜂蜜到珍视蔗糖，不同时期帝国的扩张也将甘蔗种植和蔗糖制造技术传播到更遥远的地方，促进了不同文明区域之间的物质文化交流和互鉴。可见蔗糖在古代世界的全球性传播也是帝国扩张的一部分。由于阿拉伯人的推动，大约在 8 世纪中期，埃及已经开始种植甘蔗。1000 年前后，还很少有欧洲人知道蔗糖的存在，不过在此之后他们开始逐渐了解蔗糖。而地中海沿岸生产的蔗糖一直供应着北非、中东和欧洲大陆，直到 15 世纪蔗糖成为欧洲富有家庭喜爱的一种消费品。像其他的奢侈品一样，价格昂贵的食糖在当时的欧洲社会是财富和社会地位的象征。①

在地理大发现前的几个世纪里，受技术和交通等条件的制约，甘蔗的种植和传播推广还很有限。蔗糖跟姜和胡椒这类亚洲香料一样昂贵，只有少数皇亲贵族享用得起。十字军东征之后蔗糖开始进入欧洲，欧洲人爱上了糖的味道。在南欧，一些气候温暖湿润的地方甚至出现了甘蔗种植园。后来葡萄牙和西班牙开始在大西洋靠近非洲海岸的加那利群岛、佛得角群岛和马德拉群岛种植甘蔗，甚至葡萄牙也在远离非洲海岸的亚速尔群岛种植了一些甘蔗，但是因为当地气候寒冷，收成并不太好。②

### 4. 甘蔗和糖消费的全球化

哥伦布到达美洲和达·伽马到达印度开辟了新航路，甘蔗和蔗糖迎来了走出欧亚大陆、实现全球传播和空间交换的重大转机。一方面，随着以西方殖民者和商船队为主导的欧亚贸易的兴起，来自印度和中国的奢侈品糖以前所未有的规模沿着海上丝绸之路不断被运往欧洲。明清时期的中国蔗糖已经作为大宗商品大量输往欧洲、波斯和日本等国，在近代早期掌控欧亚贸易的荷兰东印度公司几乎垄断了欧亚所有的奢侈品贸易，从香料到

---

① 〔美〕西敏司：《甜与权力：糖在近代史上的地位》，第 17、34～35 页。
② 〔美〕查尔斯·C. 曼恩：《1493：从哥伦布大航海到全球化时代》，第 208 页。

蔗糖、茶叶、瓷器等物产。中国糖在 1622 年打入欧洲市场后，荷兰人运往荷兰 796 担中国糖和 14 担冰糖。之后中国糖的出口随着欧洲各国对茶叶和瓷器的需求而日渐增加；1637 年荷兰人购入中国糖 33860 担，在 17 世纪 30 年代至 50 年代，欧洲市场的糖多由荷兰东印度公司贸易供给，其中绝大部分的糖和高质量糖都来自中国。当然这一时期巴西蔗糖也开始供应欧洲市场，蔗糖价格甚至一度下跌，市场出现剧烈变动。① 另一方面，哥伦布航行对于甘蔗物种全球大交换有着重要意义。哥伦布到达美洲后，将甘蔗第一次带到加勒比海地区，这也是来自欧亚大陆热带地区的甘蔗第一次踏上新大陆的土地。没有人会想到，包括哥伦布本人，甘蔗作物被引入西印度群岛后会给美洲当地生态、环境、人口，欧洲的经济与社会发展，以及非洲社会带来如此重大的影响。经过第一次航行，哥伦布很快估计出了美洲热带地区甘蔗生产的潜力。在 1493 年的第二次航行中，他带着许多甘蔗接穗到达了圣多明各。② 根据记载，在之后的几个世纪里，加勒比海地区种植的甘蔗和美洲蔗糖几乎供给了欧洲蔗糖需求的全部和世界蔗糖需求的大部分，世界蔗糖生产和贸易中心转移至美洲的巴西和加勒比海地区，而围绕糖产生的殖民主义的掠夺、商业争霸、跨大西洋的黑人奴隶贸易、物种交流等重塑了现代世界。17 世纪，"海上马车夫"荷兰人活跃在世界舞台上，他们不仅凭借荷兰东印度公司强大的商船队将亚洲的香料、蔗糖、茶叶等奢侈消费品大量运往欧洲市场，而且荷兰人还在北美阿姆斯特丹地区（今天的纽约）建立殖民地，他们以中介形式将甘蔗移植到英属和法属加勒比诸岛屿上——前者是巴巴多斯岛，后者是马提尼克岛。这两地都是甘蔗种植的典型地区，从这时候开始，蔗糖开始成为世界性商品。糖，尤其是蔗糖逐渐实现了全球化种植、生产与消费。③

从马格里布到加纳利群岛，最后到达安的列斯群岛和美洲，在那里糖

---

① 陈绍刚：《十七世纪上半期的中国糖业及对外蔗糖贸易》，《中国社会经济史研究》1994 年第 2 期，第 36～37 页。

② 〔美〕凯瑟琳·赫伯特·豪威尔：《植物传奇——改变世界的 27 种植物》，明冠华、李春丽译，人民邮电出版社，2018，第 68 页。

③ 〔日〕川北稔：《一粒砂糖里的世界史》，第 28 页。

（主要是蔗糖）的殖民主义占据了统治地位。当糖的价格降低，糖的消费与使用便开始普及开来，并同当地的蜂蜜形成竞争。甘蔗种植和蔗糖生产自大航海时代以来经历了商业资本主义和工业资本主义时代，其快速的全球化过程中裹挟着战争与暴力、殖民主义与非人道的奴隶贸易，不仅满足了欧洲社会对甜与权力的掌控，对糖的嗜好、贪欲和对甜的味蕾刺激享受滋养着西欧资本主义文明的发展，为19世纪欧洲获取世界经济、军事、政治和科技文化霸权提供了新的动力。巴西、印度和中国是当今世界糖的主要生产国（包含甘蔗制糖和甜菜制糖），不仅有着最大的甘蔗种植面积，还是蔗糖的生产和贸易中心。其中巴西是最大的蔗糖生产国，印度是最大的糖消费国，而中国依然是世界最大的蔗糖生产与消费国之一，有着最广阔的消费市场。蔗糖依旧在日常饮食文化和营养美食中占据重要地位，当下在保障食用糖供应的同时，又要适当控制糖的摄入，防止肥胖症等多种疾病及损害牙齿健康。

## 二　蔗糖与奴隶贸易的扩张

地理大发现和新航路的开辟对近代史上甘蔗种植的全球传播和蔗糖消费全球化意义重大。大航海时代欧洲各国殖民者开始了全球范围内的殖民扩张，"哥伦布大交换"后，欧洲人大量移民美洲，非洲黑人也开始被大量贩运至世界各地，尤其是美洲新大陆。欧洲殖民者开启的大西洋三角贸易航线和主导的非洲奴隶贸易彻底改变了美洲社会的人口与地理版图，同时也开始了非洲黑人奴隶对外移民史上最悲惨的一段历史。以历史的视角审视近代早期的跨国、跨区域的大西洋奴隶贸易和美洲种植园经济的兴起，奴隶贸易充满了奴隶的血泪和殖民者的罪恶，这种牺牲非洲社会的奴隶贸易最后使欧洲早期大西洋贸易积累了原始资本，不仅加速了欧洲商业资本主义的崛起，也推动了近代欧洲文明历史进程。正是借助跨洋跨国的奴隶贸易，让以动物、植物、疾病、人种双向大交流为核心的"哥伦布大交换"走向深入。美洲向"旧大陆"贡献了原产作物玉米、马铃薯、番薯、烟草、棉花等，对近代欧洲和世界农业发展、人口增长影响深远。而蔗糖的重要原料甘蔗是"旧大陆"向"新大陆"移植最成功、最具有商业价值的经济作物之一，成为新旧大陆物质文化交流的典范。大航海时代以降，海外各种富有经济价值和商业价值或药用价值的植物资源日益被强制纳入欧洲殖民主义和资本主义世界体系，作为具有巨大经济价值、商业价值和农业价值的作物，甘蔗的跨国移植、甘蔗种植园的生产、蔗糖的加工提炼等更是如此。近代早期的世界蔗糖生产和贸易权力中心重新洗牌，甘蔗的种植、生产贸易中心转向美洲殖民地，而欧洲主导了殖民地甘蔗种植园经济、蔗糖的生产和贸易。一般认为地中海世界的蔗糖供应一直到 16 世纪晚期，当美洲殖民地的蔗糖生产居于支配地位之后，地中海地区的蔗糖生产才趋于终结。①

### 1. 甘蔗种植园与奴隶贸易

甘蔗种植与奴隶劳动密切相关，早在地理大发现之前，随着欧洲社会对糖的消费需求激增，在葡萄牙和西班牙靠近非洲海岸的一些殖民地群岛上就出现了以奴隶为劳动力的甘蔗种植园。种植园主靠奴隶收割甘蔗，将甘蔗汁熬制成蔗糖、打包装船，运往欧洲市场，这一时期的种植园主要是购买非洲战俘作为种植园奴隶劳动力。跨大西洋的奴隶贸易最先在西印度群岛开始，早在 1503 年，黑人就被运往海地种植园劳作。据历史记载，西班牙的海外奴隶贸易开始于 1510 年，这一年，西班牙国王下令将 50 名奴隶运送到伊斯帕尼奥拉岛（由哥伦布发现，今海地岛）的金矿工作，直到 1619 年欧洲人才正式到达美洲海岸。② 西班牙殖民者科尔特斯征服墨西哥后，于 1523 年初开始大规模种植甘蔗。美洲的种植园不仅需要占用大量土地，而且需要大量劳动力，早期种植园劳动力主要依靠印第安人。1542 年，西班牙皇室以法令的形式正式禁止对印第安人的奴役，以减少印第安人对西班牙殖民统治的反抗，禁奴趋势愈发明显。于是科尔特斯从意大利商人那里购买了 500 名非洲奴隶，最终这批奴隶有 100 人在墨西哥登陆，

---

① 〔美〕西敏司：《甜与权力：糖在近代史上的地位》，第 34～35 页。
② 〔美〕约翰·伦道夫·斯皮尔斯：《美洲奴隶贸易：起源、繁荣和终结》，华文出版社，2019，第 21 页。

成为大西洋奴隶贸易之开始。① 因此，从历史上看，美洲引入非洲奴隶的一个很重要的动机在于美洲严重短缺本地劳动力，跨大西洋的奴隶贸易在此后200年一直是一种很有商业前景的贸易。② 由于种植园经济和作物的生产需要大量男性劳动力，然而当地土著人数因传染病和西班牙人入侵而急剧下降，走出这一困境的唯一出路就是输入劳动力。据估计，仅仅是为了种植甘蔗，当时对于奴隶的需求量就达到了250万人到600万人，而在350年内，总共交换到新大陆的奴隶共有1300万人之多。早期种植园因种植甘蔗而获得了巨大利益，糖被称为"白色黄金"，此后数个世纪，烟草、棉花、茶叶、咖啡、橡胶等作物都难以与之匹敌。③ 16世纪美洲还只有个别地区种植甘蔗，主要是西班牙的墨西哥殖民地和葡萄牙的巴西种植园。这一时期大量非洲奴隶被运送至美洲，1550～1650年，运输奴隶的船只将65万名非洲黑人奴隶运到西属美洲和葡属美洲殖民地。④ 大航海时代以来的300多年，欧洲各国奴隶贸易贩运了多少奴隶，学界有不同统计。2009年，来自多个国家的学者对超过3.5万次不同奴隶运输进行了研究，据估算，从1500年到1840年有1170万非洲人被绑架至美洲。粗略估算，每一个欧洲人来到美洲，就有3名非洲人被抓上了奴隶贩子的船。⑤ 对欧洲各国而言，无论是加勒比的甘蔗种植园还是巴西的甘蔗种植园，殖民地的甘蔗种植园都无比重要，没有奴隶贸易和奴隶劳动，便不会有种植园经济（甘蔗种植园、棉花种植园、烟草种植园等）。但若不是甘蔗种植园对劳动力的迫切需求，也很难促成大规模的、持续数百年的跨大西洋奴隶贸易，欧洲更不会对蔗糖、烟草、原棉有巨大的消费需求，也不会有因从事奴隶贸易和经营种植园而富甲一方的贸易大商人、种植园主阶层的崛起。跨大西洋奴隶贸易和西欧各国资本原始积累对因奴隶贸易发家致富的欧洲港口城市经济乃至英国工业革命的发生都产生了重大影响。借用当时英国人的

① 〔美〕查尔斯·C. 曼恩：《1493：从哥伦布大航海到全球化时代》，第209～211页。
② 〔美〕约翰·伦道夫·斯皮尔斯：《美洲奴隶贸易：起源、繁荣和终结》，第20页。
③ 〔美〕凯瑟琳·赫伯特·豪威尔：《植物传奇——改变世界的27种植物》，第68页。
④ 〔美〕查尔斯·C. 曼恩：《1493：从哥伦布大航海到全球化时代》，第211页。
⑤ 〔美〕查尔斯·C. 曼恩：《1493：从哥伦布大航海到全球化时代》，第205页。

说法："伟大的砂糖，完全征服了世界。而砂糖的伟大完全是由奴隶贸易支撑起来的。"①

## 2. 加勒比甘蔗种植园经济的兴起

与 16 世纪美洲新大陆开采金矿和银矿产生的财富和经济增长相比，随后在加勒比地区发生的种植园革命在欧美资本主义发展中是一股更有活力和可持续的力量。这是一种崭新的社会和经济制度，它源于欧洲人对来自热带和亚热带地区的更广泛的食品和原材料的日益增长的需求。新大陆种植园代表了资本主义对土地的剥削，结合了非洲的劳动力、欧洲的技术和管理、亚洲和美洲的植物、欧洲的畜牧业以及美洲的土壤和气候。② 在 16 世纪 60 年代和 70 年代，美洲新种植园占地广阔，这里的蔗糖产量之高是大西洋各岛无法相比的。甘蔗大约在 17 世纪传播至加勒比地区，之后加勒比地区甘蔗种植园崛起，成为新的蔗糖生产中心。为解决种植园劳动力问题，跨大西洋奴隶贸易开始兴盛起来，成千上万的黑人奴隶被贩运至加勒比地区。历史学家称这种持续的变化为"砂糖革命"。③ 加勒比海的牙买加最初属于西班牙帝国，由于 16~17 世纪全球海盗猖獗，欧洲各国政府允许为本国船只颁发特许证，可以袭击敌国船只，进行海盗掠夺，即所谓的"私掠"。克伦威尔时代的英国于 1655 年派兵占领了牙买加。④ 这样，英国控制的牙买加在 17 世纪下半叶开始成为世界蔗糖或砂糖的生产中心。在 19 世纪之前，加勒比地区的种植园岛是英国海外帝国世界中最有价值的财产。其中最有价值的是甘蔗种植园，面积从 80 英亩到 2000 英亩或更多，有 40~500 名或更多的奴隶劳工。较大的种植园不仅被细分为种植田地、牧场和林地，还被细分为种植甘蔗的田地、种植食品和饲料作物的田地；种植园既是生产单位又是工厂，可以对甘蔗和糖进行初级加工。⑤ 因为甘

---

① 〔日〕川北稔：《一粒砂糖里的世界史》，第 88 页。

② P. J. Marshall, Wm. Roger Louis（eds.）, *The Oxford History of the British Empire*, *Volume Ⅱ*: *The Eighteenth Century*, New York：Oxford University Press, 1998, p. 394.

③ 〔日〕川北稔：《一粒砂糖里的世界史》，第 37 页。

④ 〔日〕川北稔：《一粒砂糖里的世界史》，第 32~33 页。

⑤ P. J. Marshall, Wm. Roger Louis（eds.）, *The Oxford History of the British Empire*, *Volume Ⅱ*: *The Eighteenth Century*, New York：Oxford University Press, 1998, p. 395.

蔗，加勒比海诸岛便有了完全不同的风景，遍布森林和岩石的岛上开辟了广阔的种植园，种上了甘蔗。在种植园模式下，大部分种植园只种植一种作物，这种作物产品往往是以欧洲市场为导向，主要供给欧洲消费。① 随着甘蔗的大规模引入和广泛种植，加勒比地区的风景、人种构成、社会结构、经济方式等都发生了重大变化，对殖民地时期的加勒比地区人文、经济、社会、生态环境影响重大，甚至这种遍布各国的种植园带来的经济影响一直持续到现在。殖民者采取奴隶贸易方式解决殖民地劳动力不足问题时，疾病对美洲殖民地劳动力的构成和发展起了重要作用。由于美洲烟草种植园中的大量欧洲和印第安劳工因感染疟疾和黄热病而死去，殖民者只能俘获非洲人来补充劳动力，因此疾病成为跨大西洋奴隶贸易兴起的重要推动力。这样以引入新型疾病为主要形式的生态交换最终导致了以奴隶制为主要方式的经济交换，而奴隶制影响深远，其政治影响一直延续至今。②

### 3. 世界糖业中心从巴西转移到加勒比地区

自 16 世纪中期到 17 世纪 30 年代，葡萄牙殖民地巴西的蔗糖很快成为该国主要的出口产品，成为供应欧洲市场的主要产地，当然甘蔗种植园的劳动力主要依赖来自非洲的黑人奴隶。近代早期葡萄牙是较早向美洲运输黑人奴隶的国家，到 17 世纪已经有超过 20 万名黑人奴隶被贩卖至巴西，据南大西洋奴隶贸易统计，大约有 280 万名非洲奴隶被从罗安达贩卖至美洲，其中绝大多数去了巴西。③ 欧洲殖民者将黑奴贩卖到美洲，再从美洲将砂糖、烟草、棉花等产品源源不断地输往欧洲市场进行消费和生产。④ 18 世纪，蔗糖生产中心再次转移，加勒比地区成为世界产糖中心。1650 年英属巴巴多斯糖出口量达到 7000 吨，18 世纪英属加勒比地区糖产量高达2.5 万吨，超过同时期巴西的 2.2 万吨。此时全球十大糖出口国都来自美

---

① 〔日〕川北稔：《一粒砂糖里的世界史》，第 36 页。
② 〔美〕查尔斯·C. 曼恩：《1493：从哥伦布大航海到全球化时代》，第 64 页。
③ 〔英〕詹姆斯·沃尔韦恩：《糖的故事》，第 33～34 页。
④ 〔日〕川北稔：《一粒砂糖里的世界史》，第 50 页。

洲殖民地，出口总量达到 6 万吨，销往世界各地，主要供应欧洲市场。①

### 4. 甘蔗种植园与英国奴隶贸易

英国人最早从事奴隶贸易是在伊丽莎白女王时期，1562 年英格兰航海家约翰·霍金斯（John Hawkins）首次参与了盎格鲁－撒克逊人的奴隶贸易。他第一次前往非洲，以半贸易半武力的方式夺取了一艘贩奴船，将船上的 300 名奴隶卖到了西印度群岛，获得了高额利润。但他的海外冒险故事受到伊丽莎白女王的批评：通过武力带走奴隶的做法是令人憎恶的，会招致上帝对奴隶贩子的惩罚。伊丽莎白女王的这一观点并没有阻止英国人继续从事奴隶贸易活动，甚至后人将奴隶贸易推向兴盛，18 世纪的英国成为欧洲贩运奴隶最多的国家。② 英国的"司库"（Treasurer）号商船应该是第一艘在美洲装配的贩奴船，1613 年以来，"司库"号偶尔会到访美洲海岸，在英格兰和美洲各殖民地间开展贸易，但直到 1619 年才开始从事奴隶贸易。当"司库"号前往西印度群岛时，航海日志显示："司库"号在西印度群岛遇到了一艘刻有荷兰字母商标的船，并将弗吉尼亚急需奴隶的消息告诉了荷兰商船，因荷兰商船先于"司库"号到达弗吉尼亚，因此 1619 年到达弗吉尼亚的荷兰商船可能是第一艘到访美洲的贩奴船。③ 当荷兰人来到弗吉尼亚海岸边时，约翰·罗尔夫（John Rolfe）恰好也在詹姆斯敦。他记录道："1619 年 8 月底，荷兰人带着 20 名黑人，乘荷兰船来到詹姆斯敦。"一些文献将这艘船称为荷兰贸易船或私掠船，而不是战舰。综合所有记载，真相可能是：这艘船装载了货物，配有武器，还拥有掠夺敌国商品的许可证。这艘船的主要业务是贸易，同时也是一艘合法的私掠船，但是我们无法知晓它在非洲何地通过何种手段获得这些黑人。④ 英属北美殖民地时期，由于不断遭受疾病的侵袭，印第安原住民死亡人数骇人听闻。整体来看，在恶性疟疾和黄热病的高发地带，在到达美洲一年内死亡的英国人要比非洲人多出 3 ~ 10 倍。对于欧洲殖民者而言，经济账是要算的，如果他

---

① 〔英〕詹姆斯·沃尔韦恩：《糖的故事》，第 37 页。
② 〔美〕约翰·伦道夫·斯皮尔斯：《美洲奴隶贸易：起源、繁荣和终结》，第 21 页。
③ 〔美〕约翰·伦道夫·斯皮尔斯：《美洲奴隶贸易：起源、繁荣和终结》，第 12 ~ 13 页。
④ 〔美〕约翰·伦道夫·斯皮尔斯：《美洲奴隶贸易：起源、繁荣和终结》，第 6 ~ 7 页。

们种植烟草、水稻或者甘蔗，使用非洲奴隶比欧洲契约工或印第安人奴隶要赚得多。① 在 17～18 世纪的英国跨大西洋奴隶贸易中，被贩卖到美洲殖民地的奴隶中有很大一部分被强制固定在大片的甘蔗种植园区。换言之，甘蔗种植园和蔗糖的生产与加工等环节是由英国贩卖的大多数奴隶完成的，人数以百万计。

有数据显示，18 世纪是跨大西洋奴隶贸易最为兴盛的世纪。自 16 世纪以来有近千万名黑人被运往美洲各地贩卖，其中大多数是在 18 世纪完成的，主要的贩卖国家则是英国。根据统计，1662～1670 年英国人贩运黑人奴隶 59900 人，1700～1709 年达到 125600 人，到 1750～1759 年共贩运 273000 人。整个 18 世纪后半叶，奴隶贸易的数量和规模进一步扩张，18 世纪 80 年代到 90 年代也是英国掀起的废奴运动的早期，英国总共贩运了大约 656000 名奴隶至美洲，而自 1662 年至 1807 年英国船只共贩运了大约 340 万名非洲黑人奴隶到美洲殖民地，几乎是这一时期欧洲各国贩运奴隶总数的一半，占整个欧洲国家新航路开辟以来奴隶贸易总数的三分之一。② 18 世纪英国大西洋贸易对英国工业革命的刺激具有重大意义，一方面，英国将“英国造”工业品大量输往北美和中美殖民地，然后换取蔗糖和烟草等各类热带食品和物品运回英国；另一方面，英国将本国工业品或小玩意输往非洲，或交换，或直接掠夺黑人奴隶，然后将黑人奴隶贩运至北美和西印度殖民地，获取高额利润，扩大了殖民地种植园经济和生产规模，特别是蔗糖和烟草生产（主要是弗吉尼亚和马里兰殖民地），以满足世界市场尤其是英国和欧洲市场对蔗糖和烟草的需求。第一个“垦殖”巴巴多斯的英国人带去了 10 个黑人和 32 个印第安人，尽管极少进口黑人奴隶，但到了 1660 年，巴巴多斯已有黑人和白人各 2 万人，其人口密度比英国绝大部分地区的人口密度都高。随着垦殖者的日益富裕，生活方式的鸿沟也在

---

① 〔美〕查尔斯·C. 曼恩：《1493：从哥伦布大航海到全球化时代》，第 80～81 页。

② H. T. Dickinson, *A Companion to Eighteenth - Century Britain*, Oxford：Wiley - Blackwell, 2006, p. 490.

拉大，事实上，他们当中有 5 人在 1658~1665 年被封为男爵。① 种植甘蔗的劳动力几乎全部都是黑人奴隶，自 17~18 世纪以来，英国人尤其是社会中上阶层对蔗糖的嗜好和巨大消费需求，这极大地刺激了跨大西洋黑人奴隶贸易的盛行。黑人奴隶种植的蔗糖和生产基地使得殖民地的蔗糖和印度纺织品印花布等奢侈品深深影响了英国人的生活习惯，促成近代英国消费观念的转向和消费革命的发生。

蔗糖与英国人的纠缠源自 17 世纪初期英国在美洲的殖民与扩张。1627 年，英国人建立西印度群岛巴巴多斯殖民地，这是不列颠蔗糖历史的转折点。根据保存下来的相关文件，1641 年巴巴多斯甘蔗种植成功，这为英属西印度群岛殖民地的奴隶贸易注入了活力。然而甘蔗种植与荷兰人登陆巴巴多斯岛密切相关，17 世纪 40 年代，一批荷兰难民从巴西逃到加勒比海最东端的巴巴多斯岛。英国人占领该岛后，希望种植烟草谋利，但是当地气候并不适合种植烟草。荷兰难民来到巴巴多斯后，引入了从巴西学到的甘蔗种植技术，并与岛上的英国殖民者一起分享种植技术。实践表明，巴巴多斯确实是甘蔗种植的理想之地，当地的蔗糖产量大增，基本供给欧洲和英国市场。② 从 1640 年到 1660 年的 20 年，糖业革命改变了巴巴多斯的经济和社会。它包括以下相互关联的变化：（1）移民殖民地的转变，它将自给自足的农业和面向海外市场的小商品生产结合在一起，变成了一个庞大的、劳动力和资本密集型种植园，专门种植甘蔗，为外部市场生产粗糖和朗姆酒；（2）在食品、建筑材料、工具和机械、消费品、航运、市场营销和金融服务等方面依赖外来资源；（3）劳动力从白人契约仆役向来自非洲的动产奴隶转移；（4）与大都市有密切社会经济和政治联系的富裕种植园主阶层崛起；（5）产糖殖民地作为地缘政治和大西洋世界中经济竞争的主要角色的出现。③

1655 年，巴巴多斯蔗糖生产开始影响英国国内市场，1662 年查理二世

---

① 〔英〕阿萨·布里格斯：《英国社会史》，陈叔平、陈小惠等译，商务印书馆，2015，第 203 页。
② 〔美〕查尔斯·C. 曼恩：《1493：从哥伦布大航海到全球化时代》，第 83~84 页。
③ P. J. Marshall, Wm. Roger Louis（eds.）, *The Oxford History of the British Empire*, Volume Ⅱ: *The Eighteenth Century*, New York: Oxford University Press, 1998, p. 395.

为非洲皇家冒险公司颁发了奴隶贸易特许证，允许这家公司每年向英国西印度群岛殖民地运送约 3000 名黑奴。① 17 世纪以来，欧洲各国尤其是英法两国加剧了在加勒比地区的争夺，英国人最终获得了优势，逐渐排挤了葡属巴西、法属圣多明各，在巴巴多斯殖民地建立起了全面的种植园系统，其中最重要的就是甘蔗种植园经济与蔗糖生产。虽然当地也生产咖啡、巧克力（可可）、肉豆蔻、椰子等其他产品，但是蔗糖生产在生产数量、消费人数以及使用范围上远远超过了其他消费品。② 表 1 是英国西印度殖民地主要蔗糖生产基地牙买加的蔗糖出口和奴隶进口状况。

**表 1　1748～1775 年牙买加向英国出口蔗糖产值与奴隶进口数量**

单位：千镑，人

| 年份 | 蔗糖收入 | 进口的奴隶数 |
| --- | --- | --- |
| 1748 | 688 | 8004 |
| 1749 | 603 | 4730 |
| 1750 | 561 | 2866 |
| 1751 | 569 | 4127 |
| 1752 | 586 | 5079 |
| 1753 | 718 | 6759 |
| 1754 | 702 | 7959 |
| 1755 | 836 | 12125 |
| 1756 | 777 | 9264 |
| 1757 | 754 | 6992 |
| 1758 | 922 | 2994 |
| 1759 | 1015 | 4531 |
| 1760 | 1622 | 5205 |
| 1761 | 1556 | 5838 |
| 1762 | 1020 | 6047 |
| 1763 | 994 | 8497 |
| 1764 | 1104 | 7574 |
| 1765 | 1001 | 6945 |
| 1766 | 1070 | 9536 |

---

① 〔美〕约翰·伦道夫·斯皮尔斯：《美洲奴隶贸易：起源、繁荣和终结》，第 24 页。
② 〔美〕西敏司：《甜与权力：糖在近代史上的地位》，第 47～48 页。

续表

| 年份 | 蔗糖收入 | 进口的奴隶数 |
|---|---|---|
| 1767 | 1234 | 2873 |
| 1768 | 1278 | 5465 |
| 1769 | 1210 | 3155 |
| 1770 | 1350 | 5988 |
| 1771 | 1294 | 3512 |
| 1772 | 1264 | 4355 |
| 1773 | 1501 | 8876 |
| 1774 | 1856 | 15937 |
| 1775 | 1618 | 7663 |

资料来源：David Richardson，"The Slave Trade，Sugar，and British Economic Growth，1748 – 1776"，*The Journal of Interdisciplinary History*，Vol. 17，No. 4，Caribbean Slavery and British Capitalism（Spring，1987），p. 746。

　　热带生产的蔗糖对英国人的生活方式、饮食习惯等产生了深刻影响，成为 18 世纪英国进口的最重要的食物之一。甘蔗的早期种植需要组织周密的大量劳动力，需要不至于突然失去肥力的肥沃土地。因此甘蔗种植很早就强迫奴隶劳动，采用种植园大规模生产。[①] 甘蔗种植被引入地中海地区后就和奴隶制度相结合，而当甘蔗跨越大西洋进入美洲后，这种结合得到了加强。正如伟大的黑人历史学家埃里克·威廉斯（Eric Williams）指出的："哪里有砂糖，哪里就有黑奴。"[②] 然而，当蔗糖深深影响到了英国人的饮食、味觉和消费习惯之后，对经济和政治带来的最深刻的影响莫过于英国跨大西洋奴隶贸易的兴盛。如在 18 世纪末，英国在西印度群岛的殖民地牙买加大约有超过 700 个甘蔗种植园，雇用黑人奴隶接近 20 万人。到 18 世纪 30 年代之后，英国成为跨大西洋奴隶贸易中美洲奴隶的主要供给者和贩运者。英属西印度种植园经济的兴盛和英国奴隶贸易的快速发展彻底改变了西印度群岛各地区的人口结构。与 18 世纪西印度群岛主要的人口组成黑人相比，当地白人在 1700 年到 1748 年从 31000 人增加到 43900 人，

①〔日〕川北稔：《一粒砂糖里的世界史》，第 27 页。
②〔日〕川北稔：《一粒砂糖里的世界史》，第 27 页。

增加了 12900 人。而黑人几乎全都是奴隶，人数从 1700 年的 114300 人增加到 1748 年的 258500 人，同一时期黑人人数增长了 144200 人，白人与黑人的总体人数比例从 1∶3.7 上升到 1∶5.9。而巴巴多斯的白人与黑人的比例则相当稳定：1700 年当地白人有 15400 人，黑人有 50100 人，两者比例大约为 1∶3.3；到了 1748 年，当地白人人数增长到 22500 人，而黑人人数总数为 69100 人，比例大约为 1∶3。背风群岛的白人与黑人总数之比则从 1700 年的 1∶2 上升到 1748 年的 1∶7.8，牙买加的白人与黑人总数之比从 1700 年的 1∶8.8 上升到 1748 年的 1∶14.4。到 1748 年，牙买加的奴隶人数占英国糖殖民地奴隶总数的 45.7%。①

英属西印度殖民地以种植园为基础的贸易体系与英国大都市、非洲、北美和西班牙美洲建立了永久联系。在布里斯托颇具影响力的商人约翰·卡里（John Cary）看来，非洲贸易"是这个王国最好的贸易，因为它偶尔会从海上和陆上向我们的人民投送大量物资。非洲提供了工人，使我们的种植园得到改善。通过他们的劳动，我们出产了大量的糖、烟草、棉花、生姜和靛蓝，这些大宗商品使我们有大量的船只运输到这里，而船只越多，我们国内的手工贸易就越多，这就消耗了更多我们的产品和制造品，使更多非洲的塞勒人得以维持被雇用的状态"。② 18 世纪以来，英属加勒比地区的蔗糖产量不断增长：1700 年产量为 2200 吨，1760 年产量为 71000 吨，1787 年产量为 106000 吨，1815 年产量为 168000 吨。③ 可见自 17 世纪晚期以来英属西印度殖民地的蔗糖生产与市场对英国社会而言尤为重要，到 1815 年英属西印度殖民地的蔗糖产量几乎是其他国家蔗糖产量的总和。大西洋贸易基本可以形成这样一个完整的生产、贸易和消费链条：奴隶贸易的繁盛保证了殖民地劳动力的充足和种植园经济的繁荣和规模的扩大，有力保证满足英国市场对蔗糖以及其他热带产品的巨大需求，而这

---

① P. J. Marshall, Wm. Roger Louis (eds.), *The Oxford History of the British Empire*, Volume Ⅱ: *The Eighteenth Century*, New York: Oxford University Press, 1998, p. 400.

② P. J. Marshall, Wm. Roger Louis (eds.), *The Oxford History of the British Empire*, Volume Ⅱ: *The Eighteenth Century*, New York: Oxford University Press, 1998, p. 399.

③ 〔英〕安格斯·麦迪森：《世界经济千年史》，伍晓鹰等译，北京大学出版社，2003，第 47 页。

种需求的持续扩大又进一步刺激了奴隶贸易和种植园经济的发展，最终英国在长期的大西洋贸易中积累了资金、扩大了市场、发展了本土工业制造业（如造船业和海运业），甚至兴起了最大的奴隶贸易股份公司皇家非洲股份公司（RAC）。1672～1713 年，皇家非洲股份公司共贩运超过 35 万名黑人奴隶至北美殖民地和西印度。至 18 世纪初期以后，奴隶贸易不再被垄断，更多的私人奴隶贸易公司、奴隶贸易城市和个体加入奴隶贸易之中。如伦敦商人基本主导了 17 世纪末到 18 世纪初几十年的奴隶贸易，据最新估计，在 1698～1725 年，伦敦商人资助奴隶贸易远洋运输占到了 63%，到 18 世纪 30 年代之后，利物浦和布里斯托的奴隶贸易兴起，伦敦的奴隶贸易港口地位面临布里斯托和利物浦的挑战，仅 1720～1749 年发自布里斯托港口的奴隶船只就达到 975 艘，超越了伦敦。18 世纪 50 年代，发自利物浦的奴隶贸易船只多达 521 艘，远超布里斯托和伦敦的总和，在 18 世纪 50 年代之后利物浦奴隶贸易几乎垄断了所有的英国对殖民地的奴隶贸易，自 1780 年至 1807 年英国大西洋奴隶贸易废止期间，利物浦商人承担了英国奴隶贸易贩运花费总量的 75%。[1] 表 2 反映了 18 世纪英国奴隶贸易的兴盛。英国在一个世纪里贩运黑奴超过 253 万人，是贩运黑奴获益最大的国家，葡萄牙贩运 179 万人，法国和荷兰分别贩运 118 万人和 35 万人。

表 2　1701～1800 年英格兰、葡萄牙、法国与荷兰等国贩运奴隶人数

单位：千人

| 英格兰 | 葡萄牙 | 法国 | 荷兰 | 北美洲 | 丹麦 | 其他 | 总计 |
| --- | --- | --- | --- | --- | --- | --- | --- |
| 2532 | 1796 | 1180 | 351 | 194 | 74 | 5 | 6132 |

资料来源：〔英〕安格斯·麦迪森《世界经济千年史》，第 47 页。

## 三　蔗糖与英国消费社会的兴起

17～18 世纪的英国是传统向现代社会转型的关键时期。17 世纪晚期以

---

[1] H. T. Dickinson, *A Companion to Eighteenth - Century Britain*, Oxford：Wiley - Blackwell, 2006, pp. 490 - 491.

来，英国的政治革命、商业革命和金融革命等加速了英国现代社会的到来。通过战争与海外贸易，英国日益走向海外殖民帝国，繁荣的欧亚贸易和大西洋贸易，遍布全球的商业贸易网络和海洋霸权保障有力保障了本土对海外各类物产、资源的需求。来自亚洲和美洲的各种食品、日用消费品（如蔗糖、咖啡、烟草、茶叶、瓷器、棉布、丝绸等）等海外物产源源不断地供应本土市场，促成了消费革命的发生和现代消费社会的重大转向。事实上，这些来自异域的奢侈品消费的确在 17 世纪晚期和 18 世纪以来极大地刺激了英国社会各个社会阶层的消费和社会变革，一种新的消费主义和消费文化、消费时尚日益形成。①

**1. 早期糖的奢侈属性**

中世纪的糖产量很小，糖仍是一种非常稀有的调料，主要在欧洲社会精英阶层中消费。糖到 13 世纪成为英国精英家庭中的日常用品。根据记载，意大利商人尼古莱托于 1319 年将 10 万磅（45 吨）糖和 1000 磅（454 千克）糖果运往英国，到了 16 世纪末，糖果专卖店开始在英国主要城镇崭露头角。②但是新的蔗糖来源开辟之后并没有使得欧洲蔗糖的价格下降多少，对绝大多数人而言，糖仍旧是昂贵的奢侈品。如 1379 年伦敦的一家杂货店出售过糖，但除了最富有、最有特权的阶层外，糖远远超出一般人能承受的消费水平。③

正如詹姆斯·沃尔温（James Walvin）所言："直到 16 世纪，产自美洲的蔗糖才开始登陆英格兰……一磅蔗糖的花费相当于一个工资劳动者两天的薪水。"④ 17 世纪之后北美十三殖民建立以来，英国增加了进口蔗糖量，蔗糖价格才有所下降。到了 17 世纪 50 年代，英格兰的贵族和富翁们变得嗜糖，蔗糖频频现身于他们的药品、文学想象以及社会等级的炫耀过程中。⑤ 到 17 世纪末，糖在欧洲社交和饮食中已经无处不在。面向 17 世纪英国富裕阶层的杂货店囤积了他们钟爱的奢侈品，以咖啡为主，茶叶越

---

① 曹瑞臣：《18 世纪英国消费社会的兴起》，《中国社会科学报》2017 年 10 月 16 日，第 5 版。
② 〔英〕詹姆斯·沃尔韦恩：《糖的故事》，第 8～9 页。
③ 〔英〕詹姆斯·沃尔韦恩：《糖的故事》，第 11 页。
④ James Walvin, *Friuits of Empire: Exotic Produce and British Taste, 1660 - 1780*, London: Macmillan Press, LTD, 1997, p. 118.
⑤ 〔美〕西敏司：《甜与权力：糖在近代史上的地位》，第 17 页。

来越多，但最重要的还是糖。商人们竭尽所能，力保糖可以深入到最偏远的农村地区。① 大约在 17 世纪，糖在英国的地位发生了翻天覆地的变化，糖开始由权贵人士逐渐向偏远村庄扩散，17 世纪中期甚至可以在英格兰北部简陋的五金商店里买到曾经作为奢侈品的糖。摆脱了药品的身份，糖开始成为人们日常生活中的必需品，这一切则基于对非洲奴隶的残酷剥削和美洲甘蔗种植园以及精炼糖厂的崛起——一般情况下，蔗糖在美洲和大西洋岛屿进行简单加工后还要运往欧洲进行精炼，最终提炼成欧洲消费者喜欢的浅色糖。

18 世纪，英国在海外战争中不断胜利，英国获得了越来越多的海外殖民利益和海洋优势。大西洋贸易和亚洲贸易同时进入最繁荣时期，两大贸易航线成为英国崛起的强大引擎。大西洋三角贸易成就了除伦敦之外的奴隶贸易和地方港口贸易城市，如布里斯托、利物浦、格拉斯哥等，他们主要经营奴隶贸易和蔗糖、烟草贸易，这给棉纺织业和金属制造业同样提供了良好的发展机遇。17 世纪下半叶到 18 世纪初，加勒比海的牙买加是世界主要产糖国和制糖中心。到了 1770 年，法国在加勒比地区的殖民地已经成为全球最大的糖出口基地，此时法属圣多明各每年生产糖 6 万吨（而同时期牙买加只有 3.6 万吨），这一切主要是通过大西洋黑奴贸易和非洲奴隶劳动来实现的。欧洲主要炼糖中心在 16 世纪是安特卫普、在 17 世纪是阿姆斯特丹、在 18 世纪是伦敦等制糖港口城市：1650～1770 年，阿姆斯特丹的炼糖厂从 40 家增加到 110 家，1753 年的伦敦则有 80 家炼糖厂。② 英国人对蔗糖的嗜好与 17 世纪以来博物学的发展和兴起也有很大关系，英国博物学继承了自古希腊罗马以来的博物学传统，发展成为以观察、描述和分类动植物等为特征的近代博物学。蔗糖来自甘蔗，而甘蔗是一种商业价值很高的经济作物。17 世纪初期的英国大法官弗朗西斯·培根在从事科学研究中也投资了弗吉尼亚的殖民公司。他在《培根随笔》（*Essays*）中号召大家到了新的土地之后一定要搜寻新的动植物。③

---

① 〔英〕詹姆斯·沃尔韦恩：《糖的故事》，第 61 页。
② 〔英〕詹姆斯·沃尔韦恩：《糖的故事》，第 16～22、35 页。
③ 〔日〕川北稔：《一粒砂糖里的世界史》，第 25 页。

## 2. 蔗糖消费日趋大众化

到了 1700 年，糖成为从新大陆进入欧洲的最重要的热带农产品。英属西印度群岛于 1700 年向英格兰和威尔士出口了约 22000 吨糖，其中巴巴多斯则提供了大约一半。从当时英国人的奢侈品食谱看，越来越多的普通人消费来自英属西印度群岛的蔗糖。17 世纪末的托马斯·特赖恩（Thomas Tryon）是伦敦的一名食糖商，他写到了糖日益增长的重要性：糖是如何在国内的水果、谷物和饮料中消费，从而间接提高土地价值的。此外，糖增加了王国的关税收入，并增加了许多外国商品的进口，这在以前是闻所未闻的。这些食物包括可可、茶、咖啡和水果。英国人均食糖消费量增加的一个重要原因是糖在 1683～1692 年的零售价格比 1623～1632 年的价格下降了一半以上。[①] 虽然糖的大众市场出现得相当缓慢，但从 18 世纪中期开始，帝国经济中的糖生产对英国的统治者和统治阶级变得越来越重要……现在，英国的广大民众正在不断消费更多的糖，并渴望获得超出他们承受能力的糖。18 世纪中期以后，糖的消费更加广泛，糖在英国无处不在，成为每个家庭日常生活的必需品，是日常饮食的重要组成部分。1766 年，约克郡的上层阶级可以在一个法国糖果商尼古拉·赛金（Nicolas Sequin）那里购买到各种各样的糖果、蛋糕、糖浆、甜品等奢侈品装饰他们的高档餐桌。对于穷苦大众而言，"杂货店会从便宜的粗糖块中切出几盎司，磨成颗粒，再用纸张包起来卖给他们"。[②]

整个 18 世纪欧洲市场糖供应量充足，推动了欧洲尤其英国食糖消费的大众化趋势。美洲主要产糖国的糖产量急剧增长，1750 年食糖产量 15 万吨，1770 年超过 20 万吨，其中 90% 来自加勒比地区。其中牙买加产糖 3.6 万吨，圣多明各产糖 6 万吨，两地的糖产量加起来占到了加勒比地区产糖总量的 50%。[③] 18 世纪以来糖的消费从奢侈走向平民化的过程也反映了整个 18 世纪奢侈消费逐渐大众化的趋势，大众消费时代的到来预示了权

① P. J. Marshall, Wm. Roger Louis (eds.): *The Oxford History of the British Empire*, *Volume II: The Eighteenth Century*, New York: Oxford University Press, 1998, p. 399.

② 〔英〕詹姆斯·沃尔韦恩：《糖的故事》，第 62～63 页。

③ 〔英〕詹姆斯·沃尔韦恩：《糖的故事》，第 37 页。

力和等级的消融过程，美洲殖民地甘蔗种植园的兴盛与资本主义的现代化制糖业的发展最终将英国推向食糖消费革命。到18世纪90年代，英国每人平均消耗甜味剂20磅左右。人难以阻挡蔗糖的诱惑，它大大改善了传统的英国饮食，让劳动人民补充了热量，有利于增强他们的体质。糖已经被英国人广泛添加到各类食品的制作中去，如各种布丁、果派、果酱、巧克力、茶水等。[1] 最迟到1800年，蔗糖已经成为每一个英格兰人日常饮食的一种必需品。[2] 整个18世纪，英法的批评家都在谴责平常百姓对奢侈品的渴望，对糖的批评声不绝于耳。然而一些敏锐的作家意识到糖已经成为人们日常生活的必需品之一，它改善了人们的生活，为日常工作增添了动力，也为悲惨生活带来某种慰藉。穷人们吃的糖同他们喝的茶一样，总是最低劣廉价的，他们吃的绝不是上层阶级消费的高端糖，而是从最差的糖块上刮下来一点碎糖，然后将其加到最廉价的燕麦中。[3]

### 3. 糖与茶的完美结合

糖消费的大众化与18世纪以来英国饮茶之风的兴盛有很大关联。17世纪中期以来，英国人对蔗糖的消费量剧增，但仍旧限于上层社会。18世纪以来，英国人的生活习惯有了很大变化，特别是茶叶和咖啡饮料的盛行，茶和咖啡开始取代原先英国人喜爱的啤酒饮料和杜松子酒。到了18世纪中后期，茶成为全民性饮料。糖是启蒙时期文明图腾式的食物，它表现在两个侧面：一面是阴沉昏暗和代价高昂，把糖的生产与贸易同奴役和暴行联系起来；另一面是清澈明亮和欢愉欢乐，同认识和风俗文明，甚至欣喜愉快是连在一起的。[4] 18世纪以来，糖、咖啡和茶饮料的消费几乎在同步增长，糖成为人们每周必购的生活必需品，当家庭主妇去杂货店购物时，她们很有可能会同时购买糖和茶叶。[5] 在英国人们的饮食消费中茶叶

① James Walvin, *Friuits of Empire: Exotic Produce and British Taste, 1660 - 1780*, London: Macmillan Press, LTD, 1997, p. 121.
② 〔美〕西敏司：《甜与权力：糖在近代史上的地位》，第17页。
③ 〔英〕詹姆斯·沃尔韦恩：《糖的故事》，第87页。
④ 〔法〕达尼埃尔·罗什：《平常事情的历史：消费自传统社会中诞生（17~19世纪）》，第314页。
⑤ 〔英〕詹姆斯·沃尔韦恩：《糖的故事》，第62~63页。

与糖的关系如此紧密，以至于 18 世纪有人使用食糖的消费量来估算茶叶的总消费量，并以此估算走私到英国的茶叶总量。1700 年英国进口食糖 1 万吨，1800 年达到 15 万吨。[①] 从 18 世纪英国人的茶叶消费增长趋势和蔗糖消费增长趋势看，茶叶进口量剧增时，英国社会对蔗糖的消费往往也在迅速增长。如 1748~1767 年的英国茶叶进口增长了 123%，从 1748 年的 300 万磅左右上升至 1767 年的 700 万磅。茶叶的市场价格也在不断下降，市场价格实际上较之前下降了 15% 左右。[②] 在 17 世纪中叶茶叶被引入英国的时候，英国人还没有形成饮茶加糖的习惯，到了 17 世纪末 18 世纪初，英国人就开始养成了在茶叶中加糖的习惯。而当时中国人饮茶很少在茶中加糖，英国人形成这一习惯可能是早期茶叶进口贸易中英国海员受印度人饮茶加糖风俗的影响。18 世纪，糖已成为英国普通家庭的生活用品，以至于 18 世纪中期的生产商制造了成千上万的糖罐或糖碗。在大西洋两岸的餐桌、咖啡桌和茶几上，糖罐已经司空见惯。

茶叶进口的快速增长使得人均消费平均增长了一倍多。而根据里格利对英格兰人口的统计显示，1748 年英格兰大约有 550 万人，1767 年约有 600 万人，人口增长不明显，对蔗糖与茶叶的消费却持续快速增长，体现了这一时期英国社会消费能力的持续增长和巨大需求。根据历史统计，1660 年英格兰消费了 1000 大桶蔗糖，出口 2000 大桶蔗糖；1700 年英格兰进口 5 万大桶蔗糖，出口 18000 大桶蔗糖；1753 年英格兰蔗糖进口量猛增为 11 万大桶，而出口量减为 6000 大桶。[③] 从蔗糖进口量变化看出，18 世纪中后期的英国社会对蔗糖的消费需求非常旺盛，出口贸易量骤减表明蔗糖供给绝大部分用于国内生产与生活消费。一方面蔗糖作为热量食物，能够有效补充身体能量，还能够制作各种食物等，所以需求巨大，英国人喝

---

① 〔英〕罗伊·莫克塞姆：《茶：嗜好、开拓与帝国》，毕小青译，生活·读书·新知三联书店，2015，第 30 页。

② David Richardson, "The Slave Trade, Sugar, and British Economic Growth, 1748 – 1776", *The Journal of Interdisciplinary History*, Vol. 17, No. 4, Caribbean Slavery and British Capitalism (Spring, 1987), p. 753.

③ "大桶"（Hogshead），一个液量单位，英国为 52.5 加仑，而 1 英加仑大约 4.546 升。见〔美〕西敏司《甜与权力：糖在近代史上的地位》，第 49 页。

茶加糖的习惯也刺激了蔗糖实际消费量的猛增。乔纳斯·汉威（Jonas Hanway）认为，英国每年至少有25000桶蔗糖或英国蔗糖进口总量的29%~35%是伴随着茶叶饮料被消耗掉的。[①] 参见表3可知，18世纪初以来，自加勒比地区出口至英国的蔗糖价值呈持续增长趋势，尽管个别年份的蔗糖价格和出口价值有波动，但是总体上进口总量不断增加。进入18世纪40年代后需求有了一个较大增长，到了18世纪50年代后期进口额翻番，从1713~1716年的95.9万镑升至1756~1760年的265万镑，到18世纪70年代更是超过300万镑。[②] 我们看到18世纪英国人消费的茶叶和糖是同步增长的，而且消耗量巨大。当然18世纪进口贸易量的剧增，一方面因为英国人口历经百年翻了近一番，英格兰、威尔士人口从580万增加到890万，需求量自然增加；另一方面因为英国社会结构有了巨大变化，崛起的富有中产阶级开始成为这些域外奢侈品的消费主力，他们消费了进口商品的大多数。普通工人阶层在维持基本生存之外也会购买少许新潮产品如茶叶和食糖等以作膳食补充。更由于工业革命的发生，一系列技术革新、产品创新等，英国生产规模的日益扩大和机械化让原先高高在上的奢侈品不再奢侈，成为寻常百姓家的日用消费品。

表3　1713~1775年加勒比地区国家蔗糖出口至英国状况

| 年份 | 平均出口产值（千镑） | 蔗糖出口价格指数（1713~1716）基数 | 英国市场价指数（1713~1716）基数 |
|---|---|---|---|
| 1713~1716 | 959.1 | 100 | 100 |
| 1721~1725 | 805.6 | 72 | 94 |
| 1726~1730 | 1049.3 | 74 | 98 |
| 1731~1735 | 824.8 | 60 | 88 |
| 1736~1740 | 965.1 | 75 | 91 |
| 1741~1745 | 1209.5 | 95 | 93 |

---

① David Richardson, "The Slave Trade, Sugar, and British Economic Growth, 1748 – 1776", *The Journal of Interdisciplinary History*, Vol. 17, No. 4, Caribbean Slavery and British Capitalism (Spring, 1987), p. 755.

② David Richardson, "The Slave Trade, Sugar, and British Economic Growth, 1748 – 1776", *The Journal of Interdisciplinary History*, Vol. 17, No. 4, Caribbean Slavery and British Capitalism (Spring, 1987), p. 747.

续表

| 年份 | 平均出口产值<br>（千镑） | 蔗糖出口价格指数<br>（1713～1716）基数 | 英国市场价指数<br>（1713～1716）基数 |
|---|---|---|---|
| 1746～1750 | 1479.9 | 103 | 93 |
| 1751～1755 | 1675.1 | 105 | 90 |
| 1756～1760 | 2652.1 | 120 | 101 |
| 1761～1765 | 2617.2 | 108 | 98 |
| 1766～1770 | 2952.1 | 110 | 104 |
| 1771～1775 | 3234.8 | 108 | 114 |

资料来源：David Richardson, "The Slave Trade, Sugar, and British Economic Growth, 1748 – 1776", *The Journal of Interdisciplinary History*, Vol. 17, No. 4, Caribbean Slavery and British Capitalism (Spring, 1987), p. 747。

由表3可知，来自英属西印度群岛的蔗糖供给不断增长的同时，英国本土需求增长强劲，反映了蔗糖消费经历了一个由奢侈品到大众消费品的转变。学者黑格曼（B. W. Higman）认为，在17～18世纪，"食糖革命"（sugar revolution）不像其他领域的如工业革命、农业革命、商业革命以及价格革命等，食糖革命是指一种简单商品的权力转化，导致了某种情况下的"作物决定论"（Crop Determinism），虽然水稻、小麦、土豆都具有某种决定性影响，但是只有食糖能够解释这种权力的转化。可以从六个因素解释食糖对权力的垄断：第一，从多样的农业到食糖单一垄断；第二，从小农场种植到大种植园生产；第三，从自由农种植到奴隶劳动力种植；第四，从稀疏种植到密集种植；第五，从白人种植到黑人种植；第六，每人产出效率由低到高。"食糖革命"由此引发广泛的全球性影响，如大规模的黑人奴隶贸易、大西洋三角贸易的盛行，改变了欧洲人的营养与消费习惯、推动了英国工业革命等。①

蔗糖对世界产生了很大的影响，尤其是对英国。这种来自新大陆的热带作物能够提供热量，英国社会各阶层都很痴迷。16世纪，葡萄牙的殖民地巴西垄断了世界蔗糖市场，自1655年后英国的殖民地巴巴多斯开始向英

---

① B. W. Higman, "The Sugar Revolution", *The Economic History Review*, New Series, Vol. 53, No. 2 (May, 2000).

国市场供应蔗糖，蔗糖在英国的消费要比面包、肉类等其他食物以及其他日用品增长得快些。1650～1800 年，英国的蔗糖消费增加了 25 倍，而人口增长了两倍。若按个人消费计算，1700～1800 年，从每人每年 4 磅猛增至每人每年 18 磅。1630～1680 年，糖在英国的价格暴跌了一半，英国糖进口量翻了一番，至 1775 年英国糖进口量又增加了 1 倍。一个多世纪里，英格兰和威尔士的糖消费量增加了 60 倍，但是同时期英国人口增长不到 1 倍。18 世纪初英国人均糖消费量为每年 4 磅（1.8 千克），1729 年增至 8 磅（3.6 千克），1789 年 12 磅（5.4 千克），1809 年 18 磅（8.2 千克）。至此，糖在英国得到广泛应用，不再局限于茶、咖啡等饮料，糖被广泛添加到小麦、燕麦、大米等许多基本食物中让食物更加美味，糖的副产品糖浆和朗姆酒也成为穷人日常饮食的一部分。但长期摄入糖不利于身体健康，给人们的身体健康尤其是牙齿的损害埋下了隐患，而当时人们还没有意识到这一点。①

# 结　语

　　蔗糖的全球化改变了古代世界和现代世界人们的饮食文化史。大航海时代的"蔗糖资本主义"将非人道的奴隶贸易深深卷入以西方为主导的现代世界体系之中，同时蔗糖的跨国和全球传播尤其是在英国的消费与传播，与咖啡、茶叶、瓷器、棉布、烟草等其他奢侈物产一起有力刺激了近代早期资本主义的崛起和现代英国社会新的消费理念、消费时尚、消费主义和消费文化的出现，有力促成了 18 世纪英国传统向现代社会的深刻转型和第一个现代消费社会的兴起。在糖、奴隶贸易与消费社会兴起之间的互动与内在关联中，我们发现背后有一种强大的有形的和无形的力量在牵引着糖的全球化、奴隶贸易的兴衰和社会转型中消费社会的兴起，这种力量就是商业资本主义、殖民主义和工业资本主义，它们以前所未有的力量深深改变和重塑了现代世界。后现代社会的挑剔口味是对抗现代性的贪婪和

---

　　① 〔英〕詹姆斯·沃尔韦恩：《糖的故事》，第 87 页。

生态傲慢的良性反应，人们现在更加追求绿色、低碳和健康的消费理念。回望过去，人类在追求甜、权力和蔗糖的历史进程中，既看到不同文明区域的人们对甘蔗物种的种植与传播、糖业发展和糖消费全球化的重大贡献，为人类提供了更加丰富、有营养的甜味食品和饮食文化，糖增加了工人饮食的营养和提高了工人的生产效率，深度嵌入工业化进程，增进文明间的互动互鉴。同时在蔗糖的殖民化、资本主义化和工业化的历程中，我们看到大航海时代以降被西方各国强行纳入现代世界体系中的糖与甘蔗给美洲和非洲当地生态和人口带来了深重灾难。

# 全球史视域下汉唐之际蒜的应用考察[*]

郭幼为[**]

**摘　要**　从全球史视野来看，汉时起亚、非、欧三大洲地区性局部交流肇兴，这种交流为全球一体化开辟了道路。在这种情况下，大蒜进入中原给输入地区的居民带来了生活便利，周边民族富有创造性的使用蒜的智慧和思想也随之而来，给中原人以启发和借鉴，并在药食以及宗教信仰等方面进行创造和创新，推动了自身文明的进步。饮食方面，大蒜在调鼎解菹方面发挥作用，激发时人增加了对其的需求。东汉末期的《四民月令》中便有种蒜时节的记录，成书于北魏的农学著作《齐民要术》中也辟有专章来介绍种葱、姜、蒜之法，需求增长促使其种植技术日益精湛。药用方面，蒜的药用到魏晋前后才逐渐铺开，在内外科方面均有建树，杀毒消菌方面尤显民间原始面貌。而受印度医学对蒜的药用影响，唐朝人对蒜的药用已由初级使用向深层加工阶段迈进。宗教信仰方面，汉唐时期的中国仍属巫医治疾共存的时代，受重视服食丹药、求仙不死世风以及印度的蒜崇拜影响，本草典籍、方书中所辑录的蒜知识带有鲜明的鬼神、宗教色彩。

**关键词**　汉唐　蒜　药食同源　中外文化交流　全球史

---

　*　本文系教育部人文社会科学研究青年基金项目"晋唐以来廿五种道地植物药的形成史研究"（23YJC770007）、中国博士后科学基金第 73 批面上资助课题"宋元以来若干植物药的本草书写与道地药材建构研究"（2023M731317）、国家社会科学基金重大项目"日本静嘉堂所藏宋元珍本文集整理与研究"（18ZDA180）阶段性成果。
**　郭幼为，仲恺农业工程学院马克思主义学院讲师，暨南大学中国史博士后流动站合作研究人员。

## 缘 起

全球史观又称整体史观，是一种将人类历史视为一个整体的历史观。它从整体性和统一性来考察人类历史，并认为其发展是从分散向整体转变的动态过程。而从全球药物史[①]来看，最典型的例子便是东西方药物贸易与知识的流动。韩嵩（Marta Hanson）与吉安娜·波玛塔（Gianna Pomata）对近代早期中国医方在西方的转译与传播做了出色的研究。[②]那葭（Carla Nappi）讲述了一种西方医学的神奇药物底也迦在中国传播与被接受的过程以及中国医者描述、评价与吸纳外来药物的方式。[③]另外，那葭以人参为个案，通过分析中国医学、植物学与商业文本中的描述，揭示了近代早期中国对于自然事物认知方式的一种转变。[④]梁其姿与陈明对于阿魏这一药物跨欧亚的流动进行了长时段的研究，指出了不同时期和地域对于阿魏认知的传播与变化。[⑤]他们的研究都指出了物质本身的流动性和不确定性，与其说历史上存在一种有确定性的物质"人参"或"阿魏"，倒不如说历史上有各种不同的物质被称为"人参"或"阿魏"。这说明在全球史的研究中亦不可忽视对物质文化的研究，往往通过一种物品的全球流动便可在微观的角度重构历史知识的版图。

就本文考察的蒜而言，季羡林先生曾在一篇文章中提到"蒜是中国原产，大蒜则在汉代由西域传入"[⑥]。季羡林先生所说的中国原产的蒜后被称

---

① 目前全球药物史研究方兴未艾，详细情况参见蒋竹山《"全球转向"：全球视野下的医疗史研究初探》，《人文杂志》2013年第10期；边和《西方医疗史研究的药物转向》，《历史研究》2015年第2期；等等。

② Marta Hanson and Gianna Pomata, "Medical Formulas and Experiential Knowledge in the Seventeenth – Century Epistemic Exchange between China and Europe", *Isis*, Vol. 108, No. 1 (Mar. 2017), pp. 1 – 25.

③ Carla Nappi, "Bolatu's Pharmacy: Theriac in Early Modern China", *Early Science and Medicine*, Vol. 14 (2009), pp. 737 – 764.

④ Carla Nappi, "Surface Tension: Objectifying Ginseng in Chinese Early Modernity", in Paula Findlen (ed.), *Early Modern Things: Objects and Their Histories*, *1500 – 1800*, London & New York: Routledge, 2013, pp. 31 – 52.

⑤ Angela Ki Che Leung and Ming Chen, "The Itinerary of Hing/Awei/Asafetida across Eurasia, 400 – 1800", in Pamela H. Smith (ed.), *Entangled Itineraries: Materials, Practices, and Knowledges across Eurasia*, pp. 141 – 164.

⑥ 季羡林：《新疆的甘蔗种植和沙糖应用》，《文物》1998年第2期。

为小蒜，以区别于由西域传入的大蒜（古籍中也有胡蒜、葫蒜的写法）①。据德丸朵儿（Alphonse Pyramus de Candolle）的观点，大蒜原产地是欧洲南部。② 美国学者伯特霍尔德·劳费尔（Berthold Laufer）肯定输入中国的大蒜来自伊朗，但他否定中国古代文献中关于张骞带来胡蒜的说法，也不同意胡蒜是汉代传入的。③ 胡蒜来自西域，为与中原的蒜相区别，故称胡蒜，即后来的大蒜。中原原产的蒜后来被称为小蒜，这在晋人崔豹的《古今注》中便已说明："蒜，卯蒜也，俗人谓之小蒜。胡国子有蒜，十许子共一株，二箨幕裹之，名为胡蒜，尤辛于小蒜，俗人亦呼之为大蒜。"④ 李时珍的《本草纲目》中亦有详细记载，"中国初惟有此，后因汉人得胡蒜于西域，遂呼此为小蒜以别之"。对于二者，李时珍亦从植物属性角度对其进行区分："家蒜两种：根茎俱小而瓣少，辣甚者，蒜也，小蒜也；根茎俱大而瓣多，辛而带甘者，葫也，大蒜也。"对于食用蒜也是褒贬不一，练形家、道家、佛家等以修身养性为目的的人群均将蒜（大蒜或小蒜或两者兼有）视为五荤之一或之二，认为其"皆辛薰之物，生食增恚，熟食发淫，有损性灵，故绝之也"。但是在普通民众尤其是北方民众那里，蒜"春食苗，夏初食薹，五月食根，秋月收种。北人不可一日无者也"⑤。自魏晋起，蒜便在调鼎解菹（食）、驱疾杀毒（药）、除蛊辟鬼（巫）三方面发挥重要作用。石云涛先

① 大蒜由西域传入中国后继续东传，在日本第 10 代天皇崇神天皇（前 79～前 30 年），相当于中国的西汉时，经朝鲜半岛传入日本。参见石云涛《汉代外来文明研究》，中国社会科学出版社，2017，第 126 页。

② 〔瑞士〕德丸朵儿：《农艺植物考源》，余德浚、蔡希陶编译，胡先骕校订，商务印书馆，1940。转引自石声汉《试论我国从西域引入的植物与张骞的关系》，《科学史集刊》1963 年第 4 期。

③ 〔美〕劳费尔：《中国伊朗编》，林筠因译，商务印书馆，1964，第 127～128 页。劳费尔言胡蒜非张骞带回有一定道理，因为最早记录张骞带回大蒜的是几百年后的西晋人张华的《博物志》，"张骞使西域，得大蒜、胡荽"。参见（晋）张华撰，范宁校证《博物志校证》，中华书局，1980，第 116 页。但说大蒜非汉时传入中原却是因史料搜集不全所致，因为《东观汉记》曾载，"李恂为兖州刺史，所种小麦、葫蒜，悉付从事，一无所留"。参见（汉）刘珍等撰，吴树平校注《东观汉记校注》卷 16，中华书局，2008，第 730 页。《东观汉记》是东汉时官修记载东汉光武帝至灵帝一段历史的纪传体史书，因官府于东观设馆修史而得名。这部书在当时与《史记》《汉书》齐名，可以看作一本"准正史"。史料的可靠性是不必怀疑的，但未见劳费尔引用。

④ （晋）崔豹：《古今注》，焦杰校点，辽宁教育出版社，1998，第 15 页。

⑤ （明）李时珍：《本草纲目》卷 26，刘衡如、刘山永校注，华夏出版社，2011，下册，第 1070、1071、1073 页。

生也曾对汉时西域传来的胡蒜有详细的考察。① 今天居家必备的蒜的食用
与药用是其生动写照，从全球史的角度对蒜进行食、药、宗教信仰三个方
面的历史考察，有助于我们加深对中医药文化交流的理解。

## 一 作用之一：调鼎解菹

现代中国人（以北方人居多）尚食大蒜，蒜在中国人的日常饮食生活中占
有重要地位。今天北方人食面或包子、水饺之时常就着几瓣（甚至整头）生
蒜。若是没有大蒜的辛辣，则会觉得面、水饺、包子也少了些味道。事实上，
中国食用蒜的历史已非常久远。《礼记·玉藻第十三》中便有"膳于君，有荤、
桃、荋，于大夫去荋，于士去荤，皆造于膳宰"②。其中的"荤"便是指葱、
姜、蒜等。但是直到东汉的《说文解字》中才有蒜的记录。成书于东汉的蒙
学读物《急就篇》中也有蒜字，③ 料想是蒜的食用在东汉时才开始普及。在
东汉时期成书的《四民月令》中便有种蒜时节的记载，"正月［一·八］可
种大、小葱及杂蒜""四月［四·五］收小蒜""六月［六·三］中伏后，
可种小蒜，别大葱""七月［七·三］是月也可种大、小葱子、小蒜、胡
葱""八月［八·五］种大、小蒜"。④ 从该书记载指导种植大蒜时节来看，
西汉时由西域而来的大蒜，⑤ 到了东汉开始被时人接受并普遍食用。《东
观汉记》中曾载有，"李恂为兖州刺史，所种小麦、葫蒜"⑥，李恂所种

① 石云涛：《汉代外来文明研究》，第 123 ~ 128 页。
② 王文锦译解《礼记译解》，中华书局，2016，第 442 ~ 443 页。
③ （汉）史游：《急就篇》，曾仲珊校点，岳麓书社，1989，第 137 页。
④ （汉）崔寔撰，石声汉校注《四民月令校注》，中华书局，1965，第 13、33、51、56、62 页。
⑤ 大蒜传进中国的时间应是在西汉张骞"凿空"西域以后，至于是不是张骞带回则有待商榷。
  虽一有王逸曰"张骞周流绝域，始得大蒜、葡萄、苜蓿"，二有《博物志》曰"张骞使西
  域，得大蒜、胡荽"，三有延笃曰"折张骞大宛之蒜"，等等，但缪启愉先生"查清王丕烈
  刊集氏宋本《博物志》《汉书·西域传》认为《博物志》所说，未必可靠"。而延笃之说出
  自宋代李昉等编纂的类书《太平御览》和清人严可均辑校的《全上古三代秦汉三国六朝
  文》之中，参见（宋）李昉等《太平御览》卷977，中华书局，1960，第 4330 页；（清）
  严可均辑《全上古三代秦汉三国六朝文》卷61，中华书局，1958，第 810 页。而"《后
  汉书·延笃传》所载《与李文德书》不载此句，或出另一书信中"。参见（北魏）贾思
  勰原著，缪启愉校释《齐民要术校释》，中国农业出版社，1998，第 192 页注④⑤。
⑥ （东汉）刘珍等撰，吴树平校注《东观汉记校注》卷16，第 730 页。

的小麦和胡蒜的起源地类似，它起源于西亚，后传入中国并逐步取代了粟和黍两种小米，成为中国北方农业的主要农作物。[1] 由此亦可见外来农作物对中国饮食结构和饮食文化的影响。到了魏晋，时人对蒜的认识更加全面，蒜的种类也渐趋增加。北魏前期成书的《广志》[2] 记载："蒜有胡蒜、小蒜、黄蒜……"[3] 晋朝时民间或是用燥蒜与盐豉来佐饭，而对这种燥蒜的记录多强调穷困潦倒，是珍馐美味的对应物，是在没有其他蔬菜的情况之下用来佐饭，便于下咽。那位发出"何不食肉糜"之问的晋惠帝便在颠沛流离之中"享用"过燥蒜。[4] 对蒜的需求增加了，蒜相关的种植技术总结记录也随之出现，以满足对蒜更大的需求。[5] 且从魏晋时期泽蒜的相关记载[6]来看，"泽蒜可以香食，吴人调鼎，率多用此；根、叶解菹，更胜葱韭"[7]。"鼎食"厚味的肉菹加入泽蒜的"根叶"作香料，以解去其腻味。亦说明时人不仅喜食生蒜，还将蒜作为主配料或调味料使用。此外，魏晋之时对肉的加工方式还是以烧炙为主（类似今天的烤肉），所以当时人们在吃烤肉时往往喜欢用盐蒜来去菹解腻。[8]

当然，有人喜食大小蒜，也有人说不可过多食用，甚至认为不要食

---

[1] 关于小麦传入中国的研究，可参见赵志军《小麦传入中国的研究——植物考古资料》，《南方文物》2015 年第 3 期。

[2] 王利华：《〈广志〉成书年代考》，《古今农业》1995 年第 3 期。

[3] 胡蒜为大蒜，黄蒜可能是山中野蒜，见（北魏）贾思勰撰，缪启愉校释《齐民要术校释》，第 190 页。

[4] 《晋书·惠帝纪》中曾云："宫人有持升余糠米饭及燥蒜盐豉以进（惠）帝，帝唉之……"此记录相对简练，《晋四王起事》之中则写得更为清楚，"成都王颖，奉惠帝还洛阳道中，于客舍作食。宫人持斗余粳米饭以供至尊，大蒜盐豉。到获嘉市粗米饭，瓦盂盛之。天子唉两盂，燥蒜数株，盐豉而已"。见（宋）李昉等《太平御览》卷 977，第 4329 页。

[5] （北魏）贾思勰撰，缪启愉校释《齐民要术校释》，第 190～196 页。种蒜第十九泽蒜附出。

[6] 关于泽蒜，李时珍在《本草纲目》山蒜条中曾有详细解释，"山蒜、泽蒜、石蒜，同一物也，但分生于山、泽、石间不同耳。人间栽莳小蒜，始自三种移成，故犹有泽蒜之称"。见（明）李时珍《本草纲目》卷 26，第 1072 页。

[7] （北魏）贾思勰撰，缪启愉校释《齐民要术校释》，第 192 页。

[8] 《南齐书·张融传》中言："豫章王大会宾僚，融食炙始毕，行炙人便去，融欲求盐蒜，口终不言，方摇食指，半日乃息。"即使食用的是烧炙的人肉也是如此。"《梁书》曰：邵陵王使赖煞何智通。既擒贼，智通子敞之割炙食之。即载出新亭，四面火炙之，焦熟。敞车载钱，设盐蒜。雇百姓食之，撤一脔，赏载钱一千，徒党并母肉遂尽。"见（宋）李昉等《太平御览》卷 977，第 4329 页。

用。东汉隐士闵贡便对生蒜受而不食。① 魏晋之际也有人因过量食用大蒜导致"螫其肠胃，两目尽赤"②（《袁子正书》）。南朝陶弘景即在《本草经集注》中言，"今人谓葫为大蒜，谓蒜为小蒜，以其气类相似也。性最薰臭，不可食。俗人作齑以啖脍肉，损性伐命，莫此之甚""小蒜生叶时，可煮可食。至五月叶枯……正尔啖之，亦甚薰臭……食之损人，不可长用之"。③《说文解字》中将蒜解释为荤菜，并进一步解释为臭菜，即葱蒜类辛臭蔬菜。而道家将蒜定为五荤之一，认为其为"辛薰之物，生食增恚，熟食发淫，有损性灵，故绝之也"④，作为道医的陶弘景自然要告诫后人，蒜（无论大蒜小蒜）均"性最薰臭，不可食""食之损人，不可长用之"。佛典《楞伽经》第六卷《断食肉品第八》就明确将蒜视为不净物，要求修行者远离，"一切肉与葱，韭蒜及诸酒，如是不净物，修行者远离"。但不可食用的蒜可以药用。《四分律》第二十五卷《一百七十八单提法之二》中言："若比丘尼啖蒜者波逸提……不犯者。或有如是病。以饼裹蒜食。若余药所不治。唯须服蒜差听服。若涂疮不犯。"《四分律》第五十二卷《杂捷度法之二》中亦云："尔时舍利弗病风医教服蒜。佛言听服。"到了唐时，《新修本草》葫条"谨案"部分如是告诫世人，"此物煮为羹臛极美，薰气亦微。下气，消谷，除风，破冷，足为馔中之俊。而注云不中煮，自当是未经试尔"⑤。亦反映出古人在食用蒜的过程中通过煮的方式令蒜的"薰气"减弱，从而使其调羹解腥的功能更加突出。

① 《后汉书·周黄徐姜申屠列传》中言，"太原闵仲叔者，（《谢沈书》曰：'闵贡字仲叔'。）世称节士，虽周党之洁清，自以弗及也。党见其含菽饮水，遗以生蒜，受而不食。（党与仲叔同郡，亦贞介士也。见《逸人传》。皇甫谧《高士传》曰：'党见仲叔食无菜，遗之生蒜。仲叔曰："我欲省烦耳，今更作烦邪？"受而不食'）"。（南朝宋）范晔：《后汉书》卷53，李贤等注，中华书局，1965，第1740页。

② （宋）李昉等：《太平御览》卷977，第4329页。

③ （梁）陶弘景编，尚志钧、尚元胜辑校《本草经集注（辑校本）》卷7，人民卫生出版社，1994，第496~497页。

④ （明）李时珍：《本草纲目》卷26，第1070页。

⑤ （唐）苏敬等：《新修本草》卷18，尚志钧辑校，安徽科技出版社，2004，第275页。

## 二 作用之二：驱病消毒

季羡林先生在区分清楚大蒜、小蒜之别后亦说，"大蒜能治的病很多，因此在西域（包括印度及中国新疆等地）备受青睐。梵文药方中大蒜受到特殊的重视，其原因完全可以理解了"①。从现有资料来看，蒜的药用或是在汉以后才大面积铺开。因为成书于西汉到东汉之间的《神农本草经》中无蒜的相关记载，张仲景在《金匮要略》中也只有关于食忌的记录，"在鸡不可共葫蒜食之，滞气"②，而无具体入药的方剂。到了三国时期，情况出现变化。《三国志·魏书》曾载，三国时期的神医华佗有一日在外行走，看见一个咽喉生病的人，便对病人说，"向来道边有卖饼家蒜齑大酢，从取三升饮之，病自当去"。病人照办，喝下之后立刻吐出一条蛇来，便把蛇挂在车上等候华佗回来。当时华佗的小儿子正在门内玩耍，看见病人便将其迎进屋说道，"似逢我公，车边病是也"。等到客人进屋，看到北壁县此蛇辈约以十数，才知道华佗的医术高超。这则故事也说明蒜的药用到魏晋逐渐铺开，开启了药用之序章。陶弘景在《名医别录》中详细记载了大蒜以及独头蒜、小蒜的药效。③ 在《本草经集注》中陶氏也同时记录了大蒜、小蒜的相关食忌。④ 范行准先生将六朝时期丰富的医方作为该时期医学灿然大备的集中体现，"六朝时代医方之富，为自中国有医史以来所无……中国各方面医学，至六朝始灿然大备；故惟六朝医学，始可称为中国医学之黄金时代"⑤。在该时期出现了大量对后世产生重大影响的"古方"⑥，如葛洪的《肘后备急方》、陈延之的《小品方》、谢士泰的《删繁》和姚僧垣的《集验方》等，这些方书中有

---

① 季羡林：《新疆的甘蔗种植和沙糖应用》，《文物》1998年第2期。
② （汉）张仲景：《金匮要略》卷下，何任、何若苹整理，人民卫生出版社，2005，第96页。
③ （梁）陶弘景撰，尚志钧辑校《名医别录（辑校本）》卷3，尚元胜、尚元藕、黄自冲整理，中国中医药出版社，2013，第254~255页。
④ （梁）陶弘景编，尚志钧、尚元胜辑校《本草经集注（辑校本）》卷7，第496~497页。
⑤ 范行准：《胡方考》，《中华医学杂志》第22卷第12期，第1258页。
⑥ 在《外台秘要方》中王焘曾抄录较多唐代以前的医著，这些方书都可归入"古方"的范围。详细内容亦可参见范家伟《大医精诚——唐代国家、信仰与医学》，第67~69、73~75、113~125页。

许多蒜的药方，而这些方书中关于蒜的单方则可以更好体现该味药的不同药效。① 现从辑录古方较多的《外台秘要方》《医心方》② 中摘取汇总各单方，见表1。

表 1　魏晋南北朝时期蒜疗病祛疾的单方一览

| 序号 | 方名 | 出处 | 入药部位 | 使用方式 | 主治 | 引用出处 |
|---|---|---|---|---|---|---|
| 1 | 食椒菜瓠中毒方 | 肘后 | 蒜 | 食 | 蜀椒闭口有毒 | 《外》卷 31，第 1114 页 |
| 2 | 蛇螫人疮已合，而余毒在肉中，淫淫痛痒方 | 肘后 | 大蒜、小蒜 | 合捣，以热汤淋取汁灌疮中 | 蛇螫 | 《外》卷 40，第 1486 页 |
| 3 | 疗腹蛇螫人方又方 | 肘后 | 小蒜 | 捣小蒜绞之，饮其汁，以滓封疮上 | 蝮蛇螫 | 《外》卷 40，第 1488 页 |
| 4 | 疗蜈蚣螫人方 | 肘后 | 大蒜 | 嚼大蒜，若小蒜以涂之 | 蜈蚣螫 | 《外》卷 40，第 1492 页 |
| 5 | 中溪毒 | 肘后 | 小蒜 | 咬咀 | 溪毒 | 《外》卷 40，第 1502 页 |
| 6 | 治五尸方 | 葛氏方 | 大蒜 | | 诸尸 | 《医》卷 14，第 293 页 |
| 7 | 治中蛇毒方 | 葛氏方 | 大蒜、小蒜 | 合捣 | 众蛇螫人 | 《医》卷 18，第 382 页 |
| 8 | 治蝮蛇螫人方 | 葛氏方 | 小蒜 | 捣小蒜，绞饮其汁，以滓薄疮 | 蝮蛇螫人 | 《医》卷 18，第 384 页 |
| 9 | 治蜈蚣螫人方 | 葛氏方 | 大蒜 | 破大蒜以揩之 | 蜈蚣螫人 | 《医》卷 18，第 385 页 |
| 10 | 治蝎螫人方 | 葛氏方 | 大蒜 | 嚼大蒜涂之 | 蝎螫人 | 《医》卷 18，第 386 页 |

① 胡玲、周晶、张琳叶：《试论单方及单方文献的研究》，《陕西中医学院学报》2007 年第 3 期。

② 二方选取的版本依次为：（唐）王焘撰，高文柱校注《外台秘要方校注》，学苑出版社，2011；〔日〕丹波康赖，高文柱校注《医心方》，华夏出版社，2011。为便于区别，表 1 中引用出处部分卷数之前冠以《外》和《医》来区分《外台秘要方校注》和《医心方》。

续表

| 序号 | 方名 | 出处 | 入药部位 | 使用方式 | 主治 | 引用出处 |
|------|------|------|----------|----------|------|----------|
| 11 | 疗马骨刺入，马血入人疮孔方又方 | 删繁 | 大蒜、小蒜 | 大小蒜捣，熬暖，用薄疮上 | 马骨所刺及马血入旧疮 | 《外》卷40，第1512页 |
| 12 | 治宿食不消方 | 新录方 | 蒜 | 捣蒜如泥 | 宿食不消 | 《医》卷9，第206页 |
| 13 | 治诸疝方 | 新录方 | 大蒜 | 捣大蒜为泥 | 诸疝 | 《医》卷10，第216页 |
| 14 | 治蛇瘕方 | 新录方 | 蒜 | 浓作蒜齑 | 蛇瘕 | 《医》卷10，第221页 |
| 15 | 谷道痛方 | 新录方 | 蒜 | 烧蒜去皮，纳下部，良 | 利后谷道痛 | 《医》卷11，第253页 |
| 16 | 大便干，骨立者方 | 新录方 | 蒜 | 捣蒜为泥 | 大便难 | 《医》卷12，第262页 |
| 17 | 治狐尿刺方 | 新录方 | 蒜 | 捣蒜如泥，熬热熨之 | 狐尿毒 | 《医》卷18，第382页 |
| 18 | 白帝疮 | 徐之才方 | 大蒜 | 大蒜揩白处，早朝敷之 | 小儿头疮 | 《医》卷25，第510页 |

从表1可见，蒜在魏晋时期已在内外疾病疗治方面发挥作用，呈内服与外敷兼有的特点。既可以解食物中毒（蜀椒毒）[1]，又可以使大便顺畅。通过外敷（涂）蒜的作用方式给蛇、蝎、蜈蚣螫人等伤口来杀毒消菌。这既让我们看到了蒜在药用领域的广泛使用，同时也得以窥见民间使用蒜的原貌。当然，蒜在魏晋时期的药用还处于初级阶段，并未出现以蒜命名的汤、丸、煎等剂型，这种情况入唐后得到改变。

入唐后，民间使用小蒜"主恶𧏾毒、山溪中沙虱水毒"的功效，官方本草典籍《新修本草》记录："此蒜与胡葱相得，主恶𧏾毒、山溪中沙虱水毒，大效。山人僱僚时用之。"[2] 不同种类的蒜亦出现在本草典籍之中，陈藏器在《本草拾遗》"孝文韭"条下记录了石蒜、泽蒜及其功效，"又有石蒜，生石间。又有泽蒜，根如小蒜，叶如韭，生平泽。并温补下气，

---

[1] 在《本草经集注》中亦有食蒜可以解蜀椒毒的记载，见（梁）陶弘景编，尚志钧、尚元胜辑校《本草经集注（辑校本）》卷1，第83页。

[2] （唐）苏敬等：《新修本草》卷18，第275页。

又滑水源"①。而从用药处方来看，唐时用蒜治疗的病与前朝并无多大差别。在魏晋之时，小蒜疗"霍乱"，大蒜治"蟲"②。唐时认为小蒜可以"消食"，大蒜则既可以疗治"痈肿"，又能疗治"下部蟲"③。而有关蒜（以大蒜及独头蒜为主）的单方，从其疗效来看也多承继前朝，仍是内外兼疗，特别在治蛇、蝎、蜘蛛等毒的方面仍发挥重大作用，同时也要注意到蒜也开始被用于治脚气病。

真正出现较大变化的是出现了含有蒜的方剂，而这与中外医学交流有很大的关系。唐时出现了以蒜命名的方剂，如大蒜煎、蒜煎方等。较早关注中西药方交流的范行准先生撰就对后世产生较大影响的《胡方考》，范行准先生在该文中曾制胡方表，其中就有几个含有蒜或以蒜命名的药方，比如来自波斯（实际上印度也有）的以大蒜命名的"大蒜煎"、来自印度的含有独头蒜的"气上方"、来自印度的以蒜命名的"蒜煎方"、来自印度的含有大蒜的"治沙虱毒方"。④

我们找到了这些药方的原始出处，其中"大蒜煎""气上方"来自《备急千金要方》、"蒜煎方"来自《广济方》、"治沙虱毒方"来自《拯要方》，具体如下：

**大蒜煎** 治癥瘕积聚，冷癖痰饮，心腹胀满，上气咳嗽，刺风，风癫偏风，半身不遂，腰疼膝冷，气息否塞，百病方。

蒜<sub>六斤四两，去皮切，水四斗煮取一斗，去滓</sub>酥<sub>一升，内蒜汁中</sub>牛乳<sub>二升</sub>荜茇 胡椒 干姜<sub>各三两</sub>石蜜 阿魏 戎盐<sub>各二两</sub>石上菖蒲 木香<sub>各一两</sub>干蒲桃<sub>四两</sub>

上十二味末之，合纳蒜汁中，以铜器取一斗，空腹酒下一两，五日以

① （唐）陈藏器撰，尚志钧辑释《本草拾遗辑释》卷3，安徽科学技术出版社，2002，第68页。关于石蒜、泽蒜以及山蒜，李时珍认为，"山蒜、泽蒜、石蒜，同一物也，但分生于山、泽、石间不同耳。人间载莳小蒜，始自三种移成，故犹有泽蒜之称"。见（明）李时珍编《本草纲目》卷26，第1072页。

② （梁）陶弘景撰，尚志钧、尚元胜辑校《本草经集注（辑校本）》卷1，第60、75页。

③ （唐）孙思邈撰，李景荣等校释《千金翼方校释》卷1，人民卫生出版社，1998，第19、21、23页。

④ 范行准：《胡方考》，《中华医学杂志》第22卷第12期，第1256、1257页。

上稍加至三两，二十日觉四体安和，更加至六两，此治一切冷气甚良。①

### 治上气方

上酥_一升_独头蒜_五颗_

上二味，先以酥煎蒜，蒜黄出之，生姜汁一合共煎令熟，空腹服一方寸匕，温服之。②

### 蒜煎方

主冷气，益气力，温中下气，蒜煎方。

剥了蒜_二升_牛乳_五升_牛膝_一大斤末_

右三味，以蒜纳牛乳中煎之，候蒜消尽，搅勿住手，下牛膝末，煎成，于器中贮之，食前以酒和两匙服。③

### 治沙虱毒方

以麝香、大蒜，和捣，以羊脂和，着以筒中带之，大良。④

范行准先生亦在《胡方考》中指出晋唐间我国与古印度、阿拉伯之间的医学交流："当我国两晋南北朝三方鼎峙，正印度婆罗门医术传入极盛时代，因其时婆罗门僧与佛教徒在中国最为活跃也。故在六朝以前，中国所接受之印度医术，亦即婆罗门医术；唐后渐衰。自西纪十世纪后，印度已接受阿剌伯医术，而我中国则在隋唐以来，与阿剌伯在海上交通大开，所以接受印度医术之风，渐见衰熄；即有所接受，亦无异间接从印度接受之，大部分为直接受诸阿剌伯也。"⑤ 上述四方之中，三方来自印度，一方来自波斯。⑥ 而在印度蒜的药用非常普遍。在中国魏晋时期成书的梵文医学卷子《鲍威尔写本》和中国唐朝时期成书的印度梵文医典《医理精华》中就有大量含有蒜的药方，《鲍威尔写本》中有双马童的"大蒜酥药"和

---

① （唐）孙思邈：《备急千金要方校释》卷17，第375页。
② （唐）孙思邈：《备急千金要方校释》卷17，第377页。
③ （唐）王焘撰，高文柱校注《外台秘要方校注》卷31，第1100~1101页。
④ 〔日〕丹波康赖：《医心方》卷18，第390页。
⑤ 范行准：《胡方考》，《中华医学杂志》第22卷第12期，第1242页。
⑥ 从大蒜煎方中的药物配伍来看，荜茇、胡椒、干姜是印度生命吠陀中经常使用的三辛药，所以这个大蒜煎也有印度生命吠陀的影子。关于三辛药的相关研究，可参见陈明《中古医疗与外来文化》，北京大学出版社，2013，第461页。

含有蒜的无伤酥的记载，用于疗治"规则的热病（不尽疫）、精神消散、面部歪扭、半身胳膊酸疼、嘴唇开裂、腰部麻痹、腰背痛……驱除骨头里的内风，消除风性疾病"①。而"以蒜为首的酥药"的"大蒜酥药"（大蒜、胡椒、干姜）与《千金方》中的"大蒜煎方"很相似。②《医理精华》中含有蒜的药方则更多，用于主治"癫痫和疯病""坐骨神经痛、风病、内部肿瘤、偏瘫等疾病""去三种体液""去痰和去风""可以使肺结核和消瘦病患者身体强壮""出血症、消瘦病，而且对风病、中毒、发疯、哮喘、丹毒、咳嗽以及骨折、疼痛、寄生虫病、胃胀和女性不孕症，都有好处"等。③ 李约瑟先生曾说："仔细地比较中国的和印度的传统药典，来探究药物学中互相借鉴的地方，是极需要进行的工作。"④ 唐朝是一个兼容并包的朝代，也受印度、波斯的影响出现了以蒜命名的煎剂，标志着蒜的药用向着中成药方向迈进。

## 三　作用之三：除鬼驱邪

对中国传统博物学颇有研究的余欣教授⑤曾言，"香辛类蔬菜和野菜在解除方术和祝由医方中的使用，是有待开拓的课题"⑥。汉唐时期典籍所载知识的重要底色或是受汉代天命感应之学的影响，表现出浓厚的奇幻神异色彩，鬼神灵异与自然知识也兼容不分。学者李建民曾统计了《神农本草经》涉及鬼祟相关的药物大约有50余种，还有20余味药物可以杀三虫或去三虫，而三虫的性质如鬼神之属。⑦ 在此基础上，学者胡梧梃则总计列

---

① 陈明：《殊方异药：出土文书与西域医学》，北京大学出版社，2005，第323页。
② 陈明：《殊方异药：出土文书与西域医学》，第242~245、260页。
③ 陈明：《印度梵文医典〈医理精华〉研究》，中华书局，2002，第454、455、458、510、519、520页。
④ 〔英〕李约瑟：《中国科学技术史》第一卷"导论"，科学出版社、上海古籍出版社，1990，第221页。
⑤ 其关于博物学的相关论述及其个案研究，可参见余欣《敦煌的博物学世界》，甘肃教育出版社，2013；余欣《中古异相：写本时代的学术、信仰与社会（修订版）》，上海古籍出版社，2015。
⑥ 余欣：《敦煌的博物学世界》，第376页。
⑦ 李建民：《旅行者的史学——中国医学史的旅行》，台北：允晨文化实业股份有限公司，2009，第152~153页。

出与治疗鬼神之病相关的药物达226味，其中就有大蒜。[①] 这说明汉唐时期鬼神作为病因是相当普遍、强势的信仰，所以各类药物也在疗病祛疾的同时兼具了杀鬼驱邪的功能。

治疗鬼神之病相关的药物中便有蒜，大蒜在葛洪的《葛氏方》中就有单方“治五尸方”，疗治“五尸”。[②] 之所以当时人们认为大蒜可以治疗鬼神之病，可能跟它来自本就充满神秘玄幻色彩的西域有关。[③] 而且，魏晋时期，印度形成了大蒜崇拜，在西域交流要道库车出土的《鲍威尔写本》就直接从一个配药小册子开始。这个小册子主要讲述了大蒜的神奇药用，内容包括了大蒜起源的故事、大蒜的名字与性质、大蒜节日的仪式和大蒜与其他药物的配方及功效等。而“大蒜的药用在印度变得如此流行，应归功于笈多时代的塞种人与贵霜人。他们有在门口挂一串大蒜驱病的习俗”[④]。《鲍威尔写本》中亦有“夜叉饭：蒜主治鬼魅所生的许多疾病”[⑤] 的记载，反映出这种崇拜的多样性。[⑥] 但到了唐朝时，印度梵文医学典籍《医理精华》中“有关大蒜的神话学部分没有了，与大蒜相关的节日仪式属于民俗学的内容也不见了。大蒜能治疗的病症种类在减少，而关于大蒜性质的理论部分大体一致带系统性加强了，这说明从医学上对大蒜的认识更趋向准确和科学，因此它在人们观念中的重要性有所下降”。[⑦] 印度对大蒜的药物崇拜观念似乎也传到了中国，但中国人并未照单全收，而是将这种崇拜纳入自己疗治鬼神致病的知识体系中，并显示出谨慎的态度，只使

---

① 胡梧梃：《鬼神与生死：中古鬼神之病及相关问题研究》，博士学位论文，南开大学，2010，第84～93页。

② 〔日〕丹波康赖：《医心方》卷14，第293页。

③ 英国学者爱德华·泰勒曾在《古代英国医疗手册》中见到有供中魔的人吃的药剂，该药剂之中便有大蒜。在欧洲文化中，蒜也被认为是可以击退吸血鬼的，还可以抵御妒忌仙女的恐吓。而以蒜作为护身符的习俗，至今仍流行于希腊等地。〔英〕爱德华·泰勒：《原始文化》，连树声译，上海文艺出版社，1992，第599页；石云涛：《汉代外来文明研究》，第125页；〔美〕凯特琳·彭齐穆格：《味道的颗粒——一部香料的文化史》，陈徯译，文化发展出版社，2022，第199页。

④ 陈明：《异药殊方：出土文书与西域医学》，第4页。

⑤ 陈明：《敦煌的医疗与社会》，中国大百科全书出版社，2018，第329页。

⑥ 见石云涛《汉代外来文明研究》，第125页。

⑦ 陈明：《印度梵文医典〈医理精华〉研究》，第54页。

用大蒜中的独头蒜来治鬼神病。如唐朝时，喜欢记录另类药物的陈藏器在《本草拾遗》载有，"独颗者杀鬼去痛，入用最良"①。孟诜在《食疗本草》中将独头蒜与雄黄、杏仁研为丸，来疗治"患鬼气者"②。独头蒜主治"恶疰入心欲死"，看来这个药方在唐时民间的效果不错，所以唐高宗时，朝廷才会把独头蒜的单方"疗恶疰入心欲死方""独颗蒜一头，书墨如枣大，并捣，以酱汁和服，差""紫皮独颗蒜四头，灶底黄土等分，捣，大酢合和，顿服"镌刻在龙门药方洞内，颁行全国。

## 结　语

日本学者山田庆儿认为中国的本草学不仅是药物学，还是以药物为中心、把握与人类密切相关的物类（动物、植物、矿物）的博物学。③ 中国传统博物学是对自然物种进行辨识、命名、分类的一类知识，是古时人们所见所闻的各种知识（人文与自然）的汇集，其显著的人文与实用特征和"人学"本质④使其有别于西方自然科学。而就博物学的研究对象和研究范式来看，余欣认为博物学不是以物为中心，而是以其为线索，侧重于东西文化交流和宗教实践两大方面，追寻时人在社会生活和精神文化以及不同文明之间互动的诸多面向。⑤ 汉唐时期的药物即在上述两方面都发挥了积极的作用。带有殊异医学文化的域外药物获得了更多研究者的青睐，成果丰硕。⑥ 笔者也从中外交流的角度对21世纪以来汉唐药学史研究进行考察，认为当前学界对汉唐药学史的考察不再局限于讨论传统内史意义

① （唐）陈藏器撰，尚志钧辑释《本草拾遗辑释》卷10，第451页。
② （唐）孟诜：《食疗本草》卷下，郑金生、张同君译注，上海古籍出版社，1992，第217页。
③ 转引自余欣《中古异相：写本时代的学术、信仰与社会（修订版）》，第17页。
④ 余欣：《中国博物学传统的重建》，《中国图书评论》2013年第10期。
⑤ 详细内容参看余欣《中古异相：写本时代的学术、信仰与社会（修订版）》，第1~26、189~247页。
⑥ 相关研究方面，薛爱华、陈明等中外学者关于中古外来药物的述论颇为细致，参见陈明《中古医疗与外来文化》；〔美〕薛爱华《撒马尔罕的金桃——唐代舶来品研究》，吴玉贵译，社会科学文献出版社，2016，第439~480页。

上的医药技术，而是以药物、药方为物质载体来考察东西交通、宗教信仰、社会文化和知识体系等。① 以大黄、人参、常山、龙骨、当归等为代表的医学的物质文化史或药物的医疗文化史②研究方兴未艾，③ 其中汉唐时期药学史研究多侧重于东西文化交流和宗教实践层面。前者（考察汉唐时期东西方交流）的相关研究有追踪菩提树来源④、西域药物东传对中医药的繁荣所产生的影响⑤、汉唐时期我国传统植物药与印度的交流⑥以及单个药物底也迦⑦、乌贼鱼骨⑧、药用盐⑨、附子⑩、含生草⑪、昆布⑫、阿

① 郭幼为、王微：《汉唐药物学史研究的新议题和新趋向——从中外文化交流的角度出发》，《医疗社会史研究》2020 年第 1 期。
② 中国台湾"中研院"主办的《中央研究院历史语言研究所集刊》中曾专设一期"医学的物质文化史"专号，集合陈元朋、林富士、李贞德、陈秀芬等学者，对龙骨、槟榔、当归等药物从物质文化史的角度进行了详细考察（《中央研究院历史语言研究所集刊》第 88 本第 3 分，2017）。
③ 张哲嘉：《大黄迷思：清代对西洋禁运大黄的策略思维与文化意涵》，《中央研究院近代史研究所集刊》（47），2005，第 43～100 页；雷祥麟：《常山：一个"新"抗疟药的诞生》，李建民主编《从医疗看中国史》，台北：联经出版事业股份有限公司，2008，第 331～372 页；董琳：《清代慎用大黄的文化史探析》，《南京中医药大学学报》2011 年第 3 期；蒋竹山：《人参帝国：清代人参的生产、消费与医疗》，浙江大学出版社，2015；林日杖：《何为大黄？——全球流动、历史演进与形象变迁》，《福建师范大学学报》2020 年第 1 期；陈元朋：《"生不可得见"的"有形之物"——中药材龙骨的认知变迁与使用历史》，《中央研究院历史语言研究所集刊》第 88 本第 3 分，第 397～451 页；李贞德：《女人要药考——当归的医疗文化史试探》，《中央研究院历史语言研究所集刊》第 88 本第 3 分，第 521～588 页。
④ 罗香林：《唐代广州光孝寺与中印交通之关系》第九章"光孝寺与自印度传植之诃梨勒树及菩提树"，香港：中国学社，1960，第 147～162 页。
⑤ 夏雷鸣：《西域药物东传与中医药的繁荣》，《西域研究》1998 年第 1 期。
⑥ 杨崇仁：《中古时期我国传统植物药与印度的交流》，《亚太传统医药》2018 年第 1 期。
⑦ 王纪潮：《底也迦考——含鸦片合方始传中国的问题》，《自然科学史研究》2006 年第 2 期。
⑧ 陈明：《作为眼药的乌贼鱼骨与东西方药物知识的流动——从"沙摩路多"的词源谈起》，《西域研究》2009 年第 1 期。
⑨ 侯海洋：《中古时期药用盐的输入与传播》，《西域研究》2012 年第 2 期。
⑩ 余欣：《中古异相：写本时代的学术、信仰与社会（修订版）》，第 189～216 页。
⑪ 胡梧挺：《"含生草"与"鞻羯"：渤海国相关史料的讨论》，《哈尔滨学院学报》2015 年第 2 期；《含生草考：唐代阿拉伯药物的东传与渤海国的中继作用》，《元史及民族与边疆研究集刊》第 36 辑，上海古籍出版社，2019。
⑫ 胡梧挺：《"南海之昆布"：唐代东亚昆布的产地、传播及应用》，《中国历史地理论丛》2019 年第 7 期。

魏①、诃黎勒②等。后者（宗教崇拜）则有槟榔与佛教③、人参与宗教的互动④等，以及二者兼有的，透过医药通览中古道教医学与外来宗教思想与文化交流⑤。就另一方面的宗教实践来说，崔豹在《古今注》中将鬼神、草木、虫鱼归为一类，并云，"生而有识者，虫类也；生而无识者，草木也""不生而有识者，鬼神也"。⑥ 或可说明受汉代天命感应之学的影响，汉唐时期的博物知识往往鬼神灵异与自然知识兼容不分，从而表现出浓厚的奇幻神异色彩。这种情况一直到了宋代才有所变化，逐渐向日常鸟兽草木之学回归。⑦

汉唐时期许多药材，尤其是具有药食同源色彩的食药（茯苓、松柏实、胡麻以及本身就是水果的桃和本身即为菜的蒜）都在药、食、仙三界中自由切换，实现"三级跳"的背后有汉唐时期养生健体服食风气的氤氲，亦有更早形成的药用植物崇拜的观念以及巫思维的长期熏染。结合传统博物学的特征、本质以及中古时期博物知识的底色要素，本文考察的蒜较具有代表性。从蒜的种种作用我们可看到，中国古人对其认知明显不同于西方"自然史"（Natural History）的概念，⑧ 而属于前述博物学的范畴，即更强调在传统社会知识体系、信仰世界与实践场域内部进行理解，从而将自然与人统摄一体。因此，对汉唐时期蒜的历史进行考察，亦有益于在全球史的视域下推进对于汉唐物质文明的整体理解。

---

① 陈明：《历代译名及其词义流变：阿魏的文化史之一》，《欧亚学刊》新 8 辑，商务印书馆，2019，第 143～157 页。

② 武佼佼、王进玉：《丝绸之路上的诃黎勒及其在医药中的应用》，《敦煌学辑刊》2021 年第 2 期。

③ 林富士：《槟榔与佛教——以汉文文献为主的探讨》，《中央研究院历史语言研究所集刊》第 88 本第 3 分，第 453～519 页。

④ 周金泰：《人参考：本草与中古宗教、政治的互动》，《文史》2019 年第 1 辑。

⑤ 陈明：《方家、炼丹与西土药——中古道教医学与外来文化初探》，《史林》2013 年第 2 期。

⑥ （晋）崔豹：《古今注·问答释义第八》，第 18 页。

⑦ 温志拔：《宋代类书中的博物学世界》，《社会科学研究》2017 年第 1 期。

⑧ 吴国盛：《自然史还是博物学》，《读书》2016 年第 1 期。

# 东亚视域下的明代兵书流播研究

## ——以《纪效新书》为例

刘小丽<sup>*</sup>

**摘　要**　《纪效新书》是明代著名兵书，由抗倭将领戚继光编撰而成，具有极高的军事价值。以壬辰战争为契机，《纪效新书》东传到了朝鲜，之后因为私人贸易经海运传到了日本。此书在两国受到重视与推广，其影响力也随着在两国的刊印和传播不断增大，不仅成为了日本、朝鲜武艺书籍受容的主要对象，也对朝鲜兵制建设、日本兵学家的理论建构起到了不可替代的作用。《纪效新书》在日本和朝鲜半岛的广泛传播，是在以中国传统兵学、武术文化为中心的东亚文化圈内发生的文化互动现象，中国传统兵学文化在影响日本、朝鲜的同时，日本和朝鲜的文化也在影响着中国传统兵学文化的发展。

**关键词**　《纪效新书》　东亚视域　兵学　受容

《纪效新书》由明代杰出军事家戚继光（1528～1588）所著，其目的是训练抗倭士卒，从而抗击外敌倭寇入侵。书中兵学内容丰富，提出了"一套完整、系统、行之有效的理论和方法"①，总结了戚继光在抗倭过程中练兵、作战的经验，反映了明代军队训练和抗击作战的特点，发展了我国古代兵学理论和军事思想。自成书以来，《纪效新书》一直是兵学者、军事家们称赞和学习的主要对象，"继光更历南北，并著声。在南方战功

---

＊　刘小丽，天津师范大学硕士研究生。
①　范中义：《戚继光评传》，南京大学出版社，2004，第14页。

特盛，北则专主守。所著《纪效新书》、《练兵纪实》，谈兵者遵用焉"。①
其影响力不仅限于国内，对日本和朝鲜也产生了很大影响，无论是江户时
代的日本、还是壬辰战争后的朝鲜，都很重视《纪效新书》。

目前学术界对于《纪效新书》东传朝鲜的研究成果大大多于研究其东
传日本的学术成果。《戚继光评传》、《戚继光兵法新说》② 以及《中国武
术史略》③ 都只在书中稍微提及《纪效新书》传至日朝两国的史实，对于
传播的具体历程和影响未深入研究。具体研究《纪效新书》东传朝鲜的成
果不少，研究已经十分透彻，但仅限于介绍此书在朝鲜的传播过程与影
响，未对比考察此书在东亚的传播情况。④ 而具体研究此书东传日本的成
果十分稀少，仅有的几篇都是从日本近世兵学和明代兵书的联系来考察中
日兵学思想或相关武艺技能，具体到此书在日本的流播与影响，则未有全
面考察，更未与其在东亚其他国家的传播情况对比研究。⑤ 明代，特别是
明代中后期，中国兵书的出版和传播出现了一次高潮，兵书数量骤增、
种类变多，著述、注解者增多，传播到其他国家的兵书数量增加了，传
播范围也持续扩大，《纪效新书》作为明代代表性兵书，其在东亚的传
播和影响是一个值得深入挖掘的课题。本文运用日本长崎岛港口会所记
录账目、《朝鲜王朝实录》以及日本江户时代著名兵学家的著述等相关

① （清）张廷玉等：《明史》卷212《戚继光传》，中华书局，1974，第5617页。
② 范中义：《戚继光兵法新说》，解放军出版社，2008。
③ 〔日〕松田隆智：《中国武术史略》，吕彦、阎海译，四川科学技术出版社，1984。
④ 祁山：《〈纪效新书〉传入朝鲜半岛的背景及影响》，《山东青年政治学院学报》2013年第5期。孙卫国：《〈纪效新书〉与朝鲜王朝军制改革》，《南开学报》2018年第4期。蔡艺、郑燕：《中国武术古籍在朝鲜半岛的传播与影响》，《武汉体育学院学报》2020年第8期。蔡艺：《万历援朝战争与浙兵武艺在朝鲜半岛的传播》，《成都体育学院学报》2020年第4期。大石纯子、酒井利信、屈国锋：《朝鲜李朝期の武芸书にみられる漢字「劒」の使用に関する一考察》，《武道学研究》第2号，2001。大石纯子：《朝鲜李朝期武芸书における日本剣术文化の受容に関する研究》，博士学位论文，筑波大学，2013。
⑤ 张宪生：《日本近世兵学思想初探——儒学·兵学·明代兵书》，《广东外语外贸大学学报》2010年第1期。张宪生：《近世日本对明代兵书与善书的理解接受问题刍议》，《东南亚研究》2013年第4期。朴贵顺：《『兵法秘傳書』に見られる中国武芸の影響 - 『纪效新書』と『武備志』との比較・検討から》，《日本体育学会大会予稿集》第56回，2005。大久保英哲、朴贵顺：《武術早学に関する研究》，《金池大学人間社会学域学校教育学類纪要》第6号，2014。朴贵顺：《『武術早学』の内容と中国武芸の影響》，《体育史研究》第24号，2007。

资料，在东亚视域下全面对比考察《纪效新书》东传朝鲜、日本的过程与影响，希冀有助于推动深化古代东亚关系研究，为当今东亚文化交流提供借鉴。

## 一　《纪效新书》的成书与东传背景

明代中后期，军备松弛，倭患严重，边疆危机日益加深。以万历三十年（1602 年）为界，前期主要是"南倭北虏"带来的边疆威胁，后期则主要集中在辽东战争和后金上。边疆危机的不断恶化促成了编著兵书热潮的兴起，大量关于边防类、海防类的兵书现世。例如赵本学的《韬钤内外篇》、郑若曾的《筹海图编》等，其中由杰出军事家戚继光编撰而成的《纪效新书》尤为突出。

戚继光，字元敬，号南塘，晚号孟诸，山东蓬莱人，明代著名的军事家和抗倭将领。嘉靖三十八年（1559 年），戚继光多次大败倭寇，于当年八月请练义乌兵，后赴义乌募兵得四千人，编组成军，进行训练，"教以击刺法，长短兵迭用，由是继光一军特精。又以南方多薮泽，不利驰逐，乃因地形制阵法，审步伐便利，一切战舰、火器、兵械精求而更置之"。[①]由此，"戚家军"闻名天下。嘉靖三十九年（1560 年）正月，在多次练兵、实战的基础之上，戚继光著成《纪效新书》，创设"鸳鸯阵"[②]。万历十二年（1584 年）九月，戚继光雠校《纪效新书》，由广东布政司刊刻。此书分为十八卷本（1562 年刊行）和十四卷本（1584 年刊行），后者由戚继光晚年撰写和校对，比前者更加成熟和完整。整体而言，《纪效新书》的内容以训练为主，论及将士训练、军制建设等关乎建军作战的各个方面，并有大量形象逼真的兵器、旗帜、阵法、习艺姿势等插图，具体展示了动作、技法等内容，通俗易懂，针对性强。因此，后世刊行的兵法武艺书不仅频繁地参照和引用《纪效新书》，而且多次重新刊行此书。作为以

---

① （清）张廷玉等：《明史》卷 212《戚继光传》，第 5611 页。
② 鸳鸯阵是中国明代军队抗击倭寇时采用的一种疏散的战斗队形，即一种以牌前导，筅与长枪、长枪与短兵互防互救，双双成对的阵法。

军事训练为主的重要兵书，《纪效新书》影响了明朝甚至整个东亚的兵学发展。

《纪效新书》东传朝鲜的契机是壬辰战争。壬辰战争爆发初期，朝鲜承平日久、武备废弛，以至于"民不识兵"①，面对丰臣秀吉的水陆大军，毫无招架之力。旧有军队建制的弊病导致其不断溃败，难以抵抗日军的侵略。朝鲜宣祖二十五年（1592年）五月，"贼陷京城"②，朝鲜京城汉城被日军占领，"八道几尽没"③。在此情况之下，朝鲜王室请求明朝出兵援救，"生灵将尽，请速发兵"。④ 明军到达朝鲜后的第一场平壤战役惨败，伤亡惨重。但在第二次收复平壤之战中，"浙兵先登，拔贼帜，立天兵旗麾"⑤，明军取得胜利。戚继光训练的浙兵十分勇猛，谨遵军令，在第二次攻打平壤战争中表现突出。朝鲜国王问询都督李如松平壤一战胜利的原因，得到的回答是李如松对《纪效新书》的推崇和赞叹："今来所用，乃戚将军《纪效新书》，乃御倭之法，所以全胜也。"⑥ 由此，为了改变兵力赢弱、不断溃败的局面，提高将士作战能力，朝鲜国王和有识之士都将目光投向了中国兵学，《纪效新书》从中脱颖而出。朝鲜开始主动寻求获取《纪效新书》，开启了对此书的学习和受容之旅。正是在这样的背景之下，十八卷本和十四卷本的《纪效新书》通过各种渠道相继传入朝鲜，走上了朝鲜历史舞台。

《纪效新书》东传日本的历程则受多方因素推动。首先，兵学知识对日本来说一直非常重要。江户时代的日本是由武士阶级统治的国家，为了捍卫其统治地位，武士需要不断提升、强化自己的实力，这就需要优秀的

① 〔韩〕李肯翊：《燃藜室记述》卷15《宣祖朝故事本末》《壬辰倭乱大驾西狩》，参见韩国古典综合数据库，http://db. itkc. or. kr/。
② 《朝鲜宣祖实录》卷26，宣祖二十五年五月壬戌，韩国国史编纂委员会编《朝鲜王朝实录》第21册，第486页。
③ 〔清〕谷应泰：《明史纪事本末》卷62《援朝鲜》，中华书局，1977，第968页。
④ 《朝鲜宣祖实录》卷27，宣祖二十五年六月壬子，韩国国史编纂委员会编《朝鲜王朝实录》第21册，第503页。
⑤ 《朝鲜宣祖实录》卷34，宣祖二十六年正月丙寅，韩国国史编纂委员会编《朝鲜王朝实录》第21册，第601页。
⑥ 《朝鲜宣祖修正实录》卷28，宣祖二十七年二月庚戌，韩国国史编纂委员会编《朝鲜王朝实录》第25册，第646页。

武艺书籍和兵学理论来进行指导。其次，江户时代的日本面临兵学萧条的境况。这个时代的日本几乎没有战争，导致对于具体作战方式、部队的运用和编制等所谓阵法、战法的研究逐渐趋于萧条、形式僵化，"国家承平之久二百年……故士君子之所趋向者，若非诗赋铅椠之场，必新奇杂博之事而已，至其用精神于军谋师律之书者，断断乎拂地矣"①。在"海波不杨，上下乂安"② 的背景之下，日本鲜有人重视对军谋、兵法等兵学思想的钻研和创新，更未有对武艺技能的系统研究，学习、受容他国兵学思想是改变兵学萧条现状的重要方法之一。再次，西方列强给日本带来了社会危机。从 1616 年开始，日本出于对西方各国的警戒采取了锁国政策，防止西方势力进入日本。与此相对，同时期的明朝正面临来自海上敌人——倭寇——的威胁，思考抗倭对策对当时的中国兵家来说非常重要。因此，明代的兵书中出现了专门论述海防的内容，这些内容在中国军事史上具有划时代的意义。而江户末期面对西方的步步紧逼和坚船利炮，日本逐渐把目光投向论述海防思想的中国明代兵家著作，由此促进了《纪效新书》等中国兵书在日本的传播。

## 二 在日本的传播与影响

《纪效新书》于 1560 年撰写完成，在中国推广刊印后传入日本。在江户时代，汉籍主要经由海上贸易作为一种商品传入日本。在明朝的海禁和日本的锁国政策之下，江户时代中日之间的贸易基本仅限于长崎一港。正如大庭脩所说："长崎的异国情调实际上是中国情调。"③ 长崎作为日本锁国政策下唯一的对外通商口岸，是中国典籍、丝绸、药品等物品进入日本的重要大门。而通过长崎岛输入日本的商品均由港口会所记录在账，例如

---

① 〔日〕平山潜子龙：《刻纪效新书序》，戚继光撰《纪效新书》，日本宽政十年（1798）刊本，第 12~13 页。
② 〔日〕平山潜子龙：《刻纪效新书序》，第 12 页。
③ 〔日〕大庭脩：《江户时代日中秘话》，徐世虹译，中华书局，1997，第 17 页。

货物账①、见账②、落札账③等，相关资料有《唐蛮货物账》④、《舶载书目》⑤、《商舶载来书目》⑥ 和《外船赍来书目》⑦ 等，根据资料记载，输入日本的《纪效新书》主要相关记录见表1。

**表 1　《纪效新书》入日情况**

| 时间 | 运输方式 | 数量 | 史料记载 |
|---|---|---|---|
| 中御门天皇享保十二年（1727 年） | 中国商船"幾字号"载 | 《纪效新书》一部二帙 | 日本《商舶载来书目》记载 |
| 桃园天皇宝历九年（1759 年） | 中国商船"一番船"载 | 《纪效新书》二十部 | 日本《外船赍来书目》记载 |
| 光格天皇文化七年（1810 年） | 中国商船"午十番"载 | 《纪效新书》一部二帙 | 日本《唐船持渡书物目录留》记载 |
| 仁孝天皇天保十二年（1841 年） | 中国商船"子一番"载 | 《纪效新书》三部各一帙 | 日本《外船书籍元账》记载 |
| 弘化二年（1845 年） | 不详 | 《纪效新书》六部。内五部各一帙，一部二帙 | 日本《外船书籍元账》记载 |
| 弘化二年（1845 年） | 中国商船"巳二番"载 | 不详 | 日本《外船书籍元账》记载 |
| 弘化二年（1845 年） | 中国商船"巳六番"载 | 《纪效新书》五部抵日本，每部一包六册 | 日本《外船书籍元账》记载 |
| 弘化四年（1847 年） | 中国商船"午四番"载 | 《纪效新书》一部一帙 | 日本《外船书籍元账》记载 |

资料来源：严绍璗编著《日藏汉籍善本书录》（中 子部），中华书局，2007，第 813～816 页；范中义《戚继光评传》，第 394 页。

---

① 货物账由唐商提供，交由港口贸易会所，并由"丸荷役"对货物的品名数量进行确认。
② 见账由投标商人提供，逐一记录货物名称、数量、特色及好坏情况。
③ 在港口检使、町年寄、会所目付的监督下对货物进行投标，确定头标后，由港口会所计算支出银两目录附上"落札账"，商人须在落札账上按捺印信。
④ 《唐蛮货物账》现藏于日本内阁文库。该账籍由唐通事、荷兰通词作成，记录了日本宝永六年（1709 年）7 月到日本正德三年（1713 年）11 月入港船和出港船的装载货物。
⑤ 《舶载书目》现藏于日本宫内厅书陵部。《舶载书目》记载了日本元禄七年（1694 年）到日本宝历四年（1754 年）这六十年从中国传入日本的部分典籍。
⑥ 《商舶载来书目》现藏于日本国会图书馆，由向井富撰写，向井富时任长崎港"书籍改役"（即海关书籍检查官），书中记载了元禄六年（1693 年）至享和三年（1803 年）中国商船由长崎港登陆上岸所载来的汉籍书目。
⑦ 《外船赍来书目》，类似于海关书籍登记簿，主要记载 18 世纪赴日商船所载书目。

从表 1 可知，日本文献中最早的一条关于《纪效新书》入日的记录是在 1727 年，可以推知《纪效新书》最初入日时间不晚于 1727 年，也就是在 1560 年至 1727 年之间传入日本，但是成书于日本宽文六年（1666 年）的兵学著作《兵要录》中多次引用《纪效新书》相关论述，所以可将《纪效新书》入日时间限在 1560 年至 1666 年。《纪效新书》主要经由商舶载往日本，且商舶都是由中国商人主导、从中国出发。《纪效新书》被载往日本的历程横跨 18、19 世纪，贯穿整个江户时代中后期，鸦片战争后也在继续，且频率非常高。

《纪效新书》在日本流传甚广，有宽正九年（1797 年）、宽正十年（1798 年）等多种刻本。根据资料记载，相关情况见表 2。

表 2　《纪效新书》在日刊印情况

| 刊行年份 | 刊行情况 | 备注 |
| --- | --- | --- |
| 宽政九年（1797 年） | 刊印《纪效新书》十八卷并《首》一卷 | 此本由日人平山潜（兵库）校。其后有江户须原屋伊八两次重印本 |
| 宽政十年（1798 年） | 刊印《纪效新书》十八卷并《首》一卷 | 日本兵法家平山行藏所翻印 |
| 弘化二年（1845 年） | 刊印《纪效新书》十四卷《首》一卷 | 大村五教馆藏。此本由日人渡边是保订定 |
| 弘化三年（1846 年） | 重印《纪效新书》十四卷《首》一卷 | 大村五教馆藏。此本由日人渡边是保订定 |
| 嘉永一年（1848 年） | 《纪效新书耳剽》写本一册 | 朝川善庵著，现藏于日本弘前市立弘前图书馆 |
| 嘉永七年（1854 年） | 刊印《纪效新书撮解》一二卷七册 | 安原方斋著，江户和泉屋金右卫门、大阪河内屋喜兵卫、京都胜村治右卫门等出版 |
| 安政三年（1856 年） | 刊印《纪效新书定本》九卷，并《图解》一卷 | 大阪秋田屋善助等藏。此本由日本人相马肇编定 |
| 文久三年（1863 年） | 出版十四卷本《纪效新书》的补刻书 | 大村五教馆藏。此本由日人渡边是保订定 |

资料来源：严绍璗编著《日藏汉籍善本书录》（中·子部），第 813～816 页；范中义《戚继光评传》，第 394 页；〔日〕松田隆智《中国武术史略》，第 11 页；Japan Knowledge Lib（日本知识库）数据库，https://japanknowledge.com/lib/display/？lid＝55210000148243。

　　除上述可知时间和著者的情况外，还有朝川同斋的《纪效新书秘解》写本（年代不明），现藏于日本弘前市立弘前图书馆的《纪效新书抄解》写本（年代、著者不明）。① 由表2可知，日本翻刻出版《纪效新书》的历程主要集中在两个时间段：一是18世纪末；一是鸦片战争后至江户末期。特别是在后一个时间段，日本翻刻出版《纪效新书》的频率明显提高。除了刊印出版，日本江户时期的多个藏书机构中都收藏了此书。日本近世后期在赞岐高松藩担任家老的木村默老的书库中就藏有《纪效新书》六册。② 庄内藩致道馆藏有明万历二十三年（1595年）岭南明雅堂江殿卿刊印版本的《纪效新书》十八卷首一卷。③ 大村五教馆藏有渡边是保订定的《纪效新书》四卷并附录。④ 日本常福寺藏有《纪效新书》《练兵实纪》等书。⑤ 青藜阁藏有平子龙训点的《纪效新书》全六册。⑥ 除此之外，日本知识分子也对《纪效新书》进行了注解和引用：平山行藏在校订十八卷《纪效新书》之后编著了《纪效新书国字解》十卷；⑦ 荻生徂徕、冈熊臣、长沼澹斋等日本人都在其相关著作中引用、评价过《纪效新书》的兵学内容和思想。这在后文会详细论及。

　　《纪效新书》对日本的影响主要体现在以下两个方面。

　　首先，《纪效新书》影响了多位日本兵学家的思想，是其进行兵学创作和兵学思想体系构建的重要思想素材和参照来源。荻生徂徕在学习吸收

---

① Japan Knowledge Lib（日本知识库）数据库，https：//japanknowledge. com/lib/search/bas-ic/index. html? q1 = % E7% B4% 80% E5% 8A% B9% E6% 96% B0% E6% 9B% B8&r1 = 1&phrase = 0&sort = 1&rows = 20&pageno = 1&s = s。

② 〔日〕三宅宏幸：《木村默老の藏書目録（三）》，《愛知県立大学日本文化学部論集》第10号，2018，第55页。

③ 〔日〕高橋智：《荘内藩致道館旧藏漢籍について》，《慶應義塾大学附属研究所斯道文庫》第49号，2014，第49~95页。

④ 〔日〕大沼晴輝：《熊本縣立人吉高等學校高橋文庫目録》，《慶應義塾大学附属研究所斯道文庫》第39号，2004，第389~471页。

⑤ 〔日〕川邊雄大：《常福寺藏・清国書籍販売目録三種について》，《日本漢文学研究》第13号，2018，第219页。

⑥ 〔日〕松浦章：《『清嘉録』の日本舶載と和刻本の流布》，《東アジア文化交渉研究》第4卷，2011，第373~389页。

⑦ 〔日〕多治比郁夫、中野三敏：《逢原紀聞・当代江戸百化物・在津紀事・仮名世説（新日本古典文学大系97）》，東京：岩波書店，2000，第176页。

《纪效新书》《练兵实纪》的基础之上，完成了其重要兵学著作《钤录》①。在戚继光兵学思想的影响之下，荻生徂徕开始主张"节制"——"明朝的名将俞大猷、戚南塘的兵书中则专论节制，不谈军略"②，希望以客观的"节制"来训练、组织军队。荻生徂徕在《钤录》第二十卷"水法 本邦"中讲述了日本水军和明代水军的异同，引述了"戚南塘水军法"中的"编伍""悬令""水操"等有关军事技术方面的具体内容。③ 冈熊臣是日本江户时代的著名兵学者，在其著作《兵制新书》之总论中，他提及其对《钤录》和明代兵书《纪效新书》等的"诵读意解"，④ 且在全书中"多处引用或提及戚继光的兵法著作，明代兵书成为冈熊臣形成自己兵学思想的重要思想来源与参照系"。⑤ 冈熊臣意识到了古今战法的变化，在强调刀剑和弓是日本自古以来之神器的同时，也主张为了防御外敌而引进明朝和西洋的火器，承认戚继光兵法操练的有效性，强调学习《纪效新书》旌旗篇中的旗帜号令系统，积极吸收书中所论述的节制思想、选兵之法和整齐之阵。⑥ 除此之外，长沼澹斋在其重要著作《兵要录》⑦ 中大量引用戚继光《纪效新书》书中的理念、命题与战法等。例如，他推崇戚继光在《纪效新书》中提出的关于"节制"的思想："戚子曰，舍节制，必不能军。愚谓军无节制则兵势甚弱，故遇敌而易败矣。以有制之兵，与无制之兵战

---

① 〔日〕荻生徂徕：《钤録》，共二十卷，日本国立公文书馆内阁文库藏，1727。

② 〔日〕荻生徂徕：《钤録》序，日本国立公文书馆内阁文库所藏，第 9 页。

③ 〔日〕荻生徂徕：《钤録》第二十卷，日本国立公文书馆内阁文库所藏，第 58、81、104页。

④ 〔日〕冈熊臣：《兵制新书》，参见〔日〕滝本诚一编《日本経済叢书》卷 24，日本经济叢书刊行会，1914～1916，第 307 页。

⑤ 张宪生：《日本近世兵学思想初探——儒学・兵学・明代兵书》，《广东外语外贸大学报》2010 年第 1 期，第 22 页。

⑥ 张宪生：《冈熊臣の研究：幕末国学者の兵制論と「淫祀」観》，博士学位论文，东京大学，2000，http：//gakui. dl. itc. u‐tokyo. ac. jp/cgi‐bin/gazo. cgi？no = 214853。

⑦ 《兵要录》是日本长沼流兵学派的主要兵书之一，1666 年（宽文六年）长沼澹斋（1635～1690）32 岁时的著作。根据《日本大百科全书》所载，长沼澹斋最初是学习甲州流等和流兵法，后从戚继光的《纪效新书》、茅元仪的《武备志》等中国明代兵书着眼，提倡以节制和实事为主体的崭新学风。

者，其众虽三倍五倍，犹可胜矣。"① 长沼澹斋认为节制之军兵势强盛，可以少胜多，"节制立而后可言战矣"②。这些兵学家将戚继光在《纪效新书》中提出的观念和主张作为证明自己兵学思想的论据和素材来源，在认同和推崇戚继光相关兵学思想的基础之上，结合日本本土社会现状提出相应兵学理论。

其次，《纪效新书》之兵法理论是日本幕末解决社会危机的路径参考。鸦片战争中国战败之后，对于如何应对和抵抗西方的挑战，日本感到危机重重，不得不迫切思考谋生之路。在此背景之下，日本的一些有识之士将目光投向了戚继光及其兵学著作，日本出现了连续翻刻《纪效新书》的现象（如表3所示），许多人认为戚继光《纪效新书》所述的"防倭"策略和兵法可以用来抵御西方的军事侵略。正如前田勉所说：就如明朝人将倭寇视为夷狄一样，近代日本人也将西洋列强视为夷狄，并高度恐惧，原本为了抵抗倭寇侵略的明代海防论述成为日本人保护、守护自己国家的一个求救之道而将其受容了。③ 例如，在练兵作战上，日本人提出了以戚继光兵法和西洋兵法来变革国内军制和军队操练的主张，从会泽安在《新论》中提出的加强军备的构想中可以看到荻生徂徕在《铃录》中反复强调的"节制"，即运用兵法号令与纪律操练队列与阵列等思想。④

**表3　日本幕末刊行《纪效新书》情况**

| 弘化二年（1845年） | 刊印《纪效新书》十四卷《首》一卷 | 大村五教馆藏。此本由日本人渡边是保订定 |
|---|---|---|
| 弘化三年（1846年） | 重印《纪效新书》十四卷《首》一卷 | 大村五教馆藏。此本由日本人渡边是保订定 |

① 〔日〕长沼澹斋：《兵要録》卷1，第1册，第30~31页，http://www.guoxuemi.com/gjzx/956285vlhd/。
② 〔日〕长沼澹斋：《兵要録》卷1，第1册，第30~31页，http://www.guoxuemi.com/gjzx/956285vlhd/。
③ 〔日〕前田勉：《兵学と朱子学・蘭学・国学》第一章，东京：平凡社，2006，第74~76页。
④ 张宪生：《论日本近代民族主义的思想起源——读会泽安〈新论〉》，《东南亚研究》2007年第4期，第58页。

续表

| 嘉永一年（1848 年） | 《纪效新书耳剽》写本一册 | 朝川善庵著，现藏于日本弘前市立弘前图书馆 |
| --- | --- | --- |
| 嘉永七年（1854 年） | 刊印《纪效新书撮解》一二卷七册 | 安原方斋著，江户和泉屋金右卫门、大阪河内屋喜兵卫、京都胜村治右卫门等出版 |
| 安政三年（1856 年） | 刊印《纪效新书定本》九卷，并《图解》一卷 | 大阪秋田屋善助等藏。此本由日本人相马肇编定 |
| 文久三年（1863 年） | 出版十四卷本《纪效新书》的补刻书 | 大村五教馆藏。此本由日本人渡边是保订定 |

资料来源：严绍璗编著《日藏汉籍善本书录》（中子部），第 813～816 页；范中义《戚继光评传》，第 394 页；〔日〕松田隆智《中国武术史略》，第 11 页；Japan Knowledge Lib（日本知识库）数据库，https://japanknowledge.com/lib/display/? lid = 55210000148243。

## 三 在朝鲜的传播与影响

《纪效新书》传播到朝鲜的最早记载是在宣祖二十六年（1593 年）的平壤之役之后，朝鲜宣祖虽然得知此次战役获胜原因，但是未能从提督李如松那里获得《纪效新书》，于是命令译官从李如松麾下人手中购得，"上密令译官购得于都督麾下人"。[①] 之后，朝鲜官方继续派人从明朝购买此书，"戚继光所撰《纪效新书》数件，贸而得来"[②]。宣祖三十二年（1599 年）四月，朝鲜国王继续重金求购《纪效新书》，"李如松之破行长于平壤也，实用戚少保继光《纪效新书》。少保浙江名将，屡破倭有功者也，昭敬王以千金购其书"[③]。除了朝鲜主动向中国购买《纪效新书》之外，明军将领也曾通过赠书的方式将此书传播到朝鲜。"故临别时，以《纪效新

① 《朝鲜宣祖修正实录》卷 28，宣祖二十七年二月庚戌，韩国国史编纂委员会编《朝鲜王朝实录》第 25 册，第 646 页。

② 《朝鲜宣祖实录》卷 42，宣祖二十六年九月丙子，韩国国史编纂委员会编《朝鲜王朝实录》第 22 册，第 103 页。

③ 〔朝鲜〕徐荣辅：《韩国文集丛刊·竹石馆遗集·第二册》，首尔：民族文化推进会，2001，第 364 页。

书》，为别后赠，欲贵邦知此书而教此法，富国强兵以拒贼耳。"① 有学者指出，这本《纪效新书》很有可能是十八卷本，② 同十四卷本一起对朝鲜练兵建军等活动产生了重要影响。

在获得《纪效新书》之后，朝鲜官方对其进行了推广和学习。首先，朝鲜王室组建了专门的机构对《纪效新书》进行习读和推广。朝鲜君主设立"训练都监"③，作为训练朝鲜军队将士的专门机构，此机构以《纪效新书》为训练教材，并且聘请明军将士作为教官对朝鲜军队进行专门训练，"又请唐教师以教之，盖其法，中朝名将戚继光所著《纪效新书》也"④。当时的朝鲜国王将《纪效新书》设为武官考试的教科书和必考内容，训练都监依据此书的标准和要求对士兵进行考核，不通过者会被直接淘汰。同时，训练都监在军队中全面推广学习《纪效新书》，不断印发、传播。在朝鲜宣祖二十九年（1596 年），"训练都监启曰：'体察副使韩孝纯，要得《纪效新书》，用以教军……'传曰：'一件给送'"⑤。朝鲜显宗五年（1664 年），朝鲜国王授意将《纪效新书》"印出若干件，分送于三南各营镇，而以妆缋五件，上疏投进，以备睿览"⑥，可见朝鲜官方是推广此书的主导者。

其次，朝鲜对《纪效新书》的翻译和相关武艺书籍的出版进一步推动了朝鲜士兵对此书的学习。万历二十一年（1593 年），训练都监提督启曰：

---

① 《朝鲜宣祖实录》卷 97，宣祖三十一年二月丙子，韩国国史编纂委员会编《朝鲜王朝实录》第 23 册，第 390 页。

② 蔡艺、李青：《〈纪效新书〉在朝鲜半岛的传播与影响——基于朝鲜汉文武籍编撰的视角》，《山东体育科技》2020 年第 6 期，第 24 页。

③ 又称"训局"，是朝鲜王朝后期负责拱卫首都的中央军营。该机构设立于壬辰倭乱期间，以明朝抗倭名将戚继光的著作《纪效新书》为蓝本，聘请明朝南兵将领负责训练，成为朝鲜王朝后期三百年最重要的军队建制，开启了朝鲜军队职业化的道路。

④ 《朝鲜宣祖实录》卷 67，宣祖二十八年九月己卯，韩国国史编纂委员会编《朝鲜王朝实录》第 22 册，第 553 页。

⑤ 《朝鲜宣祖实录》卷 78，宣祖二十九年八月丙辰，韩国国史编纂委员会编《朝鲜王朝实录》第 23 册，第 46 页。

⑥ 《朝鲜显宗实录》卷 9，显宗五年八月甲辰，韩国国史编纂委员会编《朝鲜王朝实录》第 36 册，第 428 页。

"但其文字及器械名物，有难晓处。"① 因为文字、俗语等的阻扰，《纪效新书》难以以原本的形式在朝鲜迅速普及开来。此书由汉字书写，仅能被朝鲜上层人士学习和理解，大多数的下层兵民难以理解汉字，朝鲜武将之中精通汉文的人也较少，"今杀手各兵，虽解枪筅，而知谱鲜少"②。为了解决朝鲜将士们兵不识谱的问题，同时也为了深入利用《纪效新书》的具体兵学知识，将不同内容分发给相应的兵种，朝鲜把编译、摘录等作为传播《纪效新书》的另一途径逐渐实施起来，"兵有技，技有谱。设营以肄其技，编书以传其谱"③。朝鲜宣祖二十七年（1594 年）三月，朝鲜国王下令将《纪效新书》"删烦抄要，誊书下送"④。此外，壬辰战争结束之后，李朝正祖"命人将《纪效新书》中有关棍棒、长枪、骑艺等内容摘取改编，合成二十四般武艺"⑤。朝鲜宣祖三十一年（1598 年），以《纪效新书》为理论素材和思想来源而编纂的武艺书籍被命名为《武艺诸谱》，广泛流传于朝鲜后世各个时期，对于朝鲜的武艺发展和兵学传播以及将士的训练都影响巨大。

《纪效新书》对朝鲜半岛的影响主要体现在以下几个方面。

首先，该书为壬辰战争的胜利奠定了基础。朝鲜宣祖二十六年（1593 年）十月，朝鲜国王命令设立训练都监，任命重臣为指挥，招募饥荒百姓，以《纪效新书》为学习戚继光兵法的课本来训练军队，"旬日得数千人，教以戚氏三手练技之法，置把摠、哨官，部分演习，实如戚制"⑥。朝鲜废除了低效落后的军事制度，并在明朝中国训练师⑦的指导之下建立新

---

① 《朝鲜宣祖实录》卷 43，宣祖二十六年十月丙戌，韩国国史编纂委员会编《朝鲜王朝实录》第 22 册，第 108 页。
② 《朝鲜宣祖实录》卷 61，宣祖二十八年三月丙申，韩国国史编纂委员会编《朝鲜王朝实录》第 22 册，第 467 页。
③ 〔朝鲜〕徐滢修：《明皋全集·九卷》，首尔：成均馆大学出版社，2018，第 16 页。
④ 《朝鲜宣祖实录》卷 49，宣祖二十七年三月戊戌，韩国国史编纂委员会编《朝鲜王朝实录》第 22 册，第 240 页。
⑤ 王开文：《朝鲜半岛的武技史话》，《成都体育学院学报》1999 年第 2 期，第 9 页。
⑥ 《朝鲜宣祖修正实录》卷 28，宣祖二十七年二月庚戌，韩国国史编纂委员会编《朝鲜王朝实录》第 25 册，第 646 页。
⑦ 朝鲜王朝军队的训练师都是明朝东征军中的将士或随带家丁、教练，尤其是东征军中的南兵将承担了教练朝鲜军的主要责任。

式军队、丰富作战兵种，改变作战阵法，例如增加了炮手和高技术性的兵种，引入《纪效新书》中记载的鸳鸯阵等，大大提高了作战能力和军队素质，"数月而成军容，上亲临习阵……国家赖之"①，为赢得壬辰战争、驱逐日本军队做好了充足的准备。"《纪效新书》是朝鲜新设训练都监中采用的通行教科书。"② 在此书指导下的练兵效果十分显著，为后期壬辰战争中的胜利打下了坚实的兵力、兵源基础。

其次，此书深刻影响了朝鲜武艺书籍的编撰。《纪效新书》是朝鲜武术、兵学书籍编撰的思想来源和理论素材，对朝鲜半岛壬辰战争之后的武术和兵法书籍的编撰有重要影响。朝鲜在编撰相关武术书籍、兵法书籍的时候均以《纪效新书》为指导和参考对象，例如《杀手诸谱》《武艺图谱通志》等书籍都大量登载了《纪效新书》的内容，从此书上抄写适用于朝鲜军队操练的绘图，《武艺图谱通志》记载道："戚氏《纪效新书》，茅氏《武备志》俱为是编之表准。"③ 以《纪效新书》为思想和素材来源成为当时朝鲜武艺教科书编纂的准则。

再次，该书对朝鲜后期的军队和国防建设起到了指导作用。自在壬辰战争中见识到《纪效新书》以及戚继光兵法军制思想的效用与突出成就后，朝鲜便开始抛弃以前落后、低效的旧兵制，"朝廷不用五阵之法，皆仿《纪效新书》之制"④，由此开启了朝鲜后世军队发展、国防建设的新征程。"五阵之法"即"五卫阵法"，其核心是"五卫制"，兵农结合，"更

---

① 《朝鲜宣祖修正实录》卷28，宣祖二十七年二月庚戌，韩国国史编纂委员会编《朝鲜王朝实录》第25册，第646页。

② 杨海英、任幸芳：《朝鲜王朝军队的中国训练师》，《中国史研究》2013年第3期，第171页。

③ 〔朝鲜〕李德懋、朴齐家编撰《武艺图谱通志》卷1，首尔：韩国体育史研究会，2002，第60页。

④ 转引自杨海英、任幸芳《朝鲜王朝军队的中国训练师》，《中国史研究》2013年第3期，第173页。〔朝鲜〕申灵《再造藩邦志》卷2《大东野乘七》，汉城：朝鲜古书刊行会，1971，第491页。《朝鲜宣祖实录》卷43，宣祖二十六年十月丙戌，韩国国史编纂委员会编《朝鲜王朝实录》第22册，第107页；卷48，宣祖二十七年二月庚申，韩国国史编纂委员会编《朝鲜王朝实录》第22册，第220页；卷49，宣祖二十七年三月戊戌，韩国国史编纂委员会编《朝鲜王朝实录》第22册，第239页。

休上番，则为宿卫之卒；有事兴发，则为战阵之卒"①，兵士们在战争时期为兵，不战之时为农，但是"壬辰兵燹之后，五卫凋弊，皆不堪战"②。此兵制下军队作战能力低下、兵将武艺技能落后。在此背景之下，朝鲜宣祖二十六年（1593 年）设立的训练都监"建议聚京师游卒数百人，传习其（浙兵）技，团束作队，教之以炮、杀、射，及戚继光阵法"③，在《纪效新书》的指导下学习、推广新的练兵之法。虽然壬辰战争在朝鲜宣祖三十一年（1598 年）十二月结束，日军也被驱出朝鲜，但是战争期间一直活跃的训练都监战后并未沉寂下去，而是通过其建立的组织系统继续担负着训练军队、推行军制等重任，成为朝鲜后期重要的军事机构，推动着朝鲜的军队和国防建设。"在随后三百多年的岁月中，《纪效新书》始终是朝鲜学习兵法最重要的兵书。"④ 自壬辰战争后的朝鲜历代国王都未打破《纪效新书》指导下的朝鲜兵制建设，一直坚持以此书和根据此书改编而成的各兵书指导军事活动，从未间断。直至朝鲜王朝末年，朝鲜高宗仍感叹，"夫编伍约束，莫如戚继光之《纪效新书》"⑤，此书在朝鲜兵学史、武术史上的重要地位可见一斑。训练都监的不断发展，以及朝鲜对《纪效新书》的不断受容与推广，使得朝鲜军队建制的活动处于持续进行的状态之中，战后逐渐建立起了实力雄厚的新式军队，作战能力、国防实力得到明显提升。

## 四 日朝两国受容《纪效新书》的比较

从传播途径来讲，日本、朝鲜两国都是通过购买的方式获得《纪效新

---

① 《朝鲜显宗改修实录》卷 10，显宗四年十一月戊寅，韩国国史编纂委员会编《朝鲜王朝实录》第 37 册，第 353 页。

② 《朝鲜显宗改修实录》卷 10，显宗四年十一月戊寅，韩国国史编纂委员会编《朝鲜王朝实录》第 37 册，第 353 页。

③ 《朝鲜显宗改修实录》卷 10，显宗四年十一月戊寅，韩国国史编纂委员会编《朝鲜王朝实录》第 37 册，第 353 页。

④ 孙卫国：《〈纪效新书〉与朝鲜王朝军制改革》，《南开学报》2018 年第 4 期，第 129 页。

⑤ 《朝鲜高宗实录》卷 11，高宗十一年三月癸酉，韩国国史编纂委员会编《朝鲜王朝实录》第 1 册，第 451 页。

书》，但在主观能动性上有很大差别。在朝鲜，国王和有识之士首先认识到了《纪效新书》的作用，为了丰富士兵的武艺技能和提升军队作战能力，朝鲜国王主动积极购买《纪效新书》，后又大力推行，促进了此书在朝鲜的传播。而在日本，明代兵书主要由中国商人经海上贸易主动传入日本。17世纪前期至中期，日本德川幕府实施锁国政策，中国明清两朝先后实施海禁，中日之间官方正常的海外贸易受到极大限制，由此私人海上贸易日益发展壮大，在此期间，大部分汉籍都是通过私人贸易的方式进入日本。除此之外，虽然日本继续维持在长崎的海外贸易，但受到诸多限制，处于锁国政策笼罩之下的日本人被禁止向海外航行。在此背景之下，日本人主动前往中国获取书籍的路径被切断，"从日本方面来说，由于日本船不能出海贸易……所以是被动的贸易"，① 由此明代后期和清代主要是中国人运送书籍到日本，且以中国商人为主。换言之，在江户时代，《纪效新书》是中国商人主动将其作为一种商品输入日本的，至于这些中国商人是否受到日本相关人士的请求，还需要进一步挖掘史料。

从推广主体来讲，《纪效新书》在两国的受众和推广主体不同。在朝鲜，国王以及上层人士对《纪效新书》推崇备至。朝鲜高宗曾说："而我国武事，专靠是书。"②无论是训练都监指挥的将士训练方式和考察标准，还是朝鲜后世各武艺、兵学书籍的主体思想、技法招式，都是完全以《纪效新书》为指导和模板，而推进这些活动的正是朝鲜国王和将士大臣们。在日本，《纪效新书》主要是被兵学家们重视和习读。日本将军事理论作为真正的学问进行研究开始于江户幕府成立以后，此时正是日本大局已定、天下稳定的时期，将战国时代积累的军事知识体系化，从而促成了日本兵学体系的成立。前田勉就江户时代兵学的成立经过指出：近世日本的兵学基本上是以战国末期军队组织的统制法为基础，但在其理论化方面，利用了中国的朱子学和兵学。而且，关于对中国兵学的受容，他主张有两

---

① 〔日〕大庭脩：《江户时代日中秘话》，第17页。
② 《承政院日记》卷130，首尔：民族文化促进会，2007，第37页。

种途径：出版和解读武经七书；接受中国明代的兵家思想和兵学书。① 作为第二种途径的重要史实——日本知识分子对《纪效新书》的研究——具有重要的价值和意义。日本重要思想家荻生徂徕，兵学家冈熊臣、长沼澹斋都熟读《纪效新书》，并且将其作为构建兵学理论框架、查找军事思想素材的重要来源。

从受容结果来讲，整体上日本和朝鲜都受到《纪效新书》多方面的影响，特别是两国在武术、兵学古籍编撰上都沿袭和模仿了《纪效新书》的相关内容，其中流淌着中国传统兵学、武术的文化基因。日本武艺书籍《兵法秘传书》《武术早学》中记载的动作名称基本沿用了《纪效新书》的模式，或者以"～势""～之～"等稍作变化的形式记录下来。② 但是《纪效新书》并未成为日本政府推崇的武艺教科书，目前也难以寻到史料证明此书在日本的练兵作战方面产生过影响，这一点和朝鲜十分不同，《纪效新书》深刻影响了朝鲜统治者在训练将士、建立兵制上的政策制定。虽然日本著名兵学家的军事思想深受《纪效新书》的影响，但也主要体现在思想领域，并未深入触及幕府政治政策制定方面。

## 五 《纪效新书》 东传体现的三国文化互动

以《纪效新书》为代表的中国兵书的东传并非是单向的，在东亚汉字文化圈的背景之下，日本与朝鲜的兵学内容、武学技术、兵法书籍也在互相流播，构造了中日朝三个国家间的兵学文化交流圈，推动了东北亚的兵学武术文化的交流与发展。

明代，日本刀及其刀法传入中国，为中国军事家、武术家所借鉴，戚继光在《纪效新书》中就受容了日本刀的特性。日本遣明船贸易使得大量日本刀流入中国，在此背景之下，戚继光采用了具有日本刀特性的刀剑，

---

① 〔日〕前田勉：《兵学と朱子学·蘭学·国学：近世日本思想史の構図》第一章，东京：平凡社，2006，第74页。

② 〔韩〕朴贵顺：《中韓日の武芸交流の動向》（シンポジウム アジアと武術），アジア·日本研究センター紀要第6号，2010，第105页。

在《纪效新书》中将其命名为"腰刀"并进行具体论述。在十八卷本的《纪效新书》中，戚继光提出将腰刀作为军阵必备武器，利用腰刀和藤牌配合作战；十四卷本中，戚继光将缴获的日本刀以及刀谱原本记录下来，长刀，"此自倭犯中国始有之。彼以此跳舞，光闪而前，我兵已夺气矣。倭善跃，一进足则丈余，刀长五尺，则丈五尺矣。我兵短器难接长器，不捷，遭之者身多两断，缘器利而双手使，用力重故也"。① 可见戚继光总结了倭寇作战特点，将日本刀作为长刀引进以提升作战技能、防御倭寇入侵。除了戚继光，自明朝日本刀传入中国之后，其刀法也在浙江民间广泛传播，被中国民间武术家吸收、改良，他们结合明代中国武术刀法的特点，创造出了明代双手刀法等。

唐宋以后，中国传统的实用剑法逐渐衰退并失传，"古之剑可施于战斗，故唐太宗有剑士千人，今其法不传，断简残编中有诀歌，不详其说"，② 明代茅元仪发现朝鲜有中国剑法的流传并做了记录，对于重新找回失传已久的中国剑法起到了举足轻重的作用，在一定程度上促进了中国剑法的复兴发展。在《武备志》中，茅元仪记载了"朝鲜势法"的古代双手剑谱，"有好事者得之朝鲜，其势法具备"，③ 证明了明代中国和朝鲜之间的武术文化互动与交流的历程。此双手剑谱中载有图势 24 势，有学者认为该谱是由中国传入朝鲜，其中的服装和汉字皆可证明。④ 朝鲜在壬辰战争后对《纪效新书》等明代武学知识的习读和编译也为保存中国明代武术做出了重要贡献，其著名兵书《武艺图谱通志》中就记载了双手刀、双手剑谱等在中国已难以寻查的明代武学内容。

同时，由于地理位置和历史政治关系的原因，中朝之间的武术文化交流道路十分通畅，朝鲜充当着沟通、传播中国和日本两个国家武艺文化的桥梁，中日两国的兵学文化都在这里交融并回流，"中、日剑术的直接交

① （明）戚继光：《纪效新书》（十四卷本），范中义校释，中华书局，2001，第 82 页。
② （明）茅元仪：《武备志·阵练制》，上海古籍出版社，1995，第 3205 页。
③ （明）茅元仪：《武备志·阵练制》，第 3205 页。
④ 李吉远、谢业雷：《以剑为媒：明代中、日、朝刀剑武艺交流研究》，《浙江体育科学》2021 年第 5 期，第 111 页。

流，以中、朝的直接交流为其前提"①。例如"朝鲜势法"这套剑谱中的五个剑"势"和日本的五个剑"构"基本相同，此处的"构"也就是中国传统武术文化中的"势",② 由此可以看出以朝鲜为桥梁的中日之间的武学文化交流。此外，通过学习与翻译《纪效新书》而编撰出版的朝鲜武学著作《武艺诸谱翻译续集》不仅受容了日本刀的使用技巧，而且吸纳了产自日本的"影流之目录"③。④

通过对《纪效新书》东传朝鲜和日本的比较探索，以及对中日朝三国武术、兵学文化相互辐射作用的考察，可以看到 16 世纪以后以中国为中心的东亚文化交流与互动的痕迹。文化之间是互相影响和渗透的，《纪效新书》在影响日本、朝鲜的同时，日本和朝鲜的文化也在影响着中国兵学文化的发展。在文化的互动与交流过程中，中日朝三国各有收益，丰富了三国的武学知识，促进了其武术体系、兵学思想的完备。文化交流与互动为文化创新与发展提供了优越的氛围与环境，中日朝三国的武学文化也在不断的互动中摩擦出创新的火花。

## 结 语

综上可知，无论是江户时代的日本还是壬辰战争后的朝鲜，都很重视、受容且推广《纪效新书》。在传播过程中，日本和朝鲜并非简单地对《纪效新书》进行全盘复制，而是在接受与解释它时注意使之适应本国社会的军事或兵学发展。此外，《纪效新书》作为东传兵学典籍的代表，也仅仅是展示了众多东传兵书的一个侧面，中国明代兵书在东亚的流布值得

---

① 中华人民共和国体育运动委员会运动技术委员会编《中国体育史参考资料》第六辑，人民体育出版社，1958，第 14 页。

② 李吉远、谢业雷：《以剑为媒：明代中、日、朝刀剑武艺交流研究》，《浙江体育科学》2021 年第 5 期，第 111 页。

③ 《纪效新书》（十四卷本，第 83 页）中刊载的"影流之目录",戚继光在嘉靖四十年（1561 年）于战场上自一倭寇身上得到日本古流剑术传书《阴（隐）流之目录》一卷，后戚继光模刻上述目录并记载到《纪效新书》。

④ 〔日〕鱼住孝至、吉田鞆男、大久保辉男：《東アジアにおける武術の交流と展開》，《武道・スポーツ科学研究所年報》第 11 号，2005，第 330 页。

更为细致和全面的考察，以兵书为出发点来探讨东亚文化交流和异同还需要更多的探索者以及更深入的挖掘。

《纪效新书》在日本和朝鲜半岛的广泛传播，是在以中国传统兵学、武术文化为中心的东亚文化圈内发生的文化互动现象。文化传播贯穿于人类历史，也是促进人类文化变革与创新的重要动力。不管是传播者还是受容者，都具有一定的意图或目的，东亚三国间的武学文化、兵学思想的交流并非是被动的，无论是处于文化交流中心的中国，还是文化发展稍显落后的日本、朝鲜，都对另外两国的文化进行了选择性的受容与本地化的创新。文化传播不是简单的输出，而应该包含复杂的双向交流，史学家的目光应该超越国家或地区的界限，向跨国家、跨民族的方向聚焦，更加关注各个国家和地区之间的互动与交流。而研究者只有站在整体的高度进行综合性的考察，才能做出更加精确的理解与阐释。

# 林乐知《万国公报》世俗化转型及其启蒙教育意义

孙一赫 *

**摘 要** 本文以史实为基础,探讨林乐知创办的《中国教会新报》(1872 年 8 月改名为《教会新报》,1874 年 9 月改名为《万国公报》) 的世俗化转型及其对中国近代社会的启蒙与示范意义。林乐知于 1860 年受美国南监理会 (American Southern Methodist Episcopal Mission) 的资助来到中国传教,以在华教友为对象创办了《中国教会新报》,希望以报纸为媒介,借由基督教徒群体的力量将中国纳入基督教世界。但《中国教会新报》受到中国传统文化和民众的抵制,报纸销量始终不容乐观,随后,林乐知先后两次对报纸进行整改,范围包括办报宗旨、报纸内容、人员结构以及目标读者群体,最终转为《万国公报》,实现报纸的世俗化转型。转型后的《万国公报》借助戊戌变法成功进入了中国的政治和文化生活,为在华外国人创办报刊提供了重要的借鉴,也在中国社会发挥了一定的历史启蒙作用。

**关键词** 林乐知 《中国教会新报》 《万国公报》 世俗化转型

林乐知 (Young J. Allen),来华传教士,美国南监理会牧师,1860 年来到中国上海,传教 40 余年。在林乐知的传教活动中,办报办学贯穿始终。为了方便在中国传播基督教,令中国人更好地认识、了解基督教和西

---

* 孙一赫,广东外语外贸大学博士研究生。

方文化，从精神和心理上破除中国传统文化和西方宗教的隔阂，林乐知首先于 1868 年 9 月 5 日创办了宗教性报纸《中国教会新报》，其核心宗旨是"宣传基督教"①。但由于清廷长年的禁教政策和闭关锁国，当时中国民众对于西方文化和基督教有很强的排斥心理，导致以《中国教会新报》为主的宗教性质报刊销路不畅，发行量低。1874 年 9 月 5 日，此时已经改名为《教会新报》的《中国教会新报》出版满 300 期，林乐知将其改名为《万国公报》，报纸内容也从传教布道转向关注世俗新闻、传播西方文化知识、关注中国政治动向等，有利于中国新思想启蒙，同时也为在华外国人传教和创报提供了重要借鉴。本文将分析《万国公报》的世俗化转型，并探讨其对近代中国社会的引领示范作用。

## 一　19 世纪中后期在华宗教报纸的世俗化转型

世俗化（Secularization）是西方宗教社会学提出来的概念，形容在现代社会发生的一种变化，即宗教逐渐由在现实生活中无处不在的地位和深远影响退缩到一个相对独立的宗教领域里，政治、经济、文化等层面逐渐去除宗教色彩。最开始的《中国教会新报》旨在宣传基督教教义，但销量不佳，同时作为主创和主编的林乐知考虑到中西文化和思维意识的差异，将《中国教会新报》改名为《教会新报》，最后又改名为《万国公报》，宗旨改为以讲天下事为主，并推行报纸的世俗化转型：删减宗教内容、增添新闻和时政评论，从而扭转不利局面，并获得成功。本节重点分析《万国公报》世俗化转型的背景、具体表现和历史意义。

1860 年，林乐知受美国南监理会派遣，来华开展传教活动，同时他在华也从事教师、翻译和新闻工作者等职业。林乐知于 1868 年创办《中国教会新报》，并亲任主创及主编。《中国教会新报》强调基督教内容，旨在宣传基督教教义，加强教会间交流，同时向中国人介绍西方宗教、道德行为等新思想。其间虽然有中外事务以及有关西学的文字，但比例过少，且

---

① 王林：《〈万国公报〉的变法主张述评》，《学术研究》2004 年第 4 期，第 110 页。

仅出现在"新报有余地时"，意义不大。且林乐知来华时期，美国爆发了南北战争，美国南监理会难以为林乐知在华传教提供稳定的经费支持，林乐知本人也因缺少经费不得不从事其他工作以维持生计，根本无法将全部精力放在《中国教会新报》的编写工作上，导致这份报纸在中国社会难以维持正常的运转，内容质量低劣，印刷数量和出版频率也急剧下降，"刊物每期只卖百余本"①，社会影响极为有限。

同时，在当时的社会背景下，由于康熙年间与罗马教廷的"礼仪之争"，清政府一直在执行相关的禁教政策，禁止传教士在华传教，也禁止相关教会书籍在华传播，造成晚清时期传教士传教活动受到严格限制。直到鸦片战争清廷签订《天津条约》后，在华传教士才获得一定的合法传教自由特权。但同时他们发现，当时的大部分中国人视基督教为蛮夷文化，对基督教有很强的排斥心理。正如英国传教士杨格非所说："这里的人们通晓他们自己的文学。他们有自己的圣人、自己的哲人、自己的学者。他们以拥有这些人为豪……他们可以承认上帝是一位外国的哲人，但比起孔子和其他中国哲人，则远远不如。"② 这种社会和文化的限制使得以传播基督教教义为主的《中国教会新报》等报纸的订购者寥寥，每期仅售一百余本，销量惨淡。

在这样的背景下，在华传教士发现，要在中国进行有效的传教，就必须改变中国人对西方世界的排斥心理。由此，他们改变策略，不再直接宣传基督教教义，改为在报纸中刊登世俗化文章，传播西方文化，重点展示西方先进的科学技术和社会制度，并将其与基督教联系起来，让中国人相信只有信教才能解决中国社会的根本问题，摆脱贫困和落后的局面，使中国人在接受西学西政中接受基督教，他们以西学为武器，借助西学的力量动摇中国人心中的儒学根基。为了迎合这一历史发展趋势，林乐知对《中国教会新报》进行改版，最后改名为《万国公报》，推动报纸的世俗化转型。

时值甲午战争，清朝输给日本这个结果刺激了中国知识分子，令其对

① 赵晓兰、吴潮：《传教士中文报刊史》，复旦大学出版社，2011，第 164 页。
② 顾长声：《从马礼逊到司徒雷登：来华新教传教士评传》，上海人民出版社，1985，第 189 页。

洋务派"中体西用"的口号日趋失望。救亡图存、需要变法成为当时青年知识分子的主流意识。《万国公报》不再热衷于宣传宗教，转而关注中国政治，借此提出相关论说，刊发大量评论中国时局、宣传变法的文章，尖锐地指出变法维新的迫切性和必要性，发挥变法的舆论先导作用，有效迎合国人急于雪耻、强国复兴的心理。以康有为、梁启超为首的维新派购置《万国公报》，并引述其中内容作为变法主张的强力论证，《万国公报》成为维新派的重要理论素材和思想基础。同时《万国公报》也多次报道维新派的新政，表达出对光绪皇帝和维新派的支持。通过吸引"意见领袖"，1898 年《万国公报》发行量高达 3.8 万多份。

## 二 林乐知 《万国公报》 世俗化转型表现

以宣扬基督教教义为根本宗旨的《中国教会新报》在种种原因和社会压力下未取得理想效果。基于此，林乐知开始寻求改变和突破，其中最显著的便是宗教内容持续减少，报纸逐步由宗教性报纸变为世俗报纸。总体来看，林乐知对于《中国教会新报》的世俗化改革主要表现在办报的宗旨、内容、编辑人员的组成和编写策略四个部分。

### （一）办报宗旨

报刊的宗旨能够直接体现报刊的定位和报刊的性质。林乐知于 1868 年9 月在上海创办《中国教会新报》，担任主编，他当时在创刊号上写道："在中国之传教外国牧师先生，久有十八省之外国字新闻纸，月月流通，年年不断，多得备益。何独中国牧师讲书先生未得举行此事？兹特欲创其事，俾中国十八省教会中人，同气连枝，共相亲爱，每礼拜发给新闻一次，使共见共识，虽隔万里之远，如在咫尺之间。亦可传到外国有中国人之处。……况外教人亦可看此新报，见其真据，必肯相信进教。如大众同发热心行此新报，不独教会易于兴旺，而益处言之不尽也。"① 由此，《中

---

① 林乐知:《万国公报》影印本，台北：华文书局，1968，第 8 页。

国教会新报》的创办宗旨是向中国社会和中国人传播基督教教义，目的是令其接受西方基督教的基本精神和宗旨，从而"进教"，达到思想和信仰改变的目的。另据创刊号，《中国教会新报》的直接目标读者是在华传教士即"教友"和海外中国人，借由他们的力量将报纸特别是报纸内包含的基督教思想传递给普通大众，扩大基督教的影响范围，实现传教目的。总之，由创刊号文章可知，《中国教会新报》是一份完完全全的宗教性报纸。

及至创办后的第四年，《中国教会新报》的办报宗旨和编辑原则开始发生第一次变化，林乐知在《第四年期满结末一卷告白》里写道："是系第四载结末一卷，总之天道人道有美必搜，世情物情无微不格。察五行须明其元质，观七政定探其源流。举凡机器兵器农器是究是图，一切数学化学重学爰咨爰度，事无论巨细，有关风俗人心者赠我必登，理无论精粗，可能挽回世道者示我必录。"① 在告白中，林乐知几乎不再提及宗教事务，反而刻意增加世俗事物的分量，同时将报纸的宗旨从传教改为挽回世道，亦即救亡图存。这样，报纸的性质发生第一次转变，宗教性被明显削弱，1872 年 8 月 31 日，《中国教会新报》在发行第 201 期时改名《教会新报》。

到了《教会新报》的第 100 期，林乐知作为主编在报上发表宣言，称该报自下一期，也就是将于 1874 年 9 月 5 日发行的第 301 期开始更名《万国公报》，并表示："既可以邀王公巨卿之常识，并可以入名门闺秀之清鉴，且可以助大商富贾之利益，更可以佐各匠农工之取资，益人实非浅鲜。"② 林乐知并没有直接说明改名的原因以及新发行的《万国公报》的基本宗旨，但是从宣言中可以看出，新的《万国公报》的目标读者群是全体中国人，上至名门贵胄，下至平民百姓，均可以阅读得到相关感想。而在《万国公报》的第 4 期中如此解释改名："所谓'万国'者，取中西互市，各国商人云集中原之义；所谓'公'者，中西交涉事件，平情论断，不怀私见之义。"③ 再次印证了该报目标读者群的扩大。至此，《万国公报》完

---

① 林乐知：《万国公报》影印本，第 1988 页。
② 林乐知：《万国公报》影印本，第 2622 页。
③ 林乐知：《万国公报》影印本，第 3295 页。

全脱离了宗教报纸的性质，成为真正的以传递天下事、议论世事政事为主旨的世俗报纸。

（二）报纸内容

报纸内容的变化也能够体现《万国公报》的世俗化转型趋势。报刊的内容是报刊文章的基本组成，报刊文章风向和焦点的变化能够清晰反映报刊性质和目标的改变。《中国教会新报》创办之初，林乐知便在报纸上登文写明："刊载中国基督教事务，特别是阐扬教义，译述圣经故事，报道教会动态，以及辩难宗教问题。间或记载中外史地，科学常识，及中国教育信息。"另据学者分析，《中国教会新报》的内容主要包括四类：基督教相关，包括"圣经解说"栏目、探讨教义文章、教会信息和教友来信，刊登过《路加四章三十八节》《答儒书证圣教启》《宁波长老会聚老会事略论》等文章；西学、西艺相关文章，主要置于"格物入门"栏目，刊登过《择抄格物入门化学第一章论物之原质》等文；新闻栏目，包括中国国内事务与国际新闻等，刊登《外国新闻》《中国新闻》等报道；告白，置于每期末尾，包括《同茂行告白》等文。虽然《中国教会新报》的栏目种类繁多，刊文方向也呈现多样化的特点，但是教会信息占据绝大多数，并被置于每期首要位置，而其他报道仅在"新报有余地时"才获刊登，且相关文章和消息时效性、应用性不强，对社会的启迪意义不大。

而《万国公报》的内容组成与《中国教会新报》完全不同。第一，《万国公报》关注时事新闻，设"京报全"（后改为"京报选录"与"各国近事"）、"电报近事"及"政事"等栏目，刊登过《大中国事》《大美国事》《开平矿务总局开办规条及煤矿章程》等文章。第二，《万国公报》关注西学的传播和相关文献的译述，认为"格致一门尽人所宜所求，亦今日所为急务者也"，先后刊登了林乐知和有关学者撰写或译述的《地理说略》《光热电气新学考》《月地远近解》等科技类文章。《万国公报》还关注中国时局，刊登政论文章，宣扬西方民主制度，宣扬变法图强，先后刊登《中西时局论》《强国利民略论》等文。第三，宗教信息。《万国公报》并没有完全放弃传教的根本目的，依然刊登了部分宣扬基督教教义的文章，包括《传道三要》《耶稣复活之据》等。第四，其他文章，包括寓言、喻言、杂言、诗词、告白等，如《曹子渔寓言四则》《忠亲王劝孝文一则》《农夫遗训》《汉口竹枝词》《美华书馆告白》等。可见，虽然《万国公报》没有完全放弃传教的根本宗旨，但传教内容已经失去了主导地位，取而代之的是与中国政局相关的政论文章与西学文章，这也标志着《万国公报》的世俗化转型的完成。

### （三）人员组成

报刊团队人员组成的变化也能够反映报刊性质和宗旨的变化。报刊内部工作人员的身份、宗教信仰能够影响其撰写和刊定文章的内容，内容聚集起来最终能够决定报刊的走向。《中国教会新报》与《教会新报》时期，林乐知出任报纸主创及主编，负责报纸主要文章的撰写、刊定工作，报纸的主要文章均出自林乐知笔下，而另一部分文章则主要来自"教友"撰文投稿。[①] 这一时期，基督教徒占主创人员的绝大多数，报纸的宗教性明显。而易名《万国公报》后，在主创人员的组成上，为了扩大传播范围、迎合读者需求，开始采用本土报刊代理人进行辅助编辑工作，沈毓佳、蔡尔康、任廷旭等人均担任过《万国公报》的编辑。此外，为了更好地与中国编辑合作，让报纸在中国市场流行起来，《万国公报》采用编写合作模式，"将所欲译者，西人先熟览胸中而书理已明，则与华士同译，乃以西书之义，逐句读成华文，华士以笔述之；若有难言处，则与华人斟酌何法可明；若华人有不明处，则讲明之。译后，华士将初稿改正，令合于中国文法"[②]。这充分说明中国编辑已经积极参与《万国公报》的编订工作与新闻撰写工作，并发挥了重要作用。

### （四）编写策略

新闻编写策略的转变同样能够体现报刊性质的变化。《中国教会新报》

---

① 陈绛：《林乐知与〈中国教会新报〉》，《历史研究》1986 年第 4 期，第 96 页。
② 杨代春：《华人编辑与〈万国公报〉》，《湖南大学学报》2008 年第 6 期，第 25 页。

刊登了大量教会信息文章，但这些文章往往采用直接阐释的方法，将《圣经》中的故事或基督教思想直接转换成中文展现给读者。而《万国公报》时期，林乐知总结自身在华经验，充分利用自己在华多年获得的东方与西方双重文化身份，提出"中西并重说"，放弃直接阐释的方法，而是借用中国典故或历史名人，在其思想的基础上添加基督教教义和思想，助力基督教传播。

## 三 《万国公报》世俗化转型的意义

为了迎合中国市场，从根本上改变中国对基督教的态度，扫清基督教传教的障碍。《万国公报》在宗旨、内容、人员组成以及编写策略上均做出极大改变，实现世俗化转型。尽管转型后的《万国公报》并没有完全否认或偏离传教的根本目的，但已经成为真正的世俗化报纸，并且正是由于世俗化的过程，《万国公报》在中国名气大增，拥有巨大的社会影响力，成为传教士报刊的代表。更重要的是，转型后的《万国公报》顺应当时中国救亡图存的历史趋势，凭借自身优势和转型后获得的独特定位积极参与中国社会的大变革运动，产生了难以磨灭的历史影响，具体表现在对在华外国人的示范作用与对中国人的启蒙。

### （一）世俗化改革对在华传教士的作用

《万国公报》转型的成功为在华外国人提供了重要借鉴，具有极为重要的历史示范作用，具体包括在华传教与创报两个方面。

《万国公报》的世俗化转型首先为在华传教士的传教工作提供了借鉴。明清时期以来，西方传教士陆续抵达中国，希望在中国这片古老的土地上宣传基督教，扩大基督教的影响。鸦片战争后，来华传教士陡然增多，他们利用不平等条约的各种条款在中国肆意传教，但是中国传统文化土壤以及身份地位的差异令其传教极为受限，基督教非但没有在中国大范围传播，反而随着中华民族危机的加深遭到统治阶级和平民百姓的共同抵制。《万国公报》采用"孔子加耶稣"的方式，以中国传统文化为基础，探索传统儒家文化与基督教思想的共通之处，两方叠加，共同促进，从而减少中国人对基督教的抵制和敌对情绪，助力基督教思想在中国传播和流通。同时，《万国公报》大量刊登西方科技、文学、社会的相关新闻与文章，目的在于让中国人看到西方的先进之处，并引导中国人将这种先进与西方的宗教信仰结合起来，以帮助基督教的传播，这也成为后续在华传教士报刊的重要借鉴。

《万国公报》作为在华外报的领头羊，更为外国人在华创报提供了重要示范。首先，《万国公报》大量任用中国编辑，利用他们对于中国人的思维意识、文化等实际情况的了解，编写中国读者认可度与接受度高的文章，促进报纸的流通，增强其影响力。其次，《万国公报》积极联络中国上层社会，利用几千年来形成的上传下达的传统，与乡绅阶级和文人合作，利用他们在社会上的影响力改变普通民众的认知，增加读者的涵盖范围和报纸的传播纵深。最后，《万国公报》充分利用中国"天下兴亡，匹夫有责"的强大国家和民族使命感，报纸内容指向政治与社会，探讨中国实际问题，探索解决方案，从而获得更高的关注度和认可度。

（二）世俗化对中国社会的启蒙意义

《万国公报》之所以能成为在华外报的领头羊，在于它在中国有极为重要的历史意义，更在于其对中国社会和中国人产生的重要启蒙作用。《万国公报》的转型时期正值中国近代化的开端时期，列强以坚船利炮强行打开中国大门，使中国从"天朝上国"的美梦中苏醒过来，并发现自己与西方近代社会之间的巨大差距，因此，仁人志士为了挽救"国家民族于危难"纷纷开始探求"救亡图存之路"。《万国公报》顺应了这一历史趋势，刊登了大量社会文章，让中国文人能够通过报刊文章与西方工业和民主社会进行对接，从中学习西方社会的精髓，思考本国变革复兴之路，由此也促成了《万国公报》的畅销。《万国公报》的启蒙意义主要体现在政治、教育、科技、思想四个方面。

政治方面，《万国公报》改名之时正值鸦片战争中国战败，中国签署了历史上第一个不平等条约，随后列强纷纷介入，民族危机成为当时的时代主题，中外民族矛盾也成为历史焦点。尤其在甲午中日战争后，中外民族矛盾进一步加深，文人阶级受到极大触动，纷纷探讨救亡图存新途径，将重点从"科技"转移至"政治制度"上，主张学习西方民主制度。《万国公报》顺应了这一思想趋势，先后刊登《环游地球略述》《译民主国与各国章程及公议解》《泰西新政备考》《中东战纪本末》等文章，详细介绍西方的民主制度与文化，更为变法提供了极为具体和细致的建议。[①] 这令"以康有为、梁启超为代表的士大夫知识分子深受启发，掀起了维新风气，促进了改良派维新思想的产生"，为戊戌变法提供了重要借鉴，"促进了中国的政治改革"。[②]

教育方面，林乐知本人十分注重教育，他拥有的在华教育的丰富经验令其意识到，要改变中国人的精神世界，使其真正走进基督教世界、认可基督教的教义，最根本的就在于教育。通过教育，可以让中国人从源头接触西方文化与基督教的基本教义和信条，以此为突破口改变中国人传统的认知思维和文化结构，同时，教育的影响还具备长期性和根本性，受到这种教育的年轻人可以成为社会中坚力量，继续影响更大范围的人，随着影响范围的不断扩大，就可以破除中国传统文化对于西方宗教的壁垒，能够减少基督教在华传播的障碍。

因此，林乐知积极办学，强调通过教育的手段改变中国积贫积弱的落后面貌，同时也想以教育为手段将中国彻底纳入西方基督教世界。为此，林乐知不断在《万国公报》等报刊上发文宣传教育的作用和欧美进步教育思想。如林乐知在《泰西诸国校塾》中就"明确指出了教育的重要性，认为教育既关系着国家的成败，又关系着人的发展"[③]。同时他还身体力行，于1881年与在华传教士狄考文、李佳白、丁韪良等人创办"中西书院"[④]，

---

① 汤志钧：《戊戌变法史》，上海社会科学院出版社，2003，第611页。
② 刘兴豪：《报刊舆论与近代中国政治——从维新变法说起》，中央编译出版社，2011，第80页。
③ 杨代春：《〈万国公报〉与西方近代教育制度及教育理论在华的传播》，《大学教育科学》2004年第1期，第80页。
④ 杨代春：《〈万国公报〉与西方近代教育制度及教育理论在华的传播》，《大学教育科学》2004年第1期，第80页。

建立新式教育制度，培养了一批精通中西文化的人才。林乐知的行为虽然旨在传播基督教，将中国置于基督教的"教导和权威之下"，但抛开宗教因素，这也对近代中国社会有重要的示范引导作用和历史影响，改变了中国人的精神世界和教育理念，为中国社会的进步奠定了一定的基础。

同时以《万国公报》为首的报刊世俗化转型培育了大量本土优秀报业人才，它将西方的先进办报理念和规程制度引进中国，极大促进了中国近代报刊事业、出版业和新闻学的发展。湛约翰（John Chalmers）于 1865 年发行的《中外新闻七日录》以刊载中外新闻、介绍西方科学知识为主，同时也刊载相关评论，他认为新闻报道必须真实准确，评论必须客观公正。这些理论对于王韬、郑观应等早期维新派和康有为、梁启超等人办报有深远影响，孕育了维新派的治国理念和变法内容，康有为创办强学会后便将首个机关报命名为《万国公报》，提出办报立言的主张，将报刊作为宣扬维新变法的重要媒介，并称赞"信仰维新主要归功于两位传教士林乐知牧师和李提摩太牧师的著作"①。许多新型知识分子也纷纷效仿报刊的传媒形式，发行新式书报，促进新知识的广泛传播。

科学方面，易名《万国公报》后，该报热衷刊登西学相关文章，介绍西方先进的科学技术。这些文章虽然并不详细，其目的也并非启迪中国完成工业化和开启科学思维，但"这些西学的传播对晚清中国社会构成了重要的影响"②，让中国人看到了西方科学进步的具体方面和科学研究的前沿，刺激国人进行科学探索。另外，大量刊发科学文章有利于国人形成相对完整的科学意识和思维体系，"帮助中国人民扩大知识面并使他们的世界观走向现代化"③。

思想方面，《万国公报》的世俗化改造还在思想层面影响了读者。在华传教士通过"知识传教"的理念和"以学辅教，以政论教"的目的，在报刊上对西方社会科学和先进技术进行宣传，希望使中国人意识到西方文

① 赖光临：《中国近代报人与报业》，台北：台湾商务印书馆，1980，第 92 页。
② 杨代春：《〈万国公报〉与晚清中西文化交流》，湖南人民出版社，2002，第 229 页。
③ 林语堂：《中国新闻舆论史》，王海、何洪亮主译，王海、刘家林校，中国人民大学出版社，2008，第 74 页。

明的先进性，进而接受基督教教义。同时期的《格致汇编》和《遐迩贯珍》也大篇幅刊载西学内容，对中国人了解世界、了解近代政治科学文化起到了一定的积极作用。这些刊物在一定程度上打破了中国人对儒学经典的盲目崇拜，冲破封建守旧思想的束缚，促进先进知识分子和开明绅士进行政治和经济改革。

《万国公报》的思想解放作用还体现在妇女问题上。《万国公报》通过宣传西方自然科学知识，"批驳中国缠足陋习"①，同时林乐知对天足会的报道和支持也促进了当时社会不缠足运动的发展。在讨论妇女问题时，《万国公报》通过报道西方国家妇女生存状况，突出中西妇女地位的强烈反差对比。《万国公报》希望通过解放妇女为基督教在华发展服务，虽然对西方妇女状况的描述有夸张成分，但它将妇女解放与民族存亡相联系，在一定程度上激发了社会对于中国妇女翻身解放的迫切诉求。《万国公报》也成为当时社会宣传妇女解放的最有效的媒介。

## 结　语

林乐知作为来华传教士，以传播基督教思想为己任，积极在华办报宣传基督教思想，但其创办的宗教性报纸由于中国传统文化对基督教思想的抵制屡屡受限，报纸发行量小，影响极为有限，根本无法达成传教的目的。鉴于此，林乐知采取相关措施，促成报纸在办报宗旨、报纸内容、人员组成和编写策略等方面的世俗化转型。转型后的报纸影响力大增，这种成功也给在华外国人起到重要示范作用，为在华外报的发展开辟了有效的道路。另外，《万国公报》的转型顺应了历史发展的趋势，为中国文人提供了社会改革和思想解放的重要武器，推动了中国社会变革和社会发展，具有启蒙作用。

---

① 黎妮晓宇：《〈万国公报〉对近代中国妇女解放的贡献》，《新闻爱好者》2010 年第 10 期，第 115 页。

全球史（第3辑）

# 译 文

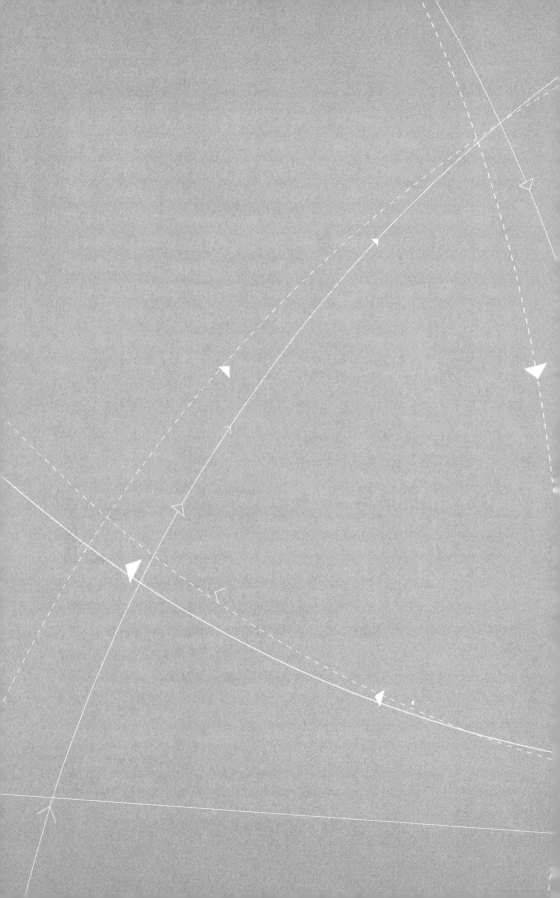

# 锅匠、裁缝、学者、间谍：尉迟酣、佛教和冷战<sup>*</sup>

〔美〕芮哲（Justin Ritzinger）<sup>**</sup> 著

王 佳<sup>***</sup> 译

**摘 要** 本文通过档案研究和口述历史考察尉迟酣（1921～1981）的职业生涯。尉迟酣是佛教研究的顶尖人物，他的"中国现代佛教三部曲"几十年来一直是现代佛教研究主题的权威著作，至今仍是佛教研究的一座里程碑。在很多方面，尉迟酣走在了时代的前列。然而，一项有关尉迟酣论文的研究清楚地表明，他的著述只有结合冷战背景才能被充分理解，因为它们不仅受到美国反共斗争的影响，也为美国反共斗争服务。尉迟酣在哈佛大学任教的职级比他后来在香港曾担任的政治官员职位低。他在哈佛大学获得了硕士学位后继续从事写作和顾问工作，为冷战目标服务，一直到20世纪70年代初。在他的工作和事业中，学术与政治二者交织在一起，生成佛教研究与冷战的"隐性的记录"，这值得进一步研究。

**关键词** 尉迟酣 冷战 世界佛教徒联谊会 亚洲基金会 佛教研究

尉迟酣（Holmes Welch）是中国现代佛教研究中的一位卓越人物。在20世纪90年代末这一研究领域重兴之前，他的"三部曲"——《中国佛教的

---

* 本文原文为 Justin Ritzinger, "Tinker, Tailor, Scholar, Spy: Holmes Welch, Buddhism, and the Cold War", *Journal of Global Buddhism*, Vol. 22, No. 2, 2021, pp. 421 – 441。为了行文统一，原文的夹注一律改为页下注。

** 芮哲（Justin Ritzinger），美国迈阿密大学宗教研究系副教授。

*** 王佳，黑龙江省社会科学院民族研究所研究员、宗教研究室副主任。

实践》（*The Practice of Chinese Buddhism*，*1900 – 1950*）①、《中国佛教的复兴》（*The Buddhist Revival in China*）② 和《毛泽东时代的佛教》（*Buddhism under Mao*）③ 不仅是这一领域的研究定论，而且成为"绝响"。即使在今天，各种专著、文章和论文不断增多，他的作品仍然是一座重要的里程碑。正如现代佛教研究领域的一位学者所说："每当你开始一项有关现代中国佛教的新课题时，你要做的第一件事就是翻阅尉迟酺的书，你可能找到不止一个脚注可以用于自己的主题。"④ 但是，引人注目的不仅仅是尉迟酺的研究视野，而是这些作品超前于时代。在 20 世纪 60 年代，当中国仅有的佛教学术研究都在围绕中古时期传统"黄金时代"教义历史和文本分析之际，⑤ 尉迟酺却通过大量的口述采访和期刊资料描绘出佛教具体的社会实践及其在 20 世纪的诸多转变。当新兴的宗教研究领域聚焦于"经验"但忽视"经验者"之时，尉迟酺对禅定及其境界提供了一个引人瞩目的非神秘性的阐释。在"文化转向"的几十年前，当铃木大拙将禅的反传统特质置于最高地位之时，尉迟酺却意识到诸如施食饿鬼、禅净双修等实践的重要性。⑥

　　因此，他的著作成为美国宗教学会 2014 年至 2018 年一个为期五年的研讨会的焦点。⑦ 这次研讨会代表了一次集体尝试，旨在总结尉迟酺的学

---

① Holmes Welch, *The Practice of Chinese Buddhism*, *1900 – 1950*, Cambridge, Mass.: Harvard University Press, 1968.

② Holmes Welch, *The Buddhist Revival in China*, Cambridge, Mass.: Harvard University Press, 1968.

③ Holmes Welch, *Buddhism under Mao*, Cambridge, Mass.: Harvard University Press, 1972.

④ Gregory Adam Scott, "Buddhist Building and Buddhist Revival in the Work of Holmes Welch", *Studies in Chinese Religions*, Vol. 3, No. 3 (2017), p. 197.

⑤ 例如：Arthur Wright, *Buddhism in Chinese History*, Stanford, CA: Stanford University Press, 1959; Ch'en, Kenneth K. S., *Buddhism in China: A Historical Survey*, Princeton, NJ: Princeton University Press, 1964; Richard H. Robinson, *Early Mādhyamika in India and China*, Madison: University of Wisconsin Press, 1967。

⑥ Brian J. Nichols, "Taking Welch and The Practice of Chinese Buddhism into the 21st Century", *Studies in Chinese Religions*, Vol. 3, No. 3 (2017), p. 272.

⑦ 这篇论文的初稿最初是在研讨会的最后一年提交的。我要感谢会议的组织者格里高利·亚当·斯科特（Gregory Adam Scott）和艾瑞克·哈默斯特伦（Eric Hammerstrom），以及各位评委的付出。如果没有这个平台，我可能永远也不会从事这项研究。斯科特（Scott）、史芬妮（Travagnin）、吴薇（Wu Wei）、席克坦茨（Schicketanz）在会上发表的论文，后来刊登在《中国宗教研究》（*Studies in Chinese Religions*）2017 年专辑上。

术遗产，确定其局限性和不足，并为超越其研究视野而绘制新的蓝图。简言之，这是由我们自己的历史际遇和专业背景推动的。这是非常困难的事业。然而，要理解尉迟酣的学术成就，我们必须从他的角度而不是用我们的语境来考察他。尉迟酣的大部分学术生涯都在哈佛大学的两个机构——世界宗教研究中心（Center for the Study of World Religions，CSWR）和东亚研究中心（East Asia Reserch Center，EARC），也是现在的费正清中心（Fairbank Center）的前身——从事宗教研究和区域研究这两种不同的新兴领域。虽然我们通过宗教研究来了解他的学术遗产，但我们必须通过区域研究来了解他和他的工作。

区域研究在20世纪50~60年代是典型的冷战学科。它源于第二次世界大战时期的情报实践，试图了解共产主义的国家并进行防范。它将社会科学的研究方法应用于世界各地的人文学科，并由美国政府提供大量公开和隐秘的资金。① 尉迟酣必须被置于冷战和区域研究的背景下观察，这不难理解。尉迟酣的硕士学位毕竟是中国区域研究，几乎不需要一个侦探就能发现其"三部曲"与冷战的牵涉，至少在一定程度上是这样。

本文将以尉迟酣在20世纪50年代末至60年代的职业和学术活动为切入点。这一研究领域的许多人都熟知以下叙述的部分内容，并暗自猜测其余的部分，但是，很少有人会意识到冷战究竟在他的佛教研究中扮演了怎样的角色。事实上，为了充分理解他的学术成果，我们必须扭转一对关系，即不仅将他的学术研究视为冷战的产物，而且视之为冷战中采取的行动。虽然尉迟酣可能并不如一位学者所描述的那样是一名真正的"间谍"，但他在20世纪60年代末肯定是一名"准间谍"，他那些面向非学术群体受众的文章可被视为政治宣传，但不是那种扭曲意义上的宣传，而是服务

---

① Immanuel Wallerstein, "The Unintended Consequences of Cold War Area Studies", in *The Cold War & the University: Toward an Intellectual History of the Postwar Years*, edited by Noam Chomsky, New York: New Press, 1997, pp. 195 – 209. Bruce Cumings, "Boundary Displacement: Area Studies and International Studies during and after the Cold War", *Bulletin of Concerned Asian Scholars* 29, 1997 (1): 6 – 26.

于政治目标的资讯传播。①

　　因此，本文对冷战与宗教研究有所贡献。这种意识形态冲突下文化维度的重要性早已得到承认，从 20 世纪 90 年代以来，大量的研究将宗教角色及其影响作为研究对象。② 然而，这些研究主要集中在西方。这里，我转向了亚洲最近的文化冷战研究。③ 而且，本文补充了尤金·福特（Eugene Ford）④、帕特里斯·拉维格（Patrice Ladwig）⑤ 和劳拉·哈林顿（Laura Harrington）⑥ 等学者的工作，他们已经开始挖掘美国政府在冷战高峰时期对亚洲佛教的干预；并且，本文以中国为中心，伏笔于这些学者的阐释背景之中。此外，在这一领域的边缘，本文尝试对劳拉·哈林顿提出的要对美国佛教研究与冷战的关系进行学科史的检视⑦进行初步回应。这

① 正如马克（Mark）指出的，"冷战期间，'情报''信息政策'和'宣传'之间的界限非常模糊"。这里要讨论的那种服务于冷战目的的著述就构成"情报"，其明确目的是"赢得人心"，或者至少是拒斥共产主义集团。情报的背后，都有美国政府暗中活动。（Mark, Chi - Kwan, *Hong Kong and the Cold War: Anglo - American Relations 1949 - 1957*, Oxford; New York: Clarendon; Oxford University Press, 2004, p. 194, n67）那时，参与其中的一位人士研究了这些"出版后可以'启发'社会大众"的文章。（Larry Forman, "Buddhist Sourcebook: Holmes Welch's Memo to Dr. Reischauer", December 27, 1967, box 10, folder 6 - 7, The Holmes Welch Collection, University of Wisconsin Madison）本文引用的所有档案均来源于此。

② James C. Wallace, "A Religious War? The Cold War and Religion", *Journal of Cold War Studies*, 2013, 15 (3): 162 - 180. 最近的例子，参见 T. Jeremy Gunn, *Spiritual Weapons: The Cold War and the Forging of an American National Religion*. Westport, Conn: Praeger Publishers, 2009; Philip E. Muehlenbeck (ed.), *Religion and the Cold War: A Global Perspective*, Nashville: Vanderbilt University Press, 2012; Dianne Kirby, "The Cold War and American Religion", in *Oxford Research Encyclopedia of Religion*, Oxford University Press, 2017。

③ Michael Szonyi and Hong Liu, "New Approaches to the Study of the Cold War in Asia", edited by Zheng Yangwen, Hong Liu and Michael Szonyi, *The Cold War in Asia: The Battle for Hearts and Minds*, Leiden: Brill Press, 2010.

④ Eugene Ford, *Cold War Monks: Buddhism and America's Secret Strategy in Southeast Asia*, New Haven, Connecticut: Yale University Press, 2017.

⑤ Patrice Ladwig, "'Special Operation Pagoda': Buddhism, Covert Operations, and the Politics of Religious Subversion in Cold - War Laos (1957 - 1960)", in *Changing Lives in Laos: Society, Politics, and Culture in a Post - Socialist State*, edited by Vanina Bouté and Vatthana Pholsena, Singapore: NUS Press, 2017, pp. 81 - 108.

⑥ Laura Harrington, "The Greatest Movie Never Made: The Life of the Buddha as Cold War Politics", *Religion and American Culture*, 2020, 30 (3): 397 - 425.

⑦ Laura Harrington, "The Greatest Movie Never Made: The Life of the Buddha as Cold War Politics", *Religion and American Culture*, 2020, 30 (3): 397 - 425, 416 - 417.

篇论文就是对尉迟酺这位颇具影响力的学者进行个案研究，他不仅留下了大量的著作，还留下了个人及专业论文等众多公开档案，他的成年子女和朋友也提供了很多口述史材料。

## 一 "相互促进"：外交工作与尉迟酺学术生涯的形成 （1958～1960 年）

　　尉迟酺 1921 年出生于波士顿一个富有教养的旧式家庭，[①] 他是一个才华横溢但又顽皮的孩子。尉迟酺在安杜佛接受高等教育，硕士在布鲁克斯学校（Brooks School），它是格罗顿学校（Groton School）的分支，其间他一直是优秀的学生。他的年轻校友、后来在宗教研究领域的同事巴德韦尔·史密斯（Bardwell Smith）评价他是"知识界和学术界的明星"。他的名字被装嵌在一块木制匾额上，悬挂在餐厅里，以纪念获得最高奖学金（相当于优等成绩）的学生，供所有人观看。[②] 1938 年毕业后，他进入了哈佛大学，在那里学习了一门包括俄语在内的专门语言课程，在这方面他颇有天赋。[③] 第二次世界大战中断了他的学习，但这种专业训练使他在美国国务院担任欧洲事务办公室俄罗斯地区的部门助理。他抵触共产主义即始于这一时期，甚至更早。他后来宣称，他曾试图以某种不确定的方式从事"损害苏联的利益"的活动，但这种行为没有受到政府的重视。[④]

　　二战结束后，尉迟酺重返私人生活。他娶了一位波兰贵族外交官的女儿，她家的财产在第一次世界大战结束时因波兰遭俄军侵略而被侵吞。他的孩子们认为，尉迟酺由于担心苏联发展核武器，于 1947 年将全家从波士顿搬到佛蒙特州。尉迟酺认为，假如美国城市遭到核弹袭击，佛蒙特州会

---

① 这个家族的财富来自 Welch & Forbes 公司（原名 Sawyer & Welch 公司），管理着波士顿有钱人的财富，并通过一个跨越世代的信托基金永久延续。2017 年 11 月 9 日，采访尉迟酺的儿子纳撒尼尔·韦尔奇（Nathaniel Welch）和女儿芭芭拉·奥洛夫斯基（Barbara Orlovsky，又名 neé Welch）。

② 2017 年 10 月 5 日，采访巴德韦尔·史密斯。

③ Holmes Welch, Holmes Welch transcript, March 14, 1955, box 1, folder 2 - 1.

④ Holmes Welch, Letter to Alexander Solzhenitsyn, June 15, 1978.

相对安全，不会受到放射性余波的影响。他们在佛蒙特州斯托镇安顿下来，他在山路上创办了一家公司，为来这度假的滑雪者提供服务，并接待移居该地区的中欧和波士顿富人。不幸的是，这里竟然连续三年没有下雪。由于冬季没有游客，"斯托中心"（Stowe Center）① 失败了。尉迟酣不仅损失了自己的金钱，还损失了亲朋好友和合伙人的项目投资。受此重创，他精神崩溃，转而从事奶牛养殖，他严谨而注重细节的性格让他终获成功。②

哈里·伯纳姆（Harry Burnham）是尉迟酣在布鲁克斯学校和哈佛大学的一位同学兼好友，他为了帮助尉迟酣从严重的双相情感障碍中恢复、找到正确的生活方向，于1952年搬到尉迟酣家附近。哈里·伯纳姆向他介绍了《道德经》，这是改变他一生的书。③ 尉迟酣小时候就接触过中国诗歌，④ 他开始认真学习古汉语，致力于中国研究。⑤ 他最初是跟达特茅斯学院（Dartmouth College）的一位教授学习，继而在哈佛大学深造。1954年秋天，他在哈佛大学获得文学学士学位，随即参与到新的硕士项目中国区域研究，⑥ 并于1956年毕业。在那里，他第一次遇到了哈佛大学的"中国研究之父"费正清。费正清曾为美国战略服务办公室（战时情报局）在中国服役，他是尉迟酣之后学术生涯的资助者。从始至终，尉迟酣都在全力

---

① 这个建筑群包括电影院、餐厅、溜冰场、保龄球馆和滑雪场。

② 他自己做了很多挤奶、制草和制糖的工作。

③ 2017年11月9日，采访纳撒尼尔·韦尔奇和芭芭拉·奥洛夫斯基。

④ Holmes Welch, *The End of Religion*, unpublished manuscript, 22, c. 1978, box 6, folder 5 – 2 – 25.

⑤ 也许是在这个时候，他获得了自己论文中的中文署名"尉迟酣"。

⑥ "虽然目前还不清楚这个项目的资金来自哪里"，但似乎不是美国政府。费正清中国研究中心主任宋怡明（Michael Szonyi）教授提供，私人通信，2021年11月2日。"这个项目成立于1946年"，早于1947年冷战爆发和1949年中国国民党政府垮台。Ronald Suleski, *The Fairbank Center for East Asian Research at Harvard University: A Fifty Year History, 1955 – 2005*, Cambridge, Mass.: John K. Fairbank Center for East Asian Research, Harvard University, 2005. 根据林德贝克（Lindbeck）的说法，直到1955年福特基金会（Ford Foundation）参与美国中央情报局的活动时，哈佛大学才从福特基金会获得一笔资助。不过，1956年至1957年，福特基金会确实向哈佛大学的学生提供了1.5万美元的助学金。如果尉迟酣本人不是直接受益者（没有迹象表明他是），至少他所处的环境开始受到冷战期间资助关系的影响。John M. H. Lindbeck, *Understanding China: An Assessment of American Scholarly Resources*, New York: Praeger Publishers, 1971, p. 141.

修订自己的第一部著作《道教：分离之路》（*Taoism: The Parting of the Way*）①，该书于 1957 年首次出版。②

尉迟酣卖掉了自己的农场，以硕士学历回到政府部门工作。他进入美国驻外事务处，被派驻到香港，一直到 1961 年 1 月 31 日。③ 香港的美国领事馆据说是当时全世界最大的美国领事馆，其工作人员数量之多，与在港美国人的数量几乎不成比例。这些工作人员致力于完成收集情报与宣传的双重任务。香港毗邻内地边界，尽管香港当局是中立的，但在情报搜集和整合方面有着至关重要的作用。这些情报大多是非公开的。工作人员会仔细阅读来自大陆的报纸和期刊，采访难民，试图了解中国政治、社会和军事发展。香港也是美国面向中国及华侨的一个宣传中心。其中很多工作都是隐秘的，通过掩盖材料来源的印记和特殊渠道进行传播扩散。④

作为一名政治官员，尉迟酣积极努力投入到工作之中。他在香港的第一年就编辑了《中国大陆媒体的调查》（*Survey of the China Mainland Press*）⑤。1962 年，在这段工作结束后不久，他在哈珀（Harper）出版社出版了《一名美国驻外事务处官员的真实生活》（*The Real Life of a Foreign Service Officer*），该书揭露和批评了美国驻外事务处。我们从中可以简单勾勒出他的日常活动。在这部书中，尉迟酣几乎毫不掩饰地讲述了自己的日

---

① Holmes Welch, *Taoism: The Parting of the Way*, Boston: Beacon Press: Home Page, 1965.

② Holmes Welch, *Taoism: The Parting of the Way*, Boston: Beacon Press, 1957. 2017 年 11 月 9 日，采访纳撒尼尔·韦尔奇和芭芭拉·奥洛夫斯基。

③ Holmes Welch, Letter to Joseph M. Kitagawa, January 11, 1961. 亦可参见 John K. Fairbank, "Holmes Hinkley Welch (1924–1981)", *Journal of Asian Studies*, 1981, 40 (4): 864。

④ Johannes R. Lombardo, "A Mission of Espionage, Intelligence, and Psychological Operations: The American Consulate in Hong Kong, 1949–1964", in Richard J. Aldrich, Gary D. Rawnsley and Ming–Yeh T. Rawnsley (eds.), *The Clandestine Cold War in Asia, 1945–1965: Western Intelligence, Propaganda, and Special Operations*, London/Portland, OR: Frank Cass, 2000, pp. 64–81; Xun Lu, "The American Cold War in Hong Kong, 1949–1960: Intelligence and Propaganda", in Priscilla Roberts and John M. Carroll (eds.), *Hong Kong in the Cold War*, Hong Kong: Hong Kong University Press, 2016, pp. 117–140; Priscilla Roberts, "Cold War Hong Kong: Juggling Opposing Forces and Identities", in Priscilla Roberts and John M. Carroll (eds.), *Hong Kong in the Cold War*, Hong Kong: Hong Kong University Press, 2016, pp. 26–59.

⑤ Holmes Welch, Letter to the editor of Worldview, no date, box 6, folder 5–2–69.

常生活。他写道："我工作之一是收集那些被分配给自己的国家的各种信息。"每天从 8：30 的语言课程开始，在开始真正的工作之前要整理一个857 页约 40 万字的收件箱。尉迟酷特别强调这是真实的数字。这些内容包括中国大陆报纸文章的翻译，以及同事们源源不断的便笺和信件。他根据这些资料撰写自己的报道。尽管处理文件已经占据了他绝大部分时间，他还被安排了搜集资讯的任务，通过与人交谈来直接获取信息资料，无论是"一个学生社团的秘书"①，还是午餐或鸡尾酒会上的其他使馆同事，都可能分享信息或谣言。②

这种不断消化、理解和整合信息的经历与尉迟酷在研究生院枯燥的生活有点相似，他每天工作到头昏眼花。我们甚至会觉得，尉迟酷像在香港的美国领事馆读博，尽管他从未攻读博士。他在这里运用相同的研究方法和资料磨炼了自己的专业知识，这些方法和材料也构成了他"三部曲"的核心，即访谈和期刊。此外，我们还可以推断，这种磨炼使他熟悉各种相关的信息。在冷战中，对一名外交官员来说，哪些才是最为重要的呢？人、货币、意识形态与制度。我们在"三部曲"中看到，尉迟酷聚焦的基本对象也大致相同。

而且，不仅他的研究技能和选题在这次外交工作中被塑造，他的相关专业知识也源于这份工作。据他后来在申请拨款的个人简历中所说："在（任职期间）后三年参与了领事馆关于中国政治和社会发展各个方面的新闻报道，而且对少数民族、与邻国的关系和非基督教宗教等负有特殊职责。这需要定期用中文采访。"③ 虽然尉迟酷已经写过道教方面的论文，但他在香港时期对佛教仍是知之甚少。他自己承认，他的佛教专业知识仅限于 1955 年旁听的一门有关中国佛教历史的简单课程。尉迟酷在香港的美国

---

① Holmes Welch, "The Real Life of a Foreign Service Officer", *Harper's Magazine*, March 1962.

② 尉迟酷的论文包括一些对谈的信件，其中包括与英国的中国科学史学家约瑟夫·李约瑟（Joseph Needham）的对谈。Holmes Welch, "Memo of Conversation: Joseph Needham", August 15, 1958, box 3, folder 3–42.

③ Ezra F. Vogel, Chinese Personality Project – Department of Health, Education and Welfare grant application, January 27, 1967, box 5, folder 5–1–5. Hereafter: Chinese Personality Project.

领事馆的一位老同事用中文辅导他，并介绍他认识佛教僧侣。① 1958 年，他开始研究佛教时，他觉得有必要寻求翻译的帮助。②

因此，毫不奇怪，他的作品中基本没有关于 20 世纪 60 年代佛教研究的任何学术假设。他也没有接受过相关专业的学术训练。20 世纪 50 年代，美国没有任何佛教方面的专业辅导。因此，当美国麦迪逊的第一个佛教项目的创始人理查德·罗宾逊（Richard Robinson）还在伦敦大学亚非学院（School of Oriental and African Studies，SOAS）读书深造的时候，尉迟酣也已经在美国驻香港领事馆学习各项技能。正是美国政府方面的工作要求使他开始研究佛教主题，而他的职业素养也教会了他如何研究佛教，并为他提供了各种所需资料：《中国大陆报刊调查》（*Survey of the China Mainland Press*）、《当前背景》（*Current Background*）、《中国大陆杂志文摘》（*Extracts from the China Mainland Magazines*）、联合出版物研究服务（Joint Publications Research Service）、联合研究服务（Union Research Service）、中国新闻分析（China News Analysis）、中国大陆大系（China Mainland Series）等的译本，以及未经翻译的共产主义出版物和"大量政府内部编制流通但非机密的报告，（尉迟酣）由于自身工作性质，能够收集到这些内容"③。他后来告诉费正清，这种背景虽然无助于佛教教义研究，却使他思考佛教"实践"研究。④

尉迟酣是在美国驻外事务处工作时开始了学术生涯的第一步。1958 年，他成为香港大学东方学系的研究员。1959 年，他帮助重建皇家亚洲学

---

① 2018 年 6 月 29 日，访谈于君方（Chün-fang Yü）。

② Holmes Welch, "Project：A Study of Non-Christian Religion in Communist China", April 15, 1960, p. 4, box 3, folder 3-48; Fung Yee Wang, Letter to Holmes Welch, March 2, 1958, box 3, folder 3-44; Woo Kee Cheong, Letter to Holmes Welch, March 3, 1958, box 3, folder 3-44; Huang Wen Cheng, Letter to Holmes Welch, March 5, 1958, box 3, folder 3-44; Yueng Ngai Hin, Letter to Holmes Welch, March 9, 1958, box 3, folder 3-44.

③ Holmes Welch, "Project：A Study of Non-Christian Religion in Communist China", box 3, folder 3-48.

④ "我相信，我只需要掌握有限的教义知识，用不了几年就可以对佛教实践的研究做出原创性的贡献。显然，一个佛学家去承担这个项目会更好，但他必须了解政治背景，拓展研究史料和资源，这两项工作都需要花些时间。尽管我承认自己并非这项工作的最理想人选，但是我想去做，并且已经准备好了。这件事应当完成。联合委员会让我来做，不比痴等他们的梦中情人更好吗？" Holmes Welch, Letter to John K. Fairbank, November 2, 1960, box 3, folder 3-47.

会（Royal Asiatic Society）的香港分会，就职于理事会和编辑委员会。其间，尉迟酺还写下了他人生的第一篇学术论文，发表了《张天师与中国道教》（The Chang T'ien - shih and Taoism in China）[1]、《香港和澳门的佛教组织》（Buddhist Organizations in Hong Kong and Macau）[2] 和《共产主义制度下的中国佛教》（Chinese Buddhism under the Communists）[3] 等论文。这些著述不仅与尉迟酺的官方工作相吻合，而且它们本就是其中的一部分内容。《香港和澳门的佛教组织》准确地收集了美国领事馆可能感兴趣的信息：僧伽组织、居士团体及其经济，以及与香港当局、对外交往和政治倾向的关系。[4] 事实上，这篇论文的导言部分是作为一份非机密但又正式的文件提交给美国有关部门的。[5] 我看到过这样的报道，他利用档案中的张天师资料收集到很多类型的信息，如宗教领袖的简介、台湾道教组织情况、1949 年以前的中国道教统计数据、台湾当局对道教的态度等，而官方禁止"一贯道"及其分支则好像是在有关香港佛教的文章中发现的，也被写进了美国领事馆档案。同样的，《共产主义制度下的中国佛教》虽然不是新闻报道，但它对佛教制度、意识形态、海外交往和统一战线策略的讨论无疑具有情报价值。此外，这篇论文是尉迟酺利用在美国领事馆获取的政府资料写成的，发表在《中国季刊》（China Quarterly）上[6]，其间还获得有美国中央情报局背景的文化自由大会（Congress of Cultural Freedom）的资助。[7]

1961 年 1 月，尉迟酺辞去了美国驻香港领事馆职务后，这种宗教研究和冷战政治活动相互交织的方式和比重发生变化。他继续进行研究，并且

[1] Holmes Welch, "The Chang T'ien Shih and Taoism in China", *Journal of Oriental Studies*, 1957 - 1958, 4 (1 - 2), pp. 188 - 212.

[2] Holmes Welch, "Buddhism under the Communists", *China Quarterly*, 1961, 1, pp. 1 - 14.

[3] Holmes Welch, "Buddhist Organizations in Hong Kong and Macau", *Journal of the Hong Kong Branch of the Royal Asiatic Society*, 1961, 1, pp. 98 - 114.

[4] Holmes Welch, "Buddhism under the Communists", *China Quarterly*, 1961, 1, pp. 1 - 14.

[5] Holmes Welch, Buddhist Organizations in Hong Kong and Macau, August 3, 1960, box 6, folder 5 - 2 - 32.

[6] Holmes Welch, "Buddhism under the Communists", *China Quarterly*, 1961, 1, pp. 1 - 14.

[7] 这份杂志是独立的，保持了较高的学术标准，但仍反映出美国中央情报局鼓励发表当代中国方面的论文。Richard Baum, *China Watcher: Confessions of a Peking Tom*, Seattle: University of Washington Press, 2013, p. 237.

获得对中联合委员会（Joint Committee on China）的一笔资助，这是美国社会科学研究委员会（Social Science Research Council）两年前设立的项目，福特基金会和美国中央情报局有时提供赞助。① 最初，这项研究是作为《共产主义中国的佛教》（*Buddhism in Communist China*）的一卷，原本是拟与约瑟夫·北川（Joseph Kitagawa）合著完成，但最终成为尉迟酤的"现代佛教三部曲"。② 虽然我们仍在探索这个项目的学术遗产，但尉迟酤本人其实并没有纯粹从学术角度去看待自己的研究与未来的职业生涯。他在1960年末写给费正清的一封信中指出，自己辞职在上司那里仅仅是一种敷衍客套的悲伤。他的上司说本来已经制订计划，下个月要将他派驻台湾。但是，尉迟酤表示："我不认为我是在放弃一项职业。相反，我认为我是在打击'大众化'，正如我（在《中国大陆出版调查》中）所说的那样，这是一种新的职业，一个人可以在公共服务和学术研究之间自由转换，每一个阶段都会促进另一阶段产生成果。我希望自己能以这种方式实现。"③

此外，我们在他向对中联合委员会提交的最初研究计划中发现了其选题缘由：他认为宗教是非常重要的研究对象，因为共产主义者试图创造出"向党交心"的"新人"。由于共产党员不信仰宗教，佛教徒身上能够提供一个有用的个案研究视角，来衡量共产党的这种努力是否取得成功。另外，佛教在对外关系中被用作"向海外统战的（工具）……既然如此，研究中国宗教的另一个目的，就是向需要的人提供事实真相"。例如通过澄清缅甸共产党政权对佛教的蹂躏的真相，使缅甸佛教徒坚强起来，进行抵御。"内在利益"被列在了最后。共产主义革命摧毁了一个旧世界，"在尚有资料遗存之时，应该立即努力收集一切可用的资料"④。因此，冷战利益在"现代佛教三部曲"中一开始就处于前沿和中心位置，并通过最终的形式明确反映出来。

---

① Bruce Cumings, "Boundary Displacement: Area Studies and International Studies during and after the Cold War", *Bulletin of Concerned Asian Scholars*, 29 (1), 1997, pp. 14 – 15.

② Holmes Welch and Joseph Kitagawa, correspondence, May 25, 1959 – August 7, 1961, box 11, folder 6 – 68. Holmes Welch, Letter to John K. Fairbank, December 17, 1960, box 3, folder 3 – 48.

③ Holmes Welch, Letter to John K. Fairbank, December 17, 1960, box 3, folder 3 – 48.

④ Holmes Welch, "Project: A Study of Non – Christian Religion in Communist China", April 15, 1960, box 3, folder 3 – 48.

《中国佛教的实践》呈现了宗教的基本状态。① 《中国佛教的复兴》说明现代性带来的变化。② 最后，《毛泽东时代的佛教》详细展示了尉迟酣清楚看到的现实情况：宗教受到了一定程度的影响。③ 并且，这些著作也面向亚洲佛教徒群体，试图让他们警惕贸然尝试现代性的后果，以及共产主义带来的潜在挑战。

## 二 反对共产主义：世界佛教徒联谊会（World Fellowship of Buddhists，WFB）与亚洲基金会（Asia Foundation）

尉迟酣对中国佛教的研究以及他在冷战中的政治参与持续了整个 20 世纪 60 年代。哈佛大学东亚研究中心是美国最早的区域研究中心之一。在尉迟酣以硕士学历返回哈佛大学就任东亚研究中心研究员之前，④ 他在 1961 年至 1964 年初期得到对中联合委员会的资助，一直在香港开展研究。多年后，他的职位和中心都被重新命名，但尉迟酣始终与东亚研究中心⑤保持联系，并以多种方式隶属于世界宗教研究中心，直到他去世。⑥ 然而，这些并不是他唯一的归属。尉迟酣在整个 20 世纪 60 年代与亚洲基金会关系

---

① Holmes Welch, *The Practice of Chinese Buddhism*, *1900 – 1950*, Cambridge, Mass.： Harvard University Press, 1967.

② Holmes Welch, *The Buddhist Revival in China*, Cambridge, Mass.： Harvard University Press, 1968.

③ Holmes Welch, *Buddhism under Mao*, Cambridge, Mass.： Harvard University Press, 1972.

④ "在他离开之前，他 1962 年将家人搬到了康科德"，芭芭拉·奥洛夫斯基的私人通信，2021 年 8 月 20 日。

⑤ 尉迟酣 1964 年至 1979 年担任东亚研究中心副研究员，此后担任长聘副研究员。

⑥ 尉迟酣于 1964～1965 年、1965～1966 年担任世界宗教研究中心副研究员，1966～1967 年获得学术假期（Letter from President and Fellows of Harvard College, April 6, 1964, box 4, folder 4 – 1；Letter from President and Fellows of Harvard College, November 1, 1965, box 4, folder 4 – 2；Letter from President and Fellows of Harvard College, May 16, 1966, box 4, folder 4 – 3）。随后，于 1967 年秋至 1969 年春被任命为威尔弗雷德·坎特威尔·史密斯（Wilfred Cantwell Smith）手下的非长聘副主任（Letter from President and Fellows of Harvard College, September 28, 1967, box 4, folder 4 – 4）。1969 年春，尉迟酣要代表世界宗教研究中心访问东亚，于是中断了这项工作，并为哈佛大学寻找比较宗教项目合格申请者（Holmes Welch, Work Report, August 5, 1969, box 4, folder 4 – 6）。从 1977 年开始，他再次回到世界宗教研究中心，担任编辑委员会成员，他可能一直担任这个职位到去世。

密切。亚洲基金会为他的工作提供了临时资金，他有时也给亚洲基金会担任顾问。

尽管亚洲基金会表面上是一个"非营利的、非政府组织"，但它实际上是属于美国中央情报局的秘密机构。它试图建立一个从日本延伸到阿富汗的"文明的弧线"。其前身自由亚洲委员会（Committee for a Free Asia），成立于 1951 年，1954 年改名为亚洲基金会。其总部位于旧金山，并在亚洲各地设有分支机构，致力于"提供美国私人援助的教育、发展、文化和公民等方面的项目……（目的是）鼓励在亚洲自由独立社会中的发展"和"在自由世界中，加强亚洲内部与西亚之间的关系"。① 亚洲基金会将宗教视为一种"文明力量"。出于自身社会力量，亚洲基金会向那些倡议支持公民和社会福利、扶持"自由政府"的亚洲宗教团体提供援助。② 这反映出冷战时期美国更广泛的意识形态立场，将宗教信仰作为抵御"共产主义无神论"的基本路线。③ 因此，从 20 世纪 50 年代中期开始，宗教就成为美国在亚洲地区宣传的重要组成部分。④

正如尤金·福特指出的，这一策略的一个关键成果是亚洲基金会与世界佛教徒联谊会的合作。世界佛教徒联谊会成立于 1950 年，由原锡兰佛教徒古纳帕拉·皮亚塞纳·马拉拉塞凯拉（Gunapala Piyasena Malalasekera，1899~1973）博士发起成立。这个组织"代表了战后佛教团结方面最重要的新制度"，是意识形态博弈的重要文化舞台。⑤ 出于这个原因，正如尤金·福特所展示的，亚洲基金会成为世界佛教徒联谊会的重要捐助者，承担代表参加国际会议的费用，并对其管理和活动提出建议。亚洲基金会试图加强

---

① "The Asia Foundation: Purposes, Activities, Organizations", 1964, box 10, folder 6 - 4.
② The Asia Foundation, "Policy Guidance No. 9 (Revised)", January 6, 1956, box 10, folder 6 - 2.
③ T. Jeremy Gunn, *Spiritual Weapons: The Cold War and the Forging of an American National Religion*, Westport, Conn: Praeger Publishers, 2009.
④ Marc Frey, "Tools of Empire: Persuasion and the United States' Modernizing Mission in Southeast Asia", *Diplomatic History*, 27 (4) 2003, p. 560.
⑤ Eugene Ford, *Cold War Monks: Buddhism and America's Secret Strategy in Southeast Asia*, New Haven, Connecticut: Yale University Press, 2017, p. 32; Laura Harrington, "The Greatest Movie Never Made: The Life of the Buddha as Cold War Politics", *Religion and American Culture*, 30 (3) 2020, pp. 404 - 406.

世界佛教徒联谊会的组织，将世界佛教运动作为预防共产主义扩散的一道屏障，并避免它被利益集团国家接管用作宣传和统战的工具。①

尉迟酣是亚洲基金会天然的合作者，他在从事外交工作之前实际上受雇于亚洲基金会，并因学术资历和政府背景激烈地反对共产主义。② 亚洲基金会和美国政府都希望深入了解中国与世界佛教徒联谊会的关系，都希望阻止共产主义的发展。于是，亚洲基金会为尉迟酣提供了一笔款项，资助他参加1961年11月在金边举行的世界佛教徒联谊会第六届会议，"希望通过出席会议……能有机会看到中国佛教徒在国际佛教运动中发挥的作用，并与他人交流香港佛教的图景"，他那时正致力于"三部曲"研究。③尉迟酣作为香港佛教代表团的一员出席了会议，"先是作为观察员，后来作为代理首席代表活动"。④ 在会上，尉迟酣坐在冷战争论的前排座位。他后来在《远东经济评论》（*Far Eastern Economic Review*）⑤ 和《毛泽东时代的佛教》里的一篇文章对这场争论有所描述。⑥ 当时，中国大陆佛教代表

---

① James J. Dalton, "The World Fellowship of Buddhists（Draft no. 1）", August 3, 1965, 16, box 10, folder 6 – 5. Hereafter: James J. Dalton, "The World Fellowship of Buddhists".

② Robert S. Smith, Letters to Holmes Welch, April 12, April 24, May 14, and July 1956, box 10, folder 6 – 2.

③ Fenton Babcock, Letter to Holmes Welch, November 6, 1961, box 10, folder 6 – 3.

④ 尉迟酣并不是唯一一个以观察员身份出席会议的西方人。另外两名与亚洲基金会有关的人也参加了会议，他们是美国代表团的代表。理查德·加德（Richard Gard）是"特邀嘉宾"，威廉·克劳斯纳（William Klaussner）是观察员。约瑟夫·北川及其夫人也出席了会议，他们作为美国代表团"观察员"，同时也是原锡兰代表团关于英国佛教徒培因（Francis）事迹的"特邀嘉宾"。World Fellowship of Buddhists, *The Sixth Conference of the World Fellowship of Buddhists*, 14th to 22nd Nov. 1961, Phnom Penh: Ministry of Religious Affairs, pp. 5 – 7. 根据福特的研究，从1956年到1963年，理查德·加德担任亚洲基金会的佛教特别顾问，并成为"华盛顿和世界佛教之间的一位关键人物"。Eugene Ford, *Cold War Monks: Buddhism and America's Secret Strategy in Southeast Asia*, New Haven, Connecticut: Yale University Press, 2017, p. 69.

⑤ Holmes Welch, "Asian Buddhists and China", *Far Eastern Economic Review*, April 4, 1963.

⑥ 1956年世界佛教徒联谊会第四届会议，时任中国佛教协会会长喜饶嘉措当选为世界佛教徒联谊会副主席，并且确立"在中国地区内，世界佛教徒联谊会中心只有一个，设在北京"的原则。1958年第五届会议，中国北京未派代表出席，台湾地区"中国佛教会"被非法接纳为区域中心。1961年第六届会议，中国代表提出严正抗议，要求撤销台湾地区席位，但遭无理否决，中国代表团于是立即退场并举办记者招待会公布事实真相。——译者注

们首先争取确保北京作为世界佛教徒联谊会第七届会议的举办地，然后提出撤销台湾地区席位的要求。[1]

尉迟酣曾向亚洲基金会明确表示，自己在很大程度上是一个积极的参与者，但在公开发表的报告中则没有提及。当知道中国代表团要求撤销台湾地区席位时，香港佛教代表团首席代表冯先生[2]以紧急事务为由突然离去，留下尉迟酣代理一切。第六届会议对是否撤销台湾地区席位进行投票时，尉迟酣投票反对撤销其区域中心席位，这无疑温暖了他冷战分子的心。尽管冯先生宣称对投票结果感到意外，但是尉迟酣猜测冯先生突然离会的真正原因就是让他来代理投票，因为冯先生认为自己不能去投票。[3] 在尉迟酣第一次到香港的时候，他们二人就认识了。尉迟酣后来还写道，自己会上还投了另一张反对票——反对世界佛教徒联谊会将总部迁至北京的计划。[4]

在接下来的几年里，亚洲基金会开始怀疑世界佛教徒联谊会的效用，他们认为资金投入在很大程度上是无效的，打了水漂，于是慎重考虑是否撤回资金。[5] 与此同时，尉迟酣与世界佛教徒联谊会和亚洲基金会的人士继续保持大量通信，试图通过组织改革来壮大世界佛教徒联谊会的影响，[6]

---

[1] 福特对此有简单讨论。Eugene Ford, *Cold War Monks: Buddhism and America's Secret Strategy in Southeast Asia*, New Haven, Connecticut: Yale University Press, 2017, p. 161.

[2] 冯先生指冯公夏（K. S. Fung），系当时的佛教徒联谊会港澳台分会主席。——译者注

[3] Holmes Welch, Memorandum to the Asia Foundation on the Sixth WFB Conference in Phnom Penh, 1962, box 7, folder 5 - 3 - 2. 尉迟酣作为香港代表团的观察员出席会议，这点已经被公布的会议记录所证实。他所指的投票很可能不是资格和程序委员会就是否撤销台湾地区席位的最初投票，因为尉迟酣和冯先生都没有列席。相反，他指的是全体会议代表对世纪佛教徒联谊会修订章程的投票，修订的章程明确规定，设立区域中心不涉及主权或领土完整等问题的承诺。这一策略使台湾地区得以保留成员资格，使世界佛教徒联谊会保持了"非政治"属性，这也是亚洲基金会所乐于见到的。World Fellowship of Buddhists, *The Sixth Conference of the World Fellowship of Buddhists*, 14th to 22nd Nov. 1961, Phnom Penh: Ministry of Religious Affairs, pp. 90 - 93.

[4] 尉迟酣在 1979 年写了一封信，想要安排访问刚刚改革开放的中国。他在这封信中有意淡化自己的投票行为，说他只是作为代理首席代表，征询了代表团其他成员的意见，并按照他们的指示进行投票。Holmes Welch, Letter to Jen Chi - yü, March 22, 1978, box 11, folder 6 - 55.

[5] Eugene Ford, *Cold War Monks: Buddhism and America's Secret Strategy in Southeast Asia*, New Haven, Connecticut: Yale University Press, 2017, pp. 163 - 166.

[6] Holmes Welch, Letter to Mrs. Sugi Yamamoto, January 17, 1962, box 2, folder 3 - 3; Letter to the Venerable Riri Nakayama, December 13, 1961, box 2, folder 3 - 3.

以超越共产主义。关于组织建设的问题首先出现在一份署名"港澳区域中心"（Hong Kong and Macau Regional Center）的纪要中，这毫无疑问是尉迟酣写的，也是他主动这样做的。在这份纪要中，他对世界佛教徒联谊会的组织运作提出了很多批评。他关注的最核心的问题是，世界佛教徒联谊会宣称的章程规定与实际运作之间的差距巨大。在他看来，章程就应要么被遵照执行，要么被修改。他也关心参会代表的问题，试图确保区域中心席位能够真正代表这些国家和地区的佛教，且其数量应当保证一定比例，不能被非佛教国家的票数否决——例如美国就有好多个令人质疑的区域中心席位。①

当时的会议主席没有对尉迟酣的提议做出任何积极回应，会议主席更希望世界佛教徒联谊会以礼让和共识的精神运作，而不是像尉迟酣建议的那样奉守章程条文。② 尽管如此，尉迟酣仍坚持与其他人士及地区代表一起倡导改革。③ 由于缅甸政变，世界佛教徒联谊会秘书处从仰光迁至曼谷，尉迟酣在其中也发挥了一定作用。④

这次迁址有点不合常规，泰国王室成员蓬公主（Princess Poon）⑤ 被委任为世界佛教徒联谊会代理主席，⑥ 这进一步加剧了冷战。世界佛教徒联谊会中国区域中心抗议蓬公主的任职是非法的，因为没有举行任何理事会会议。

英国著名的佛教徒克里斯马斯·汉弗莱斯（Christmas Humphries）认为这是一次大好时机，他写信告诉蓬公主："如果中国区域中心不承认你是代理主席，或者质疑你和世界佛教徒联谊会在曼谷的权威，那么，他们

---

① Hong Kong Regional Center, Memorandum, Hong Kong, 1962, box 11, folder 6 – 42.

② Holmes Welch, Letter to MP Amarasuriya, January 6, 1963, box 11, folder 6 – 42.

③ Holmes Welch, Letter to Amarasuriya, February 2, 1964, box 11, folder 6 – 31.

④ 尉迟酣说，他与优禅顿（U Chan Htoon）就此问题及相关事宜进行了广泛讨论。Holmes Welch, Letter to Khum Aiem, November 25, 1962, box 11, folder 6 – 42；MP Amarasuriya, Letter to Holmes Welch, December 18, 1962, box 11, folder 6 – 31.

⑤ 蓬公主（1896~1990），英文全称为 H. S. H. Princess Poon Pismai Diskul。——译者注

⑥ 有关蓬公主的背景介绍，详见 Eugene Ford, *Cold War Monks: Buddhism and America's Secret Strategy in Southeast Asia*, New Haven, Connecticut: Yale University Press, 2017, pp. 192 – 193.

到时候就不要抱怨无法受邀参加（下届在鹿野苑召开的会议）——因为他们认为非法。因此，没有必要邀请他们。而且，他们也不能让大家把时间都浪费在他们所谓永恒的政治上。"

克里斯马斯·汉弗莱斯认为，在会议通知中宣布这些会鼓励许多人前来参会，否则他们可能担心"严重破坏金边会议的政治争论"再次上演。① 蓬公主向尉迟酣寻求建议，将自己和克里斯马斯·汉弗莱斯通信的复印件寄去。尉迟酣没有同意克里斯马斯·汉弗莱斯的方案，他建议蓬公主根据世界佛教徒联谊会章程向所有区域中心发出会议通知，应当尽可能避免争端，"但是，假如不邀请北京代表团，本身就会引起争议"。尉迟酣建议发出会议通知，但要求在一定时间内做出回应，他认为中国方面会把此举视为"最后通牒"并予以断然拒绝。即使他们试图在最后一刻赶来，可能也会遭遇签证问题。他们也许会来参会，存在一定的风险，但这也不可避免。② 尉迟酣在此并不是代表亚洲基金会发言，而是纯粹以个人的身份。③ 当然，他也可能被视为亚洲基金会非常有分量的人物。

尉迟酣还就即将举行的第七届会议活动向蓬公主提供建议。他提议，会议期间可以安排一个下午请学者做讲座，内容可以是关于委员会的工作，或是僧伽的未来，或是诸如此类的重要议题。他认为这可以带动"更多的实质性工作，更少的雄辩式讲话和仪式"。由于各种限制，世界佛教徒联谊会有许多措施无法颁布施行，尽管他没有直接说这是因为共产主义的影响。此外，尉迟酣对在金边举行的第六届会议缺乏报道感到失望，他鼓励蓬公主多关注近三四个月的世界主要报纸资讯。④ 但蓬公主对此并不热心。⑤ 尽管如此，至少尉迟酣前一项建议被会议采纳了。⑥

---

① Christmas Humphries, Letter to Princess Poon forwarded to Holmes Welch, March 6, 1964, box 2, folder 3 – 5.

② Holmes Welch, Letter to Princess Poon, March 14, 1964, box 2, folder 3 – 5.

③ 这封信是在他回到美国之后写的，看起来是在他任职哈佛大学之前。在信的顶部，他只是简单地给出了他在马萨诸塞州康科德的家庭地址，与蓬公主寄信地址相同。

④ Holmes Welch, Letter to Princess Poon, March 14, 1964, box 2, folder 3 – 5.

⑤ Holmes Welch, Letter to MP Amarasuriya, July 2, 1964, folder 11, box 6 – 31.

⑥ James J. Dalton, "The World Fellowship of Buddhists".

为了能够亲自参加鹿野苑的第七届会议，尉迟酣来到亚洲基金会，希望能申请到资助，解决参会经费和文章发表费。① 尽管亚洲基金会在1963年越南佛教危机之后对世界佛教徒联谊会的价值转变了立场，但还是为这次会议批准了"大量资金"②。亚洲基金会告诉尉迟酣，资助仅限于在秘书处名单上的参会代表团和受邀者。③ 这可能不是巧合，在那之后不久，他就作为"贵宾"应邀参会，同时也是世界宗教研究中心和剑桥佛教会（Cambridge Buddhist Association）的非正式代表。他担任了剑桥佛教会副主席。④ 亚洲基金会最终支付了尉迟酣的国际机票以及由录音机导致的超重行李费，但要求他在香港担任两周顾问工作（详见下文），并在旧金山经停，向亚洲基金会的工作人员简要说明情况及提交书面报告，不管是否有成果发表。⑤

他后来向亚洲基金会报告说："第七届会议非常圆满，一扫政治干扰以及第六届世界佛教徒联谊会的无能无用之感。在第七届会议上，士气高涨……（因为）政治被成功地阻挡在视线之外……泰国人、秘书处工作人员以及所有参会团体，都是非政治性和非商业性的。"但是，"几乎所有的亚洲国家都想利用世界佛教徒联谊会来实现自己的目的，这比美国试图用其抑制共产主义更富有政治性。我认为，美国人与锡兰人、泰国人、俄罗斯人等一样有资格参与这个游戏：表面远离政治，（就像马来西亚人、韩国人、印度人、尼泊尔人和鹿野苑的其他人一样）抗议政治是不可接受的、非佛教的，但仍然谋求政治目的"。⑥

---

① Holmes Welch, Letter to Douglas P. Murray, September 23, 1964, box 10, folder 6 - 4.

② Eugene Ford, *Cold War Monks: Buddhism and America's Secret Strategy in Southeast Asia*, New Haven, Connecticut: Yale University Press, 2017, p.190.

③ Douglas P. Murray, Letter to Holmes Welch, October 21, 1964, box 2, folder 3 - 5.

④ Holmes Welch, Letter to Princess Poon, October 23, 1964, March 14, 1964, box 2, folder 3 - 5; Holmes Welch, Letter to Douglas P. Murray, October 24, 1964, box 2, folder 3 - 5. 尉迟酣在剑桥佛教会的职务不应被理解为他是佛教徒的证明，笔者将在以后发表的论文中专门探讨这个问题。但是，芮哲的判断并不正确。据美国俄亥俄州克利夫兰市的云水禅寺（Cloud Water Chando）官方网站介绍，尉迟酣不仅是一个佛教徒，约在20世纪60年代他去台湾地区调研期间，他成了金山江天来住持太仓法师的传法弟子，法名默华，并将金山法脉传至美国。详见王佳《净慧法师与现代人间佛教——以生活禅为中心》，宗教文化出版社，2021，第10页。——译者注

⑤ Douglas P. Murray, Letter to Holmes Welch, November 13, 1964, box 2, folder 3 - 5.

⑥ James J. Dalton, "The World Fellowship of Buddhists".

　　尉迟酣的报告和论证在亚洲基金会决定继续资助世界佛教徒联谊会的过程中起到了重要作用。1965 年 8 月，亚洲基金会的代表之一詹姆斯·道尔顿（James Dalton）就这一问题起草了一份报告草案。这份草案充分利用了尉迟酣涉密和公开的报道，并在提交之前征求了尉迟酣本人的意见。尉迟酣在第七届会议之后从鹿野苑返回时在旧金山亚洲基金会总部提出许多建议，报告草案也十分关注，例如，尉迟酣主张加强秘书处工作，资助驻会工作人员，鼓励僧侣参与活动，促进佛教区域中心建设，等等。詹姆斯·道尔顿进一步指出，尉迟酣是一个积极的参与者，他正在就这些问题与世界佛教徒联谊会的职能部门不断"频繁通信"磋商。①

　　1965 年 8 月和 1966 年 1 月，尉迟酣飞往旧金山，继续就这些议题为亚洲基金会提供三天有偿顾问服务，② 同时也就世界佛教徒联谊会的发展方向、蓬公主的继任者等问题提出自己的看法。③ 他还指出，其他世界性佛教组织的出现可能会与世界佛教徒联谊会一争高下。④ 尽管尉迟酣是世界佛教徒联谊会和亚洲基金会的顾问，但是几乎看不到它们有任何实质性改变。尽管如此，他仍在之后的信函中反复强调自己的判断，⑤ 世界佛教徒联谊会还是一味地重仪式轻实质、缺乏代表性、普遍无效率，他的内心感到无比失望。在一封信中，他写道："这些话我以前都说过，可是，预言家从不以沉默著称。"⑥

① James J. Dalton, "The World Fellowship of Buddhists".

② 以 60 美元，外加 20 美元的价格计费，大约相当于今天的 520 美元和 175 美元。William J. Sheppard, Letter to Holmes Welch, August 4, 1965, box 10, folder 6 - 5.

③ Harry H. Pierson, Letter to Holmes Welch, September 16, 1965, box 10, folder 6 - 5; Holmes Welch, Letter to Harry Pierson, November 8, 1965, box 10, folder 6 - 5.

④ 其中包括世界佛教徒联合会（United World Buddhist Association）、西贡佛教青年团（Saigon Buddhist Youth Group）、中国佛教僧伽联合会团（Chinese Buddhist Sangha Association）和世界佛教团体（World Buddhist Order）。Harry H. Pierson, "International Buddhist Organizations: Conversation with Dr. Richard A. Gard", December 16, 1965, box 10, folder 6 - 5.

⑤ Holmes Welch, Letter to Douglas Murray, April 30, 1965, box 10, folder 6 - 5; Douglas P. Murray, Letter to Holmes Welch, May 5, 1965, box 10, folder 6 - 5; Holmes Welch, Letter to Haydn Williams, June 21, 1965, box 10, folder 6 - 5.

⑥ Holmes Welch, Letter to Harry H. Pierson, January 28, 1966, box 10, folder 6 - 6.

### 三 反对红色政权：亚洲媒体的宣传

我们已经注意到，尉迟酺论证中国佛教的一个研究价值是政治启蒙，这可能会给那些不清楚国际共产主义影响的人们提供参考。当然，这也是亚洲基金会对尉迟酺有兴趣并且始终支持他的一个原因。尉迟酺的学历及其与哈佛大学的关系使得他的发声具有权威性，[①] 而他狂热的反共主义确保了与亚洲基金会立场一致。这就是为什么亚洲基金会乐于见到尉迟酺的报告和其他著述在亚洲出版发行。这里举三个主要的例子：《远东经济评论》上发表的一系列文章、《世界佛教》（World Buddhism）编辑出版的文章和书信以及香港印行的有关中国内地佛教的资料集。[②] 这些至少是在尉迟酺的推动下完成的。

20世纪60年代，尉迟酺在《远东经济评论》发表了三篇文章。这本刊物长期被认为是香港版的《亚洲华尔街日报》（Wall Street Journal of Asia）。在文章中，他既面向会讲英语的亚洲精英，也面向西方人士。其中有两篇内容涉及世界佛教徒联谊会，一篇是1962年的《冷战中的佛教徒》（Buddhists in the Cold War），这篇文章在提交给亚洲基金会的一份报告的基础上稍作修改和编辑而成。可惜的是，新闻界对此事件关注甚少，令他颇感失落。

他描绘了一幅"非常上镜"的会议画面，并简要介绍了那些复杂的人物，然后转向核心叙述：多年来试图"影响并控制世界佛教运动"的共产主义是如何被"明显击败"的。尉迟酺对操控和反操控的描述引人入胜，其目的显然是将共产主义国家的代表团视为一系列政治化行动。他也添油加醋了许多，包括对美国代表团的批评等，以尽力保持客观的印象。[③] 尉迟酺在1965年的《第七届会议之后的佛教》（Buddhism after the Seventh）[④]

---

① Larry Forman, "Buddhist Sourcebook: Holmes Welch's memo to Dr. Reischauer", December 27, 1967, box 10, folder 6 – 7.

② Richard H. Robinson, *Buddhism in China: A Historical Survey*, Princeton, NJ: Princeton Uniuersity Press, 1967.

③ Holmes Welch, "Buddhists in the Cold War", *Far Eastern Economic Review*, March 8, 1962.

④ Holmes Welch, "Buddhism after the Seventh", *Far Eastern Economic Review*, March 12, 1965.

一文中，宣称这次会议能取得成功是因为它平安无事。对于读者来说，成功并非任何特定的、实质性的成就，而只是没有"政治争论"。由于中国代表团缺席，苏联代表团表现得更令人愉悦，所有行动都远离了政治"渗透"的阴影。尉迟酣认为，通过适当的职员和资助，世界佛教徒联谊会未来会发展得更好，当佛教徒走在十字路口时，它能够提供指导，促进共识。他主张，佛教徒要确保不遭受"妄图破坏和迫害佛教的势力"，同时，也必须使自己的传统适应现代世界。①

中间的那篇《亚洲佛教徒与中国》（Asian Buddhists and China）是尉迟酣与几位亚洲佛教徒就中国佛教政策的对谈。尉迟酣称，谈话者的拒绝和解释常令他困惑和受挫，他认为这是社会对宗教的歪曲和滥用导致的。尉迟酣将其归因于一个交织着希望与恐惧的复杂地缘政治网络，它使佛教徒服从中国共产党成为更值得的选择。然而，他最终把这种立场归结为"佛教自身属性"要求僧侣避免党派之争，因为党派之争会让他们陷入更深的贪、嗔、痴三毒之中。出于这个原因，他的结论是，佛教徒不仅不愿意积极反对共产主义，而且"天生倾向于与之合作，摧毁（佛教）自身"②。

尉迟酣的这篇文章遭到了亚洲佛教徒的强烈反对，尽管没有达到预期的效果，但也证明他在受众群体中颇有现实影响。③ 泰国外交部长塔纳特·霍曼博士（Dr. Thanat Khoman）向美国新闻局的唐纳德·罗克伦（Donald Rochlen）表达不满，唐纳德·罗克伦在亚洲研究协会（Association of Asian Studies）的会议上将这一情况反馈给尉迟酣。为了安抚其愤怒的情绪，尉迟酣在给塔纳特·霍曼的私人通信以及与《世界佛教》编辑的信函中特意解释了自己写作这篇论文的缘由。尉迟酣认为自己从未逃避问题，但他说自己是"佛教的朋友"。他写作这篇论文有两个目的：（1）他希望

---

① Holmes Welch, "Buddhism after the Seventh", *Far Eastern Economic Review*, March 12, 1965, p. 435.

② Holmes Welch, "Asian Buddhists and China", *Far Eastern Economic Review*, April 4, 1963, p. 15.

③ 《时代》（*Time*）杂志断章取义地引用了尉迟酣的这篇文章，只是指出，尉迟酣说许多佛教徒相信佛教和共产主义有很多共同之处。这并没有起到什么作用。"The Queen Bee", *Time*, August 9, 1963.

"西方读者不要再说所有佛教僧侣'对共产主义软弱'"，他认为"纯粹的僧侣并不软弱，他们只是沉默"；（2）他"想让亚洲读者意识到保持沉默的危险……提醒他们，政治比丘的观点和行动"会促使佛教和共产主义并存。① 因此，尉迟酣试图为这些总是沉默的"纯粹僧侣"发声，他们可能知道共产主义的挑战，但他们不愿意被卷入冷战的红尘世俗之中。

尉迟酣不止一次通过《世界佛教》向亚洲佛教徒发表讲演。当世界佛教徒联谊会主席和秘书处迁至缅甸以后，之前在前锡兰创办的会刊《世界佛教》也变成了一份独立的刊物。1965 年，尉迟酣将在《中国季刊》上发表的论文《对中国佛教的重新解读》（The Reinterpretation of Chinese Buddhism）重新刊登在《世界佛教》上。这篇文章描述了中华人民共和国时期佛教徒以马克思主义理论为指导，对佛教历史、教义以及那些出于慈悲的杀伐行为进行了重新诠释。他认为，共产党试图吸收、淡化并最终抛弃宗教。发表在《世界佛教》的这篇论文开头是一段新材料，关键是接下来的论证依据皆非常可靠，因为它检视了当时中国的公开出版书刊对佛教的重新诠释。尉迟酣断定，人们不会夸大自己的错误。因此，读者可以确定的是，那里实际发生的至少和他们在文中了解到的情况一样糟糕。② 显而易见的是，在尉迟酣与亚洲基金会探讨是否有机会通过其办事处来印制流通这篇论文之后不久，他就产生了在《世界佛教》重新刊发此文的想法。③

尉迟酣还发表了写给编辑的信。在给法尊法师（1902～1980）及其他捍卫中国佛教的僧侣的回信中，尉迟酣提出了一个强有力的质疑。尉迟酣认为，如果他们想"平息我们的恐惧"，他们应该回答以下几个问题，诸如僧尼数量、新出家受戒者数量、丛林典范金山寺的实际状态、好战的言论如何与佛教相协调等。"当然"，他写道，这些不是"关乎国家安全的重大事件"，无须保密，如果这些问题能够得到回答，人们当然不再相信

---

① Holmes Welch, Letter to Thanat Khoman, foreign minister of Thailand, March 27, 1964, box 11, folder 6 - 42. Holmes Welch, Letter to the editor of *World Buddhism*, April 13, 1964, box 11, folder 6 - 41.

② Holmes Welch, Letter to Austin de Silva, March 11, 1965, box 11, folder 6 - 41.

③ Holmes Welch, Letter to Haydn Williams, President of the Asia Foundation, June 21, 1965, box 10, folder 6 - 5.

"帝国主义分子和反动派的污蔑"；如果不做回答，他们还将继续这样做。①

尉迟酰参与的最后一个宣传项目是完成一本关于中华人民共和国时期佛教情况的资料集。正如我们前面已经注意到的，在从鹿野苑回来的途中，尉迟酰受邀与亚洲基金会驻香港代表进行磋商。在那里，香港友联研究所刚刚成立，这是一个观察中国动态的机构，受亚洲基金会资助，其职员皆是境外中国知识分子。② 他们正开始研究中国政府如何利用佛教来推动外交政策，而尉迟酰的专业知识则有助于这一议题。③ 香港友联研究所最终接受了尉迟酰的建议，转移研究焦点，最后形成了一部资料集，收录了有关中华人民共和国时期佛教状况的重要文献。④ 该项目原计划是结合香港友联研究所的研究进展一起出版，费用由亚洲基金会支付。在尉迟酰的建议下，这本书的出版单位不仅有香港友联研究所，还有香港佛教联合会。⑤ 尉迟酰认为，这样能够提升此书在其他亚洲佛教徒眼中的合法性。⑥

可惜，一切没有按原计划进行。到 1966 年初，这个宣传项目规模已经缩小，英译计划也遂告夭折。⑦ 虽然尉迟酰最初收到项目内容大纲时深感欣慰，但等他看到完整书稿时，他的热情已经消退。⑧ 他觉得这些说明介绍需要"严格编辑"，甚至还提出了亲自修改的方案，而没有去写《毛泽东时代的佛教》这个令他开始担心的任务。⑨ 当他发现香港僧侣没有按照

---

① Holmes Welch, Letter to the editor of *World Buddhism*, April 13, 1964, box 11, folder 6 – 41. 这是信上的日期。虽然尉迟酰的论文有摘录，但没有包含日期。

② Richard Baum, *China Watcher: Confessions of a Peking Tom*, Seattle: University of Washington Press, 2013, pp. 234 – 235.

③ Douglas P. Murray, Letter to Holmes Welch, November 13, 1964, box 10, folder 6 – 4.

④ Douglas P. Murray, Letter to Holmes Welch, May 5, 1965, box 10, folder 6 – 5; Joseph Anderson Shih, Letter to Edgar Pike and Stephen Uhalley, May 13, 1965, box 10, folder 6 – 5.

⑤ Joseph Anderson Shih, Letter to Edgar Pike and Stephen Uhalley, May 13, 1965, box 10, folder 6 – 5; Edgar N. Pike, Letter to Maria Yen, March 26, 1965, box 10, folder 6 – 5; Maria Yen, Letter to Edgar N. Pike, June 15, 1965, box 10, folder 6 – 5.

⑥ Larry Forman, "Buddhist Sourcebook: Holmes Welch's memo to Dr. Reischauer", December 27, 1967, box 10, folder 6 – 7.

⑦ Stephen Uhalley, Letter to Holmes Welch, January 19, 1966, box 10, folder 6 – 6.

⑧ Holmes Welch, Letter to Harry H. Pierson, May 15, 1967, box 10, folder 6 – 7.

⑨ Holmes Welch, Letter to Harry H. Pierson, June 26, 1967, box 10, folder 6 – 7.

原定计划选取资料时，他的关心变成了烦恼。他认为，出家人是僧团事务最好的裁决者。① 尉迟酣有关自己亲自编辑此书的言论显然让香港友联研究会以为他能提供翻译经费。就在那时，尉迟酣给埃德温·赖肖尔（Edwin Reischauer）写了一份便笺，详细说明对该项目的批评。② 这部书封面最终写的编者是香港佛教联合会、香港佛教僧伽联合会以及香港友联研究所，③ 并在各个佛教团体传播开来。④ 但是，尉迟酣盼望的英译本却始终没有出现，尽管他在 1969 年还曾提到这个问题。⑤

## 结论：分道扬镳

总之，我们可以看到，尉迟酣的佛教著述在很大程度上是学术界和美国政府之间冷战合作的一部分，这种合作产生了区域研究。尉迟酣不仅获得这一领域的硕士学位，而且将其原理有效地运用于情报工作。二战期间，他先为美国国务院工作，然后于 20 世纪 50 年代末就职于美国驻香港领事馆。尉迟酣的著述在当时的佛教研究界和宗教研究界显得格格不入，因为他没有在这些领域受过专业训练。当这些领域刚刚开始成型时，尉迟酣已经开始了自己的学术生涯。他掌握了研究技术，学会了在政府碎片化信息之中进行课题研究，他的学术研究始于这一时期。我们发现，他的著作和论文里记录的一些内容具有双重用途，它们既是美国国务院的情报，又是公开的学术研究。⑥

即使在辞去政府工作之后，尉迟酣依然保持了这样的研究模式，兼具学术性与政治性，二者彼此促进，相得益彰。他的合作者亚洲基金会一直

---

① Holmes Welch, Letter to Harry H. Pierson, August 8, 1967, box 10, folder 6 - 7.

② 笔者在尉迟酣的论文中并没有看到这份便笺。它是不存在，还是归入"赖肖尔"名下，而非"亚洲基金会"名下，目前尚不清楚。

③ 据网站 WorldCat 上的信息，次年似乎又出了新版。新版由香港佛教联合会、香港佛教僧伽联合会、香港友联研究所编，1969 年出版，即《中国大陆佛教资料汇编（1949 ~ 1967）》。

④ Lawrence T. Forman, Letter to Holmes Welch, June 3, 1968, box 10, folder 6 - 8.

⑤ Holmes Welch, Letter to John E. James, July 29, 1969, box 10, folder 6 - 9.

⑥ 大卫·普赖斯（David Price）还注意到人类学领域有关学术和情报的"双重用途"，见 David H. Price, *Cold War Anthropology: The CIA, the Pentagon, and the Growth of Dual Use Anthropology*, Durham: Duke University Press, 2016。

给他提供研究经费。而且，他在世界佛教徒联谊会中担任顾问，其中一段时间还是积极的参与者。为了壮大"文明的弧线"，亚洲基金会试图通过散布反共信息来维持自身在亚洲的地位。

所有这一切表明，尉迟酣很可能是一个情报参与者。虽然在 1967 年真相公开之前，没有明确证据表明尉迟酣提前知晓亚洲基金会是美国中央情报局的秘密机构，但是他在美国驻香港领事馆工作期间很有可能已经知道或者猜到了其性质。[①] 当然，尉迟酣对此并不反对。亚洲基金会的身份曝光之后，他继续为资料集的工作争取经费资助。[②] 此外，他在资料集中有意模糊香港友联研究会的作用，表明他也清楚自己参与的是一项宣传活动。虽然迪克·加德（Dick Gard）常年担任亚洲基金会的带薪内部顾问，[③]但尉迟酣更可能视之为冷战时期的一种自由工作。亚洲基金会为尉迟酣提供了学术研究的机会，但不是诱因。[④] 尉迟酣的活动也大大超出了亚洲基金会的资助范围。他与世界佛教徒联谊会之间的商讨建议是按他自己的意愿进行的。1973 年，尉迟酣离开了亚洲基金会，[⑤] 之后他在《远东经济评论》发表了他的第四篇论文，驳斥中国大陆利用佛教作为外交窗口的做法。

自始至终，尉迟酣处理各项事务似乎一直得心应手，他称之为"圆融"。1953 年，他回哈佛大学完成学位论文之前在福特基金会（Ford Foundation）发表了一篇论文，认为"圆融"是美国塑造世界行动中最重要的特质。在这篇论文中，他指出，亚洲基金会以及美国的扩张就是试图"支持"美国

---

① 许多人怀疑这种关联。大卫·普赖斯研究报告说，一位人类学家能够敏锐察觉，是因为亚洲基金会要求申请者提供的不是推荐信，而是提供过去所有居址以及与政治组织的联系。David H. Price, *Cold War Anthropology: The CIA, the Pentagon, and the Growth of Dual Use Anthropology*, Durham: Duke University Press, 2016, p. 181.

② 为了第二届国际道教研究会议。Holmes Welch, Letter to Robert S. Schwantes, March 8, 1969, box 10, folder 6 - 9.

③ Eugene Ford, *Cold War Monks: Buddhism and America's Secret Strategy in Southeast Asia*, New Haven, Connecticut: Yale University Press, 2017, p. 68.

④ 大卫·普赖斯对这个时期的人类学家做了一次彻底的调查，考察他们在知情或不知情的情况下，如何被资助机构和与情报机构的合作形塑。David H. Price, *Cold War Anthropology: The CIA, the Pentagon, and the Growth of Dual Use Anthropology*, Durham: Duke University Press, 2016.

⑤ Holmes Welch, "The Buddhists' Return", *Far Eastern Economic Review*, July 16, 1973.

理念和实践被采用，但并不是"强加"给他们。他暗示，"教育"在这方面是有用的，但不是"鼓吹宣传"。尉迟酣引用老子的话反对直接干预："亚洲基金会越是试图通过行动来完成（事情），其结果越是适得其反。"他指出，《道德经》中可以找到合适的方法："圣人云：太上，下知有之……故圣人云：我无为而民自化。"① 尉迟酣尝试默默地行动，向"需要的人提供事实"，因为他相信，掌握真相的人们不会盲目选择。这些全部事实的来源需要被小心谨慎地对待。

然而，到了20世纪70年代初，一切都逐渐结束。尉迟酣开始转回道教领域，远离了涉及政治的佛教研究，尽管那些令人担忧的问题依旧存在。这可能有几个原因。尉迟酣曾担任1968年举行的第一届国际道教研究会议（International Conference on Taoist Studies）评议委员。这将他引入道教研究的新世界，他结识了安娜·塞德尔（Anna Seidel），并且两人产生浪漫的爱情。这时，佛教于他显得有些黯淡失色。在完成《毛泽东时代的佛教》之后，尉迟酣显然已经精疲力竭，可能他因此改换了研究主题。不过，归根结底，首要原因应该是资金问题。尉迟酣渴望回到亚洲，他构想了一些研究计划，希望以此重返亚洲。② 但是区域研究的经费在20世纪60

---

① Holmes Welch, "Philanthropy Uninhibited: The Ford Foundation", *The Reporter*, March 17, 1953, p. 26.

② 其中包括傅高义（Ezra Vogel）提出的中国人格项目（Chinese Personality Project），"收集有关中国人格的大规模数据……探索中国人对社会变化的适应"。尉迟酣担任台湾地区的项目负责人，而傅高义是首要研究者。另一个项目是建议"抢救"中国现代佛教相关资料，翻译和出版这些资料。Modern Buddhism box 5, folders 5 - 1 - 9 to 5 - 1 - 11。这个项目，最初由理查德·罗宾逊提出，并在1966年北美佛教研究（North American Buddhist Studies）峰会上得到认可。Holmes Welch, "Developments in Buddhist Studies", ACLS Newsletter XVII (5), 1966, p. 12. 然而，最值得注意的是，尉迟酣提议建立佛教与营养研究中心（Center for Research on Buddhism and Nutrition）。如果说其标题的两个并列词已经使人感到惊讶，那么提案的内容则更令人瞠目结舌。尉迟酣希望美国政府资助在台湾地区建立一个像新中国成立前金山寺或者高旻寺那样的"典范丛林"。这将成为一种活态的实验室，从事：（1）拯救传统；（2）促进研究；（3）为素食主义研究者提供研究人群，应对"即将到来的粮食危机"；（4）防止越南发生的僧侣政治化事件在台湾地区重演。Holmes Welch, "Center for Research on Buddhism and Nutrition: A Preliminary Statement," October 10, 1964, box 5, folder 5 - 1 - 1. 尉迟酣还在《星期六评论》（*Saturday Review*）上发表了一篇有关民族志保护的文章，特别提到中国佛教的修行（较少关注营养）。Holmes Welch, "Conserving Behavior", *Saturday Review*, July 1, 1967.

年代末就开始愈加紧缩。美国政府根据国内发展情况重新安排了工作重点，包括亚洲基金会受美国中央情报局资助的事实以及区域研究与政府合作等一连串事件的曝光引发了这一领域新的自我批判。① 在这种新环境下，尉迟酣很多富有潜力的项目都未能获得资助。② 最后是一个道教的研究项目，仿佛诸神恩赐一般，他因为该项目去了日本，并开启了人生的另一个篇章。

　　毫无疑问，尉迟酣的人生和职业在某种程度上是佛教研究领域的一个异类。与他同时代的学者很少有像他那样深受冷战影响并积极参与冷战的。然而，尉迟酣的个案研究凸显出劳拉·哈林顿建立新学科史呼吁的重要性。虽然人们对冷战在区域研究③和人类学④等学科中的作用已进行过深入研究，但谈到美国佛教研究是如何产生的却往往还是要追溯到 19 世纪欧洲源头。然而，正如劳拉·哈林顿指出的，美国佛教研究的叙事始于二战后。1961 年，威斯康星大学在美国政府资助下创建了第一个佛教研究系。⑤冷战的地缘政治背景包括但不限于美国政府的经费资助和利益取向，这些又如何造就了美国的佛教研究学科呢？

　　尉迟酣的职业生涯能够提供一些额外的线索。例如，人们通常在芝加哥学派的背景下理解约瑟夫·北川，但是他起初也是尉迟酣计划出版的《共产主义中国的佛教》一书的合著者，与尉迟酣一样，他也参加了世界

---

① Immanuel Wallerstein, "The Unintended Consequences of Cold War Area Studies", In *The Cold War & the University: Toward an Intellectual History of the Postwar Years*, edited by Noam Chomsky, New York: New Press, 1997, pp. 220 – 226.

② Holmes Welch, Letter to Edward T. Wilcox, Director of General Education, Harvard College, October 17, 1978, box 4, folder 4 – 8.

③ Bruce Cumings, "Boundary Displacement: Area Studies and International Studies during and after the Cold War", *Bulletin of Concerned Asian Scholars*, 1997, 29 (1): 6 – 26; Immanuel Wallerstein, "The Unintended Consequences of Cold War Area Studies", in Noam Chomsky (ed.), *The Cold War & the University: Toward an Intellectual History of the Postwar Years*, New York: New Press, 1997, pp. 195 – 209; Harry Harootunian, *History's Disquiet: Modernity, Cultural Practice, and the Question of Everyday Life*, New York: Columbia University Press, 2010, pp. 25 – 58.

④ David H. Price, *Cold War Anthropology: The CIA, the Pentagon, and the Growth of Dual Use Anthropology*, Durham: Duke University Press, 2016.

⑤ Laura Harrington, "The Greatest Movie Never Made: The Life of the Buddha as Cold War Politics", *Religion and American Culture*, 2020, 30 (3): 416.

佛教徒联谊会第六届会议。1966 年，尉迟酣还参与了一个有趣但最终夭折的方案，其发起人都是佛教研究的学者，他们在亚洲研究协会的支持下试图在北美集中建设佛教研究这个新生学科。这番尝试在一定程度上是基于佛教在当代亚洲的影响而产生的"实际利益"。学者们发现了大量"紧迫需要的缺口"，不仅包括典型的佛教和宗教研究，而且包括"宗教心理学"和"现今作为实践的佛教"的相关专业知识。① 这一方案的失败只是因为缺乏后续行动吗？1967 年美国中央情报局被曝光资助亚洲基金会等机构事件是否对此也有影响？

这些线索表明，美国的佛教研究历史存在一种"隐性的记录"。通过检索这些记录，我们可以恢复学科史的维度，超越我们更熟知的宗教研究叙事，将其从源自东方主义和欧洲帝国主义的佛学和神学中剥离出来，进而正视前辈学人在冷战时代的巨大影响和激励作用。

---

① Holmes Welch, "Developments in Buddhist Studies", *ACLS Newsletter*, 1966, XVII（5）: 12 - 16.

# 将概念省份化：跨国史的语言[*]

〔德〕玛格丽特·佩尔瑙 （Margrit Pernau）[**] 著

丁祎蕴[***] 译

**摘　要**　本文聚焦于印度的"中产阶级"（ashraf），其语义和概念在不同欧洲语言中各不相同并有争议，"中产阶级"在英语中是 middle class，德语中是 Bürgertum，法语中是 bourgeoisie。它们不仅彼此不同，单个词语更是体现了词义本身在历史上的激烈争论与变化。本文旨在通过介绍印度内部的经验来重塑该词语的意义。本文认为，即便"中产阶级"（middle class）一词没有变动，它的词义将会因为所处的历史与场所不同而改变。这篇文章将"中产阶级"（ashraf）作为一种分析类概念。想要表达的是，概念史能让我们考虑行为者对他们自己的世界里的概念是如何阐释的，以及我们对这些概念的书写、对这些概念的分析范畴产生了哪些变革。也就是说，关键概念的历史能让我们在研究概念的变革时不仅纳入殖民者的经验，更纳入被殖民者的经验。

**关键词**　概念史　印度中产阶级　跨国史

近年来，历史写作越来越多地采用了跨国甚至全球化的视角。区域研究（regional studies）长久以来各自孤立地进行研究，导致我们急需一种通

---

* 本篇论文原文为："Provincializing Concepts: The Language of Transnational History"，*Comparative Studies of South Asia, Africa and the Middle East*，2016，Vol. 36，Issue 3，pp. 483 – 499。

** 玛格丽特·佩尔瑙（Margrit Pernau），马克斯·普朗克人类发展研究所高级研究员，研究方向为情感史、18~20 世纪印度史、跨国史、历史语义学、翻译史。

*** 丁祎蕴，约克大学历史学博士，2019~2020 年为伦敦政治经济学院博士后。

用语言和对一些通用概念的内涵达成一致，从而对这些不同区域的研究视角进行比较。《南亚、非洲与中东的比较研究》（*Comparative Studies of South Asia, Africa and the Middle East*）这本期刊就是来解决这一不同语言之间沟通的理论与方法问题的。什么样的基本概念可以使比较和对话有意义地进行？

区域研究往往不愿意翻译他们使用的关键概念：有人认为只有原词才能捕捉到语义的丰富性，有人会把翻译和解释放到书目最后的词汇表中去。这么做的话对于熟悉原文语言以及其微妙意义的人来说自然是可以解释清楚的。但是，如果对话涉及其他领域的学者，那他们就会很难理解。在没有通用概念的情况下，比如说，我们很难知道孟加拉语单词"bhadralok"和北印度语单词"ashraf"都指相同或至少可比较的现象。在印度以外，这种讨论就变得更复杂了，中国历史的学者有可能都不认识这两个词。奥斯曼学者可能认识"ashraf"这个词，但会把它理解为"先知的后代"[①] 而非"中产阶级"，因为在他们的史料中一般用"ayan"表示中产阶级。

从另一方面来说，就像迪佩希·查克拉巴蒂（Dipesh Chakrabarty）有力的论证所言，使用欧洲概念存在非常大的问题，原因是社会科学中"分析类概念"（analytical concepts）的谱系被局限在欧洲自身的经验中。[②] 这么做也会使得这些概念的特殊性和普遍性共存，并使得欧洲以外的地区被简化成缺乏（某种欧洲经验）的，因为他们的经验无法像欧洲经验一样被归类到从欧洲经验中诞生的这些概念中。本文认为概念史把历史学者与社科学者使用的"分析范畴"（analytical categories）的词义历史化，并将它们和"历史行为主体"（historical actors）使用的充满争议的概念联系起来，如此一来，概念史就提供了这样一种能打破欧洲思想"不可或缺又不够完善"僵局的工具。[③] 因此，概念史强调的是分析范畴的欧洲历史的"不完善性"（inadequacy）——用迪佩希·查克拉巴蒂的话来说。然而，

---

① 这里指先知阿布·穆罕默德。——译者注

② Dipesh Chakrabarty, *Provincinalizing Europe: Postcolonial Thought and Historical Difference* Princeton, NJ: Princeton University Press, 2000. 这里的"省份化"（provincializing）是指在思维中不把欧洲当作一个中心，而把欧洲的国家同其他世界各个国家一样去理解，是一种去欧洲中心主义的理论。——译者注

③ Dipesh Chakrabarty, *Provincinalizing Europe: Postcolonial Thought and Historical Difference*, p. 6.

本文将基于迪佩希·查克拉巴蒂的理论在两个方面更进一步地讨论概念史。首先，本文聚焦于不同欧洲语言中一个在概念上有争议性的词语：中产阶级在英语中是"middle class"，在德语中是"Bürgertum"，在法语中是"bourgeoisie"。它们不仅彼此拼写不同，单个词语更是体现了词义本身激烈的争论与变化。其次，本文旨在通过介绍不同地区和不同语言的经验来从内部颠覆和推翻这个分析类概念，以此克服概念的不可或缺性（indispensability）。如果这些操作成功的话，此分析类概念将会发生变化。即便"中产阶级"没有变动，它的词义也将会改变。当然，这不是件简单的事，它也不会立刻带来结果。正如概念史学者熟知的，一篇文章或一本书能够改变一个概念的程度很有限，但我想要在此说明的是，这是我们努力的方向，并且最终的结果值得这样的努力。

我将以"中产阶级"为例来解释一下我的建议。这个主题在欧洲史中的讨论不比在印度史中的讨论少。长久以来，研究焦点在于欧洲以外的地方是否存在中产阶级（middle class），以及假设存在的话，中产阶级没有完成历史任务的原因，无论它是否带来了资本主义、民主或是市民社会。[①]文化史的研究方法更关注中产阶级的实际行为，从伴侣婚姻到居住模式或消费等，这些自然是创造主体自我归属感的核心。但是，文化史很少对这些感受的客观基础的存在提出挑战。虽然将"民族"（nation）、"种姓"（caste）或是"性别"（gender）说成被创造的或是被想象出来的范畴看上去似乎没有问题，但是中产阶级似乎更有客观现实基础。这创造了全球历史发展大叙述的可能性，但要对于源自不同地区发展而形成的这一概念提出挑战的空间很小。因此我认为概念史提供了一种能将权力（power）和物质性（materiality）立即纳入对语言的研究中的方法，严肃对待不同区域的行为主体对自己经验的阐释，从而给省份化欧洲分析类概念提供一种分析工具。[②]

---

① Ranajit Guha, *Dominance without Hegemony: History and Power in Colonial India*, Delhi: Oxford University Press, 1998.

② Leonore Davidoff and Catherine Hall, *Family Fortunes: Men and Women of the English Middle Class, 1780 – 1850*, Chicago: University of Chicago Press, 1987; Nikhil Rao, *House, but No Garden: Apartment Living in Bombay's Suburbs, 1898 – 1964*, Minneapolis: University of Minnesota Press, 2013.

在本文的第一部分，我将以中产阶级为例来阐述概念史如何能够克服跨国史书写中存在的欧洲中心主义。在第二部分，我将把这一分析理论框架运用到我自己对于印度德里"ashraf"的研究案例当中，并进一步阐明我的论点。①

## 分析范畴与历史概念

### 时代错置（anachronism）

概念史最早是作为为了避免错误判断史料时代的工具而发展的。概念的含义会随着时间发生变化，这个共识使我们去研究文本作者真正的本意，而不是采用后来的解释去理解原文，即便在同一种文化或同一种语言中也是如此。② 这并不是说历史学者的问题不能被当下指导，这也并不是说彻底告别和历史概念使用相同文本的当下分析类概念，只要它们之间的区别被清楚地标注出来。③

正是以此为起点，赖因哈特·科泽勒克（Reinhart Koselleck，1923~2006）特别借鉴了德国哲学家汉斯-格奥尔格·伽达默尔（Hans-Georg Gadamer）的作品，结合了历史学与哲学发展出了概念史的框架。④ 最初，诞生了八卷权威性的关于德语概念的百科书《历史基本概念》（*Geschichtliche*

---

① Margrit Pernau, *Ashraf into Middle Classes: Muslims in Nineteenth-century Delhi*, Delhi: Oxford University Press, 2013.

② Otto Brunner, *Land und Herrschaft: Grundfragen der territorialen Verfassungsgeschichte Österreichs im Mittelalter*, Baden bei Wien, Austria: Rohrer, 1939.

③ Reinhart Koselleck, *Futures Past: On the Semantics of Historical Time*, Cambridge, MA: MIT Press, 1985, p. 256. 对于时代谬误和概念史更详细的讨论，参见 Sami Syrjämäki, "Sins of a Historian: Perspectives on the Problems of Anachronism", PhD diss., University of Tampere, Finland, 2011。

④ 对于赖因哈特·科泽勒克的个人精神世界，参见 Niklas Olsen, *History in the Plural: An Introduction to the Work of Reinhart Koselleck*, New York: Berghahn, 2012。概念史（conceptual history）常与观念史（history of ideas）和思想史（intellectual history）一起发展。虽然在英语世界中，这三个名称经常可以互换，但是它们各自想要解决的问题和理论与方法论的假设有不同的本源，并且直到今天保持着一定程度上的独立。

*Grundbegriffe*）。① 这部作品一共探究了约 130 个基本概念，即便是在同一个时间点的同一种语言中，概念的含义也不能被明确地定义。根据赖因哈特·科泽勒克所言，概念是社会行为主体对其含义提出质疑的词语；基本概念正是他们所处时代中社会与政治争论的焦点概念。在赖因哈特·科泽勒克看来，概念既是历史变化的指标，也是历史变化的因素。它们不仅展现了来自其他概念的影响，也展现了社会、经济及政治变革的物质性程度。此外，对这一以概念为焦点的现实的解释也指导了行为主体的行动，并因此导致现实的变革。② 在 20 世纪 80 年代，人们批评概念史在其建构性中不够激进。③ 但在今天，正是这种对独立于语言而存在的物质现实的承认使得概念史成为思考物质性与阐释之间的关联，或思考身体、语言和实践之间的关联的有趣研究方法。赖因哈特·科泽勒克本人反复指出，概念史和社会史是相互关联的，但是各自包含了不互相重合的部分。④

在《历史基本概念》出版之后，概念史在许多个项目中得到了进一步发展，这些项目不仅拓展到不同地理疆域及多种语言，并且极大地扩展了研究概念的范围。此外，概念史的方法也更精细了，首先克服了对规范文本的过度强调，⑤ 其次更加关注使用概念的实践和场景，⑥ 最后关注跨国家

---

① Otto Brunner, Werner Conze and Reinhart Koselleck（eds.）, *Geschichtliche Grundbegriffe: Historisches Lexikon zur politisch – sozialen Sprache in Deutschland*, 8 vols, Stuttgart: Klett – Cotta, 1972 – 1997.

② Reinhart Koselleck, "Introduction and Prefaces to the Geschichtliche Grundbegriffe", translated by Michaela Richter, *Contributions to the History of Concepts*, Vol. 6, No. 1, 2011, pp. 1 – 31.

③ Dietrich Busse, *Historische Semantik*, Stuttgart: Klett – Cotta, 1987. 英文版见 Dietrich Busse, "Conceptual History or a History of Discourse? On the Theoretical Basis and Questions of Methodology of a Historical – Semantic Epistemology", in Margrit Pernau and Dominic Sachsenmaier（eds.）, *Global Conceptual History: A Reader*, London: Bloomsbury, 2016, pp. 107 – 132。

④ Reinhart Koselleck, "Social History and Conceptual History", *International Journal of Politics, Culture, and Society*, Vol. 2, No. 3, 1989, pp. 308 – 325.

⑤ Rolf Reichardt and Eberhard Schmitt（eds.）, *Handbuch politisch – sozialer Grundbegriffe in Frankreich, 1680 – 1820*, München: Oldenbourg, 1985. 英语介绍见 Margrit Pernau and Dominic Sachsenmaier（eds.）, *Global Conceptual History: A Reader*, London: Bloomsbury, 2016。

⑥ Willibald Steinmetz, *Das Sagbare und das Machbare: Zum Wandel politischer Handlungsspielräume, England, 1780 – 1867*, Stuttgart: Klett – Cotta, 1993.

与语言的界限。①

《历史基本概念》关注的时期是赖因哈特·科泽勒克所称的"鞍型期"（Sattelzeit），大约为 1750 年至 1850 年。在这一时期，赖因哈特·科泽勒克指出，所有的概念经历了根本性转变，导致了它们的政治化（politicalization）、意识形态化（ideologization）、民主化（democratization）及时间化（temporalization）。② 概念的现代含义出现的这个阶段构成了"鞍型期"。因此这一时代常被解读为概念史与现代性理论的连接。虽然这对赖因哈特·科泽勒克来说是个重要的问题，尤其是在德语语境中，但是他之后关于历史时间（historical times）的理论更为复杂：他用时间层替代了阶段化和线性变革，其中，在不同时间创造出来的含义被赋予了共现性（copresence）。③ 因此，德语的"Bürgertum"这个概念在一方面体现了 19 世纪的争论：一个社会阶层为了在教育和财富上把自己区别于贵族和底层阶级而开辟了一个领域。另一方面它也连接了中世纪和今世"居民"（Bürger）及城市法治结构（urban legal structure），尤其是连接"居民"（Bürger）和"公民"（citizen）。与英语中的"middle class"和法语中的"bourgeoise"不一样的是，"Bürger"既指公民这个概念，又指一种社会经济地位。④

分析范畴是一种可以通过时间变化来分析概念的方式，尽管含义的历史对比存在差异，但它提出了含义变革的可比性（tertium comparationis），或称为"比较的第三性"。但同样重要的是已经存在于概念含义不同时间层面中的一致性，如同赖因哈特·科泽勒克更喜欢说的"存在于非同时代

---

① Javier Fernández Sebastián（ed.）, *Diccionario político y social del mundo iberoamericano: La era de las revoluciones*, 1750 – 1850, Vol. 1, Madrid: Centro de Estudios Políticos y Constitucionales, 2009. Jani Marjanen, "Undermining Methodological Nationalism: Histoire Croisée of Concepts as Transnational History", in Mathias Albert et al.（eds.）, *Transnational Political Spaces: Agents, Structures, Encounters*, Frankfurt: Campus Verlag, 2009, pp. 239 – 263.

② Reinhart Koselleck, "Introduction and Prefaces to the Geschichtliche Grundbegriffe", translated by Michaela Richter, *Contributions to the History of Concepts*, Vol. 6, No. 1, 2011, pp. 1 – 31.

③ Helge Jordheim, "Against Periodization: Koselleck's Theory of Multiple Temporalities", *History and Theory*, Vol. 51, Issue 2, 2012, pp. 151 – 171; "Introduction: Multiple Times and the Work of Synchronization", *History and Theory*, Vol. 53, Issue 4, 2014, pp. 498 – 518.

④ Margrit Pernau, *Ashraf into Middle Classes: Muslims in Nineteenth – century Delhi*.

性中的同时代性"（the contemporaneity of the noncontemporaneous）。这种一致性并非一种分析的建构。相反，这种一致性是由行为主体在当下的讨论中回顾概念过去的含义时而创造出来的，他们对概念的假设即便不是相同的，至少也是有连续性的。在对概念的不断修正中，过去的含义仍旧保留着。[1] 对于这些连续性（或断裂性）的历史建构，历史学者不应不加批判地使用，但也不必好像它们存在于一个未被开辟的领域中一样而忽略它们。

## 欧洲中心主义（Eurocentrism）

这些反思现在可以被转化为空间，将时代错置（将概念应用于错误的时间）与空间错置（anachorism，将概念应用于错误的地点）联系起来。如果概念是历史变化的指标与因素，那么这只适用于那些行为主体使用的概念——正是他们的想象与阐释构成了一个社群的基础，而这一他们所属的社群指导着他们的行为。在殖民时代的背景下，这些概念通常是在意识到或反映当代欧洲概念的多样性的情况下发展起来的。例如，一些概念像中产阶级（middle class）、士绅（gentry）或是资产阶级（bourgeoisie）都是许多印度作家的思想遗产，反映了他们所处的 19 世纪晚期的社会，并且或多或少地影响了印度语言中相应概念的发展。虽然不是每个人都意识到这些欧洲概念的争议性和它们拥有的广泛的含义，但许多人确实意识到了，甚至那些没有意识到的人也不是对一个分散的"欧洲"概念做出反应，而是对体现在不同语言和传统中的更具体的含义做出反应。概念史能够帮助我们解构这些概念，帮助展现出它们的争议性语义和隐藏在同一个词语背后的多种含义，更能体现出从一种欧洲语言到另一种语言间的转变。

虽然这些把欧洲历史概念折回到分析范畴的历史性解译和交叉引用非常麻烦，但是它们能够帮助我们去追溯行为主体建立起来的对等物（equivalence）。这反过来需要我们小心解译的过程。不同语言当中的概念

---

[1] Reinhart Koselleck, *Futures Past: On the Semantics of Historical Time*, Cambridge, MA: MIT Press, 1985; *Zeitschichten: Studien zur Historik*, Frankfurt: Suhrkamp, 2000.

之间的对等性不是给定的——这会否定掉概念的含义是有争议的，而其含义本身正是争论的结果，也就是它们的历史性。单独来看，打个比方，印地语中的"ashraf"与英语的"middle class"的词义并不相同，法语的"bourgeoisie"或德语的"Bürgertum"同样如此。然而，语言之间并非不可通约（incommensurable）。不同程度的对等性自然存在，不过它们是商讨的结果，并反过来使解译过程中涉及的语言发生变革，当然，不同语言变革的程度不一。历史学者的解译总是以行为主体的跨语言实践（translingual practice）为前提，我们不仅要承认这些实践过程，更要去研究它们。①

因此，北印度的语言中"ashraf"一词与孟加拉语中的"bhadralok"一词是"中产阶级"的词义争论的一部分，这并不是因为它们要符合一个抽象的、21世纪的定义，而是因为它们在19世纪晚期就已经是在印度被争论的概念——正如克里斯多夫·希尔（Christopher Hill）恰当地说明了这之间的差异：概念的普遍性（universalism）与其普遍化过程（universalization）。②我要再次强调，研究对象主体在不同语言和不同时间层面中的一致性并不是由历史学者在事后创造出来的研究范畴。它们的基础不在于普遍性，而在于行为主体对这个概念的使用。把"bhadralok"、"ashraf"与"middle class"一词联系起来并非历史学者的功劳：行为主体早已为历史学者们完成了。事实上，历史学者对这些中产阶级概念的使用与行为主体对它们的理解一样具有争议，然而，这一事实可以让我们避免认为词义间存在一个简单的、同质化的对等性。

这就解决了一部分的问题，但并不是全部。虽然社会群体的自我定义很重要，但也不是说除此以外就没有什么能说的了。行为主体或许会把一些对等性归因于事后看起来非常不同的现象；他们或许会掩盖或根本意识不到自己的解释性行为，并认为对等性是自然发生的或给定的，而不是争

---

① Lydia H. Liu, *Translingual Practice: Literature, National Culture, and Translated Modernity: China, 1900 – 1937*, Stanford, CA: Stanford University Press, 1995.

② Christopher Hill, "Conceptual Universalization in the Transnational Nineteenth Century", in Samuel Moyn and Andrew Sartori (eds.), *Global Intellectual History*, New York: Columbia University Press, 2013, pp. 134 – 154.

议的结果。在大多数情况下，对概念的转换和对争议的解释有助于揭开概念的话语策略（discursive strategies）。

更重要的是，虽然我们对于行为主体的概念的研究能够帮助完善我们的描述，却不能完善我们的解释。有人认为，"中产阶级"的概念化过程和它被用于实践只不过是推动历史力量的副产品："看上去主观的社会行为准则、风格和道德，事实上都是客观的社会与经济关系的产物。"① 基于此观点，"阶级"不是从一个概念（虽然它或许带来了一个新概念），而是从某种生产关系中诞生的，而这种生产关系是可以独立于概念史而被研究的。文化史已经完善了这一观点，指出定义中产阶级生活方式的不只是生产，更有消费。② 然而，在现实中，自认为是"ashraf"、"bhadralok"或者"Bürger"的人在生产关系中所处的位置大不相同——"ashraf"可能依赖于土地收入或退休金，可能靠当学者或给富人做管理人员维生，也可能要靠公共捐助，或者给殖民地区工作，甚至有人从事以上好几种工作。他们的富裕程度不一，有人可能足以资助许多慈善项目，也有人只能勉强糊口。这些反过来会影响他们消费的可能性。所以并不是他们的维生方法，也不是他们的收入和生活方式创造了社会范畴——也就是阶级——的基础。因此，无论是客观的社会关系和阶级本身，或是我们通过概念的主观解释与实践，这些都并不重合。

我们不需要（也不应该）忽略权力或物质性。如前所述，概念史不应该只单方面地关注行为主体对现实的解释。然而，物质世界及其运用概念的解释不会直接互相转化。更多时候，物质世界能够影响行为主体能拥有

---

① Tithi Bhattacharya, *The Sentinels of Culture: Class, Education, and the Colonial Intellectual in Bengal*, Delhi: Oxford University Press, 2005, p. 7. 在概念史中类似的论点见 Andrew Sartori, *Bengal in Global Concept History: Culturalism in the Age of Capital*, Chicago: University of Chicago Press, 2008。与"中产阶级"相关的更细致的论述见 Sanjay Joshi, *Fractured Modernity: Making of a Middle Class in Colonial North India.* Delhi: Oxford University Press, 2001；"The Spectre of Comparisons: Studying the Middle Class of Colonial India", in Amita Baviskar and Raka Ray (eds.), *Elite and Everyman: The Cultural Politics of the Indian Middle Classes*, London: Routledge, 2011, pp. 83 – 107。

② Leonore Davidoff and Catherine Hall, *Family Fortunes: Men and Women of the English Middle Class, 1780 – 1850.*

和已拥有的经验。经验对于概念史来说是至关重要的范畴——毕竟德国哲学家汉斯－格奥尔格·伽达默尔对赖因哈特·科泽勒克来说有决定性的影响，继而通过赖因哈特·科泽勒克影响到概念史。[1] 经验反过来也会影响行为主体的阐释，但是经验并不提供任何确定的方向。无论是将现实转化为经验，还是将经验转化为侧重于概念的解释，都不能依赖于预先假定的对等性。相反，概念能够指导实践，进而使物质现实发生变革。这个循环使我们不只关注前后的逻辑，更能从物质现实和主观阐释中找到起点。[2] 概念总是有争议的，这一事实使得权力关系得到整合：概念（以及其包含的实践）会变得具有支配权，原因是它们在思想上是令人信服的。更多的时候，是概念让行为主体做的事决定了概念是否可行。[3] 并且在实际中，就像任何其他思想产物一样，一个概念的传播需要一定的物质前提。

## 超越自我意识的全球史（Global History beyond Self–Awareness）

我们说的这些能如何帮助我们超越不完善但不可或缺的分析范畴，以更多的自我意识来撰写跨国史和全球史呢？这些理论反思能否转化为方法论？这种方法论又如何产生不同的分析范畴？

我想建议三个连续的步骤。第一步，我们可以使用社会科学中常用的那些分析范畴，但我们要将它们标记为暂定的。我们不仅要标注出不同语言中的共同主题，例如，将"ashraf"标记为"中产阶级"能让那些研究奥斯曼语里的"ayan"和日语里的"kaikyû"的学者注意到，这篇文章的作者可能和他们有着共同的兴趣点和潜在的合作可能。更重要的是，这样做能帮助读者从一开始就将希望挑战和转化的研究范畴带入阅读的过程当中——简单地忽略有问题的已有范畴并不能使它们失去认识论的效力。在这个过程中，社会科学中当下正在被使用的研究范畴的确是不可或缺的。通常

---

[1] Hans – Georg Gadamer, *Truth and Method*, 2nd edition, translated by J. Weinsheimer and D. G. Marshall, New York: Crossroad, 1989.

[2] 更详细的解释，见 Margrit Pernau and Imke Rajamani, "Emotional Translations: Concepts beyond Language", *History and Theory*, Vol. 55, Issue 1, 2016, pp. 46 – 65。

[3] Willibald Steinmetz, *Das Sagbare und das Machbare: Zum Wandel politischer Handlungsspielräume*, *England*, *1780 – 1867*, Stuttgart: Klett – Cotta, 1993.

来说，在研究或写作的过程中，我们能很快从研究范畴和实际材料中发现不一致，然后把这些不一致当成起点去反思"middle class"这个概念与"ashraf"或"Bürgertum"为何不一样。这个问题在殖民的语境（colonial situation）下常被放大，但是在欧洲范围内也值得研究。概念间的不一致同时也表明了社会科学研究范畴的不完善性。到这点为止，我遵循了迪佩希·查卡拉巴蒂的路径，但这还不是我要说的全部。

在第二步，概念史成为中心。若我们去研究分析范畴本身作为概念的历史，就能松动历史行为主体和历史学家各自解释的边界，并把这些概念在社会科学中的使用史展现出来。虽然我们仍然在强调这些范畴的不完善性，但我们能够更精确地去研究这些不完善。像前面所说的，研究范畴不只和欧洲的概念联系在一起，它们会被不同语言以不同方式表达，跨越语言的界限。①

在这之后，我们要加入印度行为主体使用的概念，把跨语言的实践考虑进对这些概念的重构和定义中去。研究分析类概念的历史能使我们识别出作者实际上在使用哪些概念以及使用到什么程度。如此，我们就不会再把"西方知识"的影响力视为理所当然的，而是去关注哪些知识和哪些阐释在何时对何者而言尤为重要。我们需要更多关于知识和概念传播方式的研究，不论是通过书籍、翻译或是通过总结或应用。② 在此之上我可以大胆假设，许多印度作者比我们想的更能意识到欧洲知识中的分歧和断层线，并能在不同的知识层面中做出理智的选择。

---

① Willibald Steinmetz, "Gemeineuropäische Tradition und nationale Besonderheiten im Begriff der 'Mittelklasse': Ein Vergleich zwischen Deutschland, Frankreich und England", in Reinhart Koselleck and Klaus Schreiner (eds.), *Bürgerschaft: Rezeption und Innovation der Begrifflichkeit vom Hohen Mittelalter bis ins* 19: *Jahrhundert*, Stuttgart: Klett - Cotta, 1994, pp. 161 - 263; Reinhart Koselleck, Willibald Steinmetz, and Ulrike Spree, "Drei bürgerliche Welten? Zur vergleichenden Semantik der bürgerlichen Gesellschaft in Deutschland, England und Frankreich", in Reinhart Koselleck (ed.), *Begriffsgeschichten*, Frankfurt: Suhrkamp, 2006, pp. 402 - 465.

② Priya Joshi, *In Another Country: Colonialism, Culture, and the English Novel in India*, New York: Columbia University Press, 2002. 我们现在依然需要类似普里亚·乔希（Priya Joshi）的作品，关注道德哲学、社会学以及社会科学的英语文学。

然后，我们要找到此欧洲概念在印度语言①中的对等物，这是印度人和殖民者两个群体所使用的。通常，我们会发现不止一个词，而是一组处于同一个词义领域（semantic field）中紧密相关的多个表达。这些对等物在词典中常常直接相关联："市民社会"在英语中叫"civil society"，而在乌尔都语中叫"tahzib ul akhlaq"。② 但是我们更要注意建立非直接相关的翻译对等物。正如我接下来要详细说明的，"ashraf"和"middle class"两词有着可比较的意义，互相并不直接相关，但是它们共享一些价值观、实践方式以及情感倾向——这就是将其他符号纳入一个词语中从而拓展该词语义范围的典型案例。③ 这样对于对等物的识别能使我们追溯不同概念相遇以前的历史，从而发现两者的相遇如何使它们产生变革。对历史性的、跨语言的概念有了基本的认识后，我们就能从一开始更精准地解释我们发现的不一致。

虽然我们能非常精确地证明一个概念的不完善性，这可能会更准确地表明概念在哪些方面需要进行改造，但是我们也无法弥补其不可避免性。因此，第三步，我们需要解决这样一个问题：如何变革现有的分析类概念，从而公正地认识行为主体所认知的他们自己的世界。很明显，我们要按照这些调查重新定义分析范畴。然而，我们可能会误把概念的特质当成完全理性的及以语言为基础的。如果赖因哈特·科泽勒克关于经验与概念之间的密切关系的分析是正确的，那么一个概念的说服力主要在于它能使一群人的经验合理化，无论这个概念是通过历史知识，还是不同的媒体渠道习得的——比如小说、图画和电影通常比学术书籍更能传播经验并留下思维图像，就算对专业历史学者来说也一样。重新定义"ashraf"或"Bürgertum"，就好像我们将"Bürger"的思维图像与戴着高帽子穿着绅士晨礼服联系在一起，而不会把它与印度头巾和高领长衫联系在一起。如果我们要改变概念的定义，不用这样的思维图像就无法得到有意义的结果。如果"中产阶

① 作者在这里使用的是印度语言的复数，即 Indian languages。——译者注
② Margrit Pernau, *Ashraf into Middle Classes: Muslims in Nineteenth - century Delhi*, pp. 336 - 338.
③ Imke Rajamani, "Pictures, Emotions, Conceptual Change: Anger in Popular Hindi Cinema", *Contributions to the History of Concepts*, Vol. 7, No. 2, 2012, pp. 52 - 77.

级"是一种包含了多数的欧洲经验的概念，而且它随着时间的推移被所描述的经验深深打上烙印，那么能使此概念被省份化的方法只有加入其他经验——我们要从概念内部去变革它，这个过程中的每一点都标志着概念的变化的发生，无论是在被阐述的历史的层面还是此阐述本身的层面。当我们在"Bürger"的经验中加入印度头巾——如果读者能接受的话——那么这会从根本上改变"Bürger"这个概念。一个被联想到戴着印度头巾的"Bürger"和一个戴着高帽子的"Bürger"是不一样的概念。这么做不会带来概念的新的普遍化过程，也不会强调这个概念的普遍性，而是会挑战它排外的特性，使它向世界其他不同地区的经验开放。我们的目的是去变革一个概念以及它们的语用学，这种变革有助于摆脱该概念的不完善性。

赖因哈特·科泽勒克认为这样把其他语言背景的经验纳入一个概念的过程是有问题的，因此他对跨国比较研究的方法避而远之。他认为，在比较两个表达不同语境经验的概念时，仅采用其中一种语言为介质是不可能办到的。我们需要一种元语言（metalanguage），它要与概念当中的不同之处等距离，并借此从中调节。但是，赖因哈特·科泽勒克最后也强调，"这样一种元语言是不存在的"。[①] 我一度希望他是错误的。全球史和比较研究将继续存在，如果我们想要交流，我们迫切需要这种语言。我因此主张概念常常是可塑的，可以通过新的经验被变革。这些过程在概念史中是最关键的，并不会因为历史学家的参与而停止。我们的分析类概念其实是概念历史的一部分。我们对于过去事件的概念并不是由当下的亲身体验构成的，而是通过看图画、电影，还有阅读。历史概念总是被新的经验改变，同样的，阅读新的叙事视角也会改变这些概念。这样的改变不仅仅是一本书的结果，甚至一整个系列的很多本书也不会带来一个完美的元语言或元概念，让我们明白中产阶级是戴高帽子还是印度头巾、留辫子还是有文身。概念史很有潜力改变全球史的书写，原因是它能将概念省份化。我

---

① Reinhart Koselleck, Willibald Steinmetz, and Ulrike Spree, "Drei bürgerliche Welten? Zur vergleichenden Semantik der bürgerlichen Gesellschaft in Deutschland, England und Frankreich", in Reinhart Koselleck (ed.), *Begriffsgeschichten*, Frankfurt: Suhrkamp, 2006, pp. 402 – 465.

们的目的不是说"ashraf"是否构成了像在英国那样的中产阶级概念，而是去变革"中产阶级"这个概念并腾出空间给"ashraf"。

## 德里及其他地区的中产阶级

我们现在可以将以上谈到的三个步骤应用到对"ashraf"的研究中。我将集中解释 19 世纪德里的穆斯林群体，同时也会涉及印度北部地区。

在德里我们能看见那些在欧洲形成的中产阶级职业群体：医生、商人、行政管理人员、律师、制造商、教师和知识分子。但是，在我们采用刚刚说的第一步时，如果我们先入为主地预设这些群体可以被分类在英语中的"middle class"或德语中的"Bürgertum"这个概念中，并且他们对此概念有着共同的归属感，我们马上就会遇到问题。英语中的"middle class"一词把社会分成三级，该词区别于贵族阶级和下层阶级。而在印度德里，我们会发现一个双层结构的社会，即"受人尊敬的阶级或精英"（乌尔都语为"khas"，印地语为"ashraf"）与相对应的"平民百姓"（乌尔都语为"aam"，印地语为"ajlaf"）。此外，英语和德语中的"中产阶级"包括了一些自由职业者、行政人员，还有商业群体，但是印地语中"ashraf"不包括商人和制造商。因此，用"中产阶级"这个在英国历史中发展出来的概念去描述 19 世纪初德里的社会结构是不完善的。

第二步，让我们把"Bürgertum"和"ashraf"放在中产阶级的概念史的两边。"middle class"和"Bürgertum"已经被广泛研究。① 要打开这个看似统一的欧洲概念，有三点很重要。第一，德语词语"Bürger"与

---

① 关于中产阶级的概念史，见 Dror Wahrmann, *Imagining the Middle Class: The Political Representation of Class in Britain，c. 1780 - 1840*, Cambridge：Cambridge University Press, 1995。德语作品见 Manfred Riedel, "Bürger, Staatsbürger, Bürgertum", in Otto Brunner, Werner Conze and Reinhart Koselleck（eds.），*Geschichtliche Grundbegriffe: Historisches Lexikon zur politisch - sozialen Sprache in Deutschland*, vol. 1, Stuttgart：Klett - Cotta, 1972, pp. 672 - 725。关于德国和日本的比较研究，见 ManfredHettling and Tino Schölz（eds.），*Bürger und shimin: Wortfelder, Begriffstraditionen und Übersetzungsprozesse im Deutschen und Japanischen*, München：Judicum Verlag, 2015。

"Burg"（城堡，原意指中世纪时期直接隶属于国王而自治的城市，中间没有贵族阶级）相关。"Bürger"的意思因此结合了市民（Staatsbürger）与私有土地的成员资格（Bürgerstand）。在 19 世纪，这就使得"Bürger"这个社会范畴的语境与政治权利相关联，因此"Bürgertum"不仅视自己为社会的中心，而且为普遍的主体。第二，德国对于贵族阶层的划分要比英国严格得多。庄园这个概念一直到第一次世界大战时期都是一个法律概念，而不仅仅是社会或经济概念，而且，除非被封为贵族，否则庄园不能被转移给其他人。第三，不论在哪个国家，"中产阶级"这个概念的经济、社会和文化定义曾经一直有激烈的争议。①

然而，北印度的"ashraf"通过他们自己的个人品质来定义自己：受人尊重（sharafat），一种源于他们高贵血统的尊敬感。他们的祖先源自伊斯兰腹地、阿拉伯、波斯或中亚（如果他们不声称自己是与先知及其同伴直接相关的话），这与本地皈依者不同。他们深信这种高贵的血统，高贵的举止融入了他们整个人。有了这种遗传的品质还不够，他们还需要通过教育和自我修养来修炼；然而，这种修炼仅限于那些在出生时就已经拥有此潜力的人，他们要做的只是去激活它。贾法尔·谢里夫（Jafar Sharif）于 1834 年出版的《伊斯兰民俗》（Qanoon - e Islam）就是将社会人群划分为"ashraf"和"ajlaf"，即移民和皈依者、受尊重者与平民的经典文本。19 世纪初，它由一个荷兰医生与南印度什叶派学者合作写成。② 但其中的划分和阶层并非没有受到过挑战。在勒克瑙提督为一位来自卡尔巴拉（Karbala）的客人写的文字中，卡蒂尔（Qatil，即 Mirza Muhammad Hasan，1758 ~ 1817）乐于挑战基本的社会阶级。他解释说，印度斯坦人已经发展出通过姓名来识别移民社会地位的方法。他们相信每个自称为"Mir"的人都是赛义德"Saiyid"，即先知的后裔，当然这个词也可以与"Mirza"

---

① 关于德国的中产阶级 Bürgertum 讨论，见 Jürgen Kocka, "The European Pattern and the German Case", in Jürgen Kocka and Allan Mitchell（eds.）, *Bourgeois Society in Nineteenth - Century Europe*, Oxford：Bloomsbury, 1993, pp. 3 - 39。

② Jafar Sharif, *Qanoon - e Islam, or the Customs of the Moosulmans of India: Comprising a Full Account of Their Various Rites and Ceremonies*, translated and edited by G. A. Herklots, London：Allen Parbury, 1832.

互换，指的是莫卧儿人。然而，中亚人对于识别赛义德的要求没有那么严格，只看母系谱系，而克什米尔人还会把"Mir"这个词用作一种乐师的头衔，相当于中尉级别。①

这种受人尊敬的状态也需要一定的物质条件去支撑。传统的获得富裕和经济权力的途径是控制土地收入，如对贵族土地（jagirs）的行政管理，或者通过津贴补助金（pension）。传统上，行政人员、法律顾问、学者或医生获得的酬劳都是通过津贴补助金的形式。贸易处于一个模糊的地位。虽然说一些"ashraf"，哪怕地位高如王子、公主，都参与过贸易且不会被人认为是自降身份，② 但是贸易商人本身不被算作"ashraf"阶级：作为"ashraf"去进行贸易是被允许的，但是通过贸易晋升为"ashraf"则不行。我们可以说，对于所有"ashraf"来说，受人尊敬的程度并不与其对经济资源的获取相提并论，虽然一定的经济宽裕对于修养这一品质来说是必要的，但是这个群体的人的生活标准大不相同。而且，失去财富的"ashraf"不一定会失去受人尊敬的状态。

19世纪初期，德里以及其腹地受间接殖民统治，莫卧儿王室的成员在这片地区的权力越来越大。但这对于"ashraf"的经济地位并没有一个统一的影响。③ 所谓的"jagirdars"是否能稳定其土地收入因地区不同而变化，也随时间变化。④ 另一方面，殖民时代给"ashraf"阶级带来了一些高

① Mirza Muhammad Hasan Qatil, *Haft tamasha*, translated from Persian into Urdu and edited by Muhammad Umar, Delhi: Maktaba Burhan, 1968. 更多讨论见 Margrit Pernau, *Ashraf into Middle Classes: Muslims in Nineteenth - century Delhi*, pp. 58 - 68。

② 莫卧儿国王汗格的妻子努尔亚汗（Nur Jahan）和夏亚汗国王的女儿亚汗娜拉（Jahanara）都参与过海上贸易。见 Soma Mukherjee, *Royal Mughal Ladies and Their Contributions*, Delhi: Gyan Books, 2001。在19世纪，洛哈鲁（Loharu）的总督也因为马匹贸易闻名，见 Mildred Archer and Toby Falk, *India Revealed: The Art and Adventures of James and William Fraser*, London: Cassell, 1989。

③ David Lelyfeld, "Ashraf", in Rachel M. Dwyer ( ed. ), *Keywords in South Asian Studies*, London: School of Oriental and African Studies, 2004, www. soas. ac. uk/south - asia - institute/keywords/; Margrit Pernau, *Ashraf into Middle Classes: Muslims in Nineteenth - century Delhi*. 关于19世纪德里的社会与经济背景，见 Narayani Gupta, *Delhi between Two Empires, 1803 - 1931: Society, Government, and Urban Growth*, Delhi: Oxford University Press, 1981。

④ 关于英国对印度的土地政策，见 Margrit Pernau, *Ashraf into Middle Classes: Muslims in Nineteenth - century Delhi*, pp. 66 - 75。

薪的行政岗位。在没有完全边缘化其他资源的情况下，他们的特定知识无论在殖民地区还是公共领域都成为市场化的商品。

在 19 世纪，有两场争论挑战着中产阶级 "ashraf" 和受人尊敬 "sharafat" 这两个概念。第一场争论是有关 "ashraf" 的 "他者"（the asfraf's "other"）。通过上述我们可知，在 19 世纪初期人们只知道两个类别，理论上完全（但实际上不一定）概括为 "ashraf" 和 "ajlaf" 类别，即受人尊敬的人和平民，或是移民和本地皈依者。与其不同，它们与高贵性（印地语为 "umara"）的区别是很微弱的，这两个群体不仅共有受尊敬的特性，强调血统，而且通常都与经济来源和家族谱系相关。这个双层结构因此在 19 世纪变得越来越有争议。"nawab"（总督）一词曾经被用来描述他者，但现在新的 "ashraf" 人群用它来凸显自己的贵族生活方式。18 世纪晚期，这一用法已在宗教改革派的内部引发了批评，反对者认为这样是在卖弄财富，有违德行。此言论在 1857 年起义后得到广泛支持，在我们的后见看来，这一批评是腐朽贵族造成的，并在 1870 年后成为主流，"ashraf" 群体更多地参与殖民任务，像区别于底层阶级那样把自己区别于 "nawab" 群体。他们此时把自己安全地置于社会的中间阶层，而且此社会领袖地位也符合英国中产阶级的条件。这一点在一些作家如纳齐尔·艾哈迈德（Nazir Ahmad，1830～1912）或莫扎·鲁斯瓦（Mirza Ruswa，1857～1931）的作品中都很明显。这些作品都描述出这些新的 "ashraf" 阶级与 "nawab" 阶级的不一样的生活方式；在一些提倡新兴文明的杂志，如赛义德·阿马德·汗（Saiyid Ahmad Khan）的《道德的文明》（*Tahzib ul Akhlaq*）中也是如此。①

第二场争论则是关于商人的地位。宗教改革派又一次在这场争论中冲锋陷阵。契斯特教团（Chishti Order，一个伊斯兰教的苏非主义教团）和梅劳里（Mahrauli）的库特布丁（Qutb ud Din）圣殿与王室有着密切

---

① Margrit Pernau, *Ashraf into Middle Classes: Muslims in Nineteenth - century Delhi*, pp. 241 - 257; "The Virtuous Individual and Social Reform: Debates among North Indian Urdu Speakers", in Margrit Pernau et al., *Civilizing Emotions: Concepts in Europe and Asia*, Oxford: Oxford University Press, 2015, pp. 169 - 187.

的关系，受益于王室赞助并向其提供宗教顾问。① 而纳克什班迪教团（Naqshbandi Order，另一苏非主义教团）一直从商人处得到赞助：商人们不仅资助该教团的清真寺和学校，还包括他们针对锡克人和英国人而建的政治军事场所。② 这种支持可以说是因为苏非主义要抨击 "nawabi" 的生活方式，也可以说是商人密切参与了改革派的计划。该计划旨在以回归本源的名义将宗教传统系统化，并淡化圣人的超自然力量和中介作用。对于苏非主义者来说，要获得救赎不再是通过离开这个世界，而是通过为信徒团体谋求利益。③ 新的 "ashraf" 群体也同样与商人的关系越来越近。纳齐尔·艾哈迈德就曾反对赛义德·阿马德·汗对于殖民地的依赖，主张采用贸易来增进穆斯林群体的自治性。④ 这些群体之间不是完全没有差别，但往后差距会变得越来越小。

重要的是，这些发展与行动者对社会流动性的解释有关。传统来说，之前要晋升为受尊敬的阶级不能通过积累财富或支配资源，而要通过培养高贵的灵魂。出身和个人品质之间的联系是双向的：人们认为，高贵的出身会带来高贵的品质；反过来，如果一个家庭或群体的行为看起来符合 "sharafat"，那么人们就认为他们一定有高贵的出身。一个人可以通过展现相应的生活方式来证明自己具有高贵的品质。然而，由于 "nawabs" 浮夸的生活方式很难承担而且不够体面，这种情况变得越来越困难。而且，新兴的 "ashraf" 阶级与商人的生活方式看上去没有明显区别。受人尊敬这一 "sharafat" 阶级的核心概念因此开始越来越多地基于两个概念：教育和虔诚。这两个概念都是北印度穆斯林群体关注的。但是，人们较少关注的

---

① Catherine Asher, *Architecture of Mughal India*, Cambridge：Cambridge University Press，1995，p. 293.

② Marc Gaborieau, *Le Mahdi incompris: Sayyid Ahmad Barelvi（1786 – 1831）et le millénarisme en Inde*, Paris：CNRS，2010.

③ 有关纳克什班迪教团的改革计划，见 Warren Fusfeld, "The Shaping of Sufi Leadership in Delhi: The Naqshbandi Majaddidiyya, 1750 – 1920", PhD diss.，University of Pennsylvania，1981；Thomas Dahnhardt, *Change and Continuity in Indian Sufism*, Delhi：D. K. Printworld，2002；Farhan Ahmad Nizami, "Madrasahs, Scholars, and Saints: Muslim Response to the British Presence in Delhi and the Upper Doab", PhD diss.，University of Oxford，1983。

④ Mirza Farhat Ullah Beg, *Daktar Nazir Ahmad ki kahani: Kuch meri aur kuch unki zaban*, Delhi：Anjuman – e taraqqi – e Urdu，1992，pp. 21 – 27.

是，它们在多大程度上促进了社会流动，使人们跨越旧有的基于谱系的
"ashraf"和"ajlaf"的鸿沟，以及在多大程度上促进了有学识的人、自由
职业者和商人的融合，同时还保留"nawabi"贵族和"subaltern"的类
别。① 到了19世纪末，"ashraf"这个概念开始明显区别于上层阶级和下层
阶级，并且囊括了商人群体。纳齐尔·艾哈迈德所说的"我是一个白手起
家的人"这样自信的话在一个世代前根本不能实现。② 然而，"ashraf"这
个概念本身还是有争议的，有人强调继承的地位和谱系，有人强调成就。

当我们与孟加拉的案例相比时，③ 我们会惊讶地发现，人们在重新定
义"ashraf"概念时很少直接参考英国"中产阶级"的概念，但是英国的
这个概念在"ashraf"中并未缺席。影响了"ashraf"这个概念的一组概念
是"礼仪"（civility）与"文明"（civilization），这些概念在19世纪中产
阶级的自我认知中是最重要的定义范畴。④ 强调"礼仪"这个概念及其在
乌尔都语中的对等物"tahzib ul akhlaq"能使我们在定义社会群体时避免
关注可能的经济基础，而将注意力更多地转移到讨论价值观和实践这些核
心的范畴。对"ashraf"群体来说，他们关注"礼仪"能把自己与英国的
中产阶级对等起来，而且他们能够在此概念中包含进维多利亚时代的价值

---

① 对德里的旁遮普商人的研究参见 Margrit Pernau, "Love and Compassion for the Community: Emotions and Practices among North Indian Muslims, c. 1870 – 1930", *Indian Economic and Social History Review*, Vol. 54, Issue 1, 2017, pp. 21 – 42。

② Mirza Farhat Ullah Beg, *Daktar Nazir Ahmad ki kahani: Kuch meri aur kuch unki zaban*, Delhi: Anjuman – e taraqqi – e Urdu, 1992, p. 21.

③ Tithi Bhattacharya, *The Sentinels of Culture: Class, Education, and the Colonial Intellectual in Bengal*, Delhi: Oxford University Press, 2005, pp. 80 – 81; Rochona Majumdar, *Marriage and Modernity: Family Values in Colonial Bengal*, Durham, NC: Duke University Press, 2009; Brian Hatcher, *Bourgeois Hinduism, or the Faith of the Modern Vedantists: Rare Discourses from Early Colonial Bengal*, New York: Oxford University Press, 2008.

④ Margrit Pernau, "The Virtuous Individual and Social Reform: Debates among North Indian Urdu Speakers"; 有关乌尔都语"文明"的概念的背景，见 Muzaffar Alam, *Languages of Political Islam, India, 1200 – 1800*, London: Hurst, 2004。关于勒克瑙对此概念的解释，见 C. M. Naim, "Interrogating 'The East', 'Culture', and 'Loss' in Abdul Halim Sharar's Guzishta Lucknow", in Alka Patel and Karen Leonard (eds.), *Indo – Muslim Cultures in Transition*, Leiden: Brill, 2012, pp. 189 – 205。关于"礼仪"这个概念在英国中产阶级中的地位，见 Margrit Pernau, "Great Britain: The Creation of an Imperial Global Order", in Margrit Pernau et al., *Civilizing Emotions: Concepts in Europe and Asia*, pp. 45 – 63。

观和实践，减少与殖民地长官之间的距离和分歧。

最后，我们要来看"sharafat"这个概念如何影响实践。一段时间以来，历史学者关注创造了"ashraf"的群体，以及此群体创造的新的规范秩序，如芭芭拉·梅特卡夫（Barbara Metcalf）关于道德行为（adab）的著作，还有她为阿里·阿什拉夫·塔那维（Ali Ashraf Thanavi）翻译的作品，那个时代最畅销的女性读物，《天堂的装饰》（*Heavenly Ornaments*）。[①]"adab"这个概念包括了礼节和礼貌，这些基于道德观的行为被视为"ashraf"群体具有的受人尊敬的特质的外在表现。它不仅是德行的体现，更是一种有道德的情感的表达。[②]

在这一时期，有两组情感对于行为主体成为"ashraf"来说至关重要，并且为他们创造了一种主观的归属感。[③] 如果"nawabi"群体的生活方式包含同性交际（homosociality）与高级情妇（courtesans），新"ashraf"群体则在家庭上投资更多时间。这种中产阶级对家庭的情感已经被学者们深入研究过。这种情感包括重新配置伴侣之间的爱，从而得到理想的婚姻，并在衍生家庭中创造出一种新的二元关系。[④] 与此对应的是一种新的母爱，它被视为女子天生的品质，同时也是一种有纪律性的感情。好的母亲爱她们的孩子，但不溺爱孩子。哈利（Hali，1837～1914）在《女子的集会》（*Majalis un Nisa*）中写道，母亲要在孩子接受学校教育之前就教孩子一些品质，这些品质能够保证家族受人尊敬的状态延续下去，这样的话，孩子

---

① Barbara D. Metcalf（ed.），*Moral Conduct and Authority: The Place of Adab in South Asian Islam*，Berkeley: University of California Press，1984；*Perfecting Women: Maulana Ashraf 'Ali Thanawi's Bihishti Zewar*，Berkeley: University of California Press，1992.

② Margrit Pernau，"Emotions: Concepts and Semantic Nets in Urdu，1870－1920"，*Contributions to the History of Concepts*，Vol. 11，No. 2，2016，pp. 38－57.

③ Leonore Davidoff and Catherine Hall，*Family Fortunes: Men and Women of the English Middle Class*，1780－1850.

④ Rochona Majumdar，*Marriage and Modernity: Family Values in Colonial Bengal*，Durham，NC: Duke University Press，2009；Mytheli Sreenivas，*Wives，Widows，Concubines: The Conjugal Family Ideal in Colonial India*，Bloomington: Indiana University Press，2008；Judith Walsh，"What Women Learned When Men Gave Them Advice: Rewriting Patriarchy in Late Nineteenth-Century Bengal"，*Journal of Asian Studies*，Vol. 56，No. 3，1997，pp. 641－677.

们就会"像一盏灯，已经有了灯油和灯芯，只等待着被点亮"。① 这样的要求给女子和年轻太太们带来了新的教育上的压力。只有那些受过教育的且明白自己的宗教和普遍职责的女子才能够克服迷信、控制自己的情感。此外，实践教育让她们能胜任家庭管理者的角色，如果丈夫或其他家庭成员离家工作，她们会学习该相信谁、不该相信谁，她们也会与离家的成员保持联系。② 她们的效率为受人尊敬提供了物质的一面：由于新的"ashraf"群体缺失了一些经济手段，这也就排除了她们会像过去或现在的"nawabs"那样去过炫耀的生活。赛义德·阿马德·汗的亲密友人毛维·扎卡拉（Maluvi Zakaulla，1832~1911）在他的教育学论文中写道，无论男女都要仔细地对资源进行分配和规划（包括对准时的新强调），这不仅仅是一种必要的需求，而且还要被普及去规范不加控制的欲望，从而铸就坚强而有道德的性格。③

第二组情感则直接与社群共同体有关，强调家庭以外的同情心和同理心。④ 被爱的社群可以是按地理位置（watan）划分的，但更多的是按照人（qaum）来划分，无论这些人是被定义为一个宗教群体还是一个国家。情感和对情感的实践——从慈善、新闻到政治活动——是他们实现社群的核心。展现爱与同情心凸显了"ashraf"对社会和政治的领导力；同时，他们的高贵性是基于他们内在的无私的感情，而不是基于自利。

这些"ashraf"群体的实践与英国社会中长久以来识别中产阶级的特质一致，即社会性（sociability）与公民性（citizenship）。19 世纪 40 年代以后，德里出现了第一个采用英国模式的协会，有会员制、会员费、主

---

① Gailed Minault（ed.），*Voices of Silence: English Translation of Khwaja Altaf Hassain Hali's "Majalis un Nissa" and "Chup ki Dad"*，Delhi：Chanakya Publications，1986，p. 42；*Secluded Scholars: Women's Education and Muslim Social Reform in Colonial India*，Delhi：Oxford University Press，1998.

② Kumkum Sangari，*Politics of the Possible: Essays on Gender，History，Narratives，Colonial English*，London：Anthem Press，2002.

③ Muhammad Zakaulla，*Ta'lim ul intizam*，Delhi：Matba' Chashma-e Faiz，1892；*Ta'lim ul khisal*，Delhi：Matba' Chashma-e Faiz，1892.

④ Barbara Rosenwein，*Emotional Communities in the Early Middle Ages*，Ithaca，NY：Cornell University Press，2006；Margrit Pernau，"Feeling Communities: Introduction"，*The Indian Economic and Social History Review*，Vol. 54，Isuue 1，2017，pp. 1-20.

席、管理成员的选举和会议记录及决议的发表。在 19 世纪后期，这样的协会数量飞速增长。它们针对的目标很广泛，采用殖民地模式的程度也不一样。有一个重要的部分是个人的或大型慈善组织。在危急时刻，他们会一起去解决社群的压力，在日常生活中他们则强调社群内部的团结。慈善组织经常与传播教育的组织相重合。虽然从上面我们可以看到，学校教育和自我教育在创造和保持受人尊敬的状态方面已经成为核心，但是向他人传播教育更为重要。因为对于那些殖民文明的对象而言，成为实现他们文明使命的先驱能让他们认识到自己的文明的地位。对这些协会来说，最后一个最重要的目标就是保护宗教。这可能包括保护清真寺和坟墓，也包括传播宗教知识、建立伊斯兰学校、防止一个穆斯林政治被边缘化的社会的产生。[1]

如果说指南（advice books）提供了让人受尊敬的价值观和情感，那么这些协会就是人们实践这些价值观和情感的场所。这在德里市自治区的活动中体现得尤为明显，人们把成为自治区中的会员看作一种个人的社会地位，它会极大地增强个人的声誉。因此，无论是对殖民者还是印度民众来说，实践这些公民性可以被看成 "ashraf" 群体展现他们受人尊敬的状态和文明的标志性行为。这对那些缺乏良好的宗谱关系的人来说尤为重要，特别是那些 1857 年之后发家致富的商人。[2] 但是，这种受人尊敬的方式也开辟了新的影响力、赞助和权力的渠道。

虽然这些协会能表演和授权 "sharafat"，但是它们并不是新的 "ashraf" 的自留地——正相反，越是有声望的受到殖民者赞助的社团领袖越可能与莫卧儿家族有关。1857 年之后，英国人将这些人称为 "天生的领袖"。一方面，人们把他们参与这些形式的公共活动视为旧贵族在适应新的 "ashraf" 的生活方式；另一方面，它也造成了一个问题，这些活动不能明确区分 "ashraf" 和 "nawabs" 这两个群体。这两者的区别越来越多

---

[1]　Margrit Pernau, *Ashraf into Middle Classes: Muslims in Nineteenth – century Delhi*, pp. 333 – 341.

[2]　Narayani Gupta, *Delhi between Two Empires, 1803 – 1931: Society, Government, and Urban Growth*, Delhi: Oxford University Press, 1981.

地与当下时间性（temporality）的重新配置相关。无论是在"新光芒"（印地语为 na'i roshni）计划提供的阿里格尔（Aligarh）学院的知识，还是"新文明"（印地语为 na'i tahzib）计划，"ashraf"群体都为自己争取到了未来，并将"nawabi"文化与过去不可逆转地联系在一起。这种对现代性的要求遍及生活的所有领域，从诗歌和文学语言①到服装规范和消费模式，都与英国群体和"nawabi"群体的风尚截然不同。②

第三步，我们可以开始省份化欧洲，在实证研究的基础上思考概念的变革。在世俗化的叙事中我们把中产阶级视作私有化过程的先锋，但与此不同的是，"ashraf"群体实际上越来越宗教化。他们更关注礼仪的外在特征，如祷告者、朝圣者，还有隐居的女子。他们也会赞助社群的慈善项目，如著名的代奥德（Deoband）学院，一些社区的清真寺和慈善机构以此来帮助孤儿、寡妇、勤奋好学的女童还有穷人。我们与其将这种认知与实际的差异当作一种缺失的历史（a history of lack），不如用它来挑战中产阶级身份与世俗化的连接。这不仅能使我们展开对"ashraf"这个概念的讨论（其由于自身具有的礼仪已经不再被排斥在中产阶级叙事之外），我们还能关注更多欧洲的案例，例如，法国反对派的历史将有组织的宗教作为男性资产阶级身份的标志，而这需要我们去和法国女性的礼仪区分开来，以及与英格兰和美国的不同轨迹区分开来。③ 我们不能默认有这样一种"常态"——国家通过回应内部原因而发展且不理会周边的世界，在这样的"常态"中，殖民主义阻止了这个"常态"的发展，并且真正的东西被当作衍生物。因此，跨国史能帮助我们了解这些衍生物的不同程度从而识别它们

---

① Frances Pritchett, *Nets of Awareness: Urdu Poetry and Its Critics*, Berkeley: University of California Press, 1994.

② Nazir Ahmad, *Ibn - ul - waqt: Novel*, Delhi: Kitabi Duniya, 2002. 对于消费习惯与"ashraf"群体的创造之间的关系现在仍旧缺乏研究。有关孟加拉国的研究见 Srirupa Prasad, "Crisis, Identity, and Social Distinction: Cultural Politics of Food, Taste, and Consumption in Late Colonial Bengal", *Journal of Historical Sociology*, Vol. 19, No. 3, 2006, pp. 245 - 265; Utsa Ray, "'Eating Modernity': Changing Dietary Practices in Colonial Bengal", *Modern Asian Studies*, Vol. 46, No. 3, 2012, pp. 703 - 729。有关南印度的研究见 A. R. Venkatachalapathy, *In Those Days There Was No Coffee: Writings in Cultural History*, Delhi: Yoda Press, 2006。

③ 这也与 Sanjay Joshi 在 *Fractured Modernity: Making of a Middle Class in Colonial North India* 中的策略相吻合。

究竟是常规（rule）还是例外。① 相较于目前学者承认的更大程度上来说，② 不同欧洲国家经常仔细地互相观察，并从中衍生概念和相关的实践。③

我们能意识到这样的区别是很重要的，而且本文认为，我们还能更进一步。"中产阶级"作为一种分析类概念的确与一些特定的源概念（source concpets）和经验相关。但是分析类概念同源概念一样，注定是会有历史变革和有争议的——一旦我们开始书写概念的历史，它就不会停止。书写和创造概念史经常是齐头并进的。在同一个词语的表面底下，一旦整合了新的经验，就会产生概念上的变化。将"ashraf"群体的故事通过中产阶级说出来并不是为了重定义一个统一的概念且忽略两者之间的差别，而是用这些差别来使这个概念发生变革。我们想给读者带来的不是一个简单的定义，而是这些不同叙事之间的对话交流，以及对一个概念的新运用。在每一个概念的案例研究中，不同的叙事视角会给该概念的文本带来更多的丰富性，赋予这个概念新的内涵和新的思维图像，例如"ashraf"与印度头巾和高领长衫（印地语为"sherwani"）相连，而不是高帽子和晨礼服。我们对概念的阐释能让我们去区分开叙事角度和概念本身，防止我们重回原有的概念范畴。如果我说一篇文章或一本书就能使概念发生变革，那是太自负了——但是我们这么做至少能对概念产生一些影响，并且我们更能知道我们的方向在何处。

## 总　结

我们在做比较研究和交叉史（histories of entanglements）时需要一些分

---

① 将"偏差"（derivation）作为一种解释范畴的研究见 Partha Chatterjee, *Nationalist Thought and the Colonial World: A Derivative Discourse*, Delhi: Oxford University Press, 1999。

② 至少在欧洲"中心"，"外缘"的情况有所不同，参见 Henrik Stenius, "The Finnish Citizen: How a Translation Emasculated the Concept", *Redescription*, *Yearbook of Political Thought and Conceptual History*, Vol. 8, Issue 1, 2004, pp. 172 - 188。

③ Jürgen Kocka, "The European Pattern and the German Case", in Jürgen Kocka and Allan Mitchell (eds.), *Bourgeois Society in Nineteenth - Century Europe*, Oxford: Bloomsbury, 1993, pp. 3 - 39.

析类概念，好让我们找到共同的关注点并把不同的区域纳入探讨，这种探讨不该再局限于那些读得懂原文概念的人。我们想要的概念不能再局限于基于欧洲特定经验产生的旧有范围，这已经被证实是不够完善的。本文想要表达的是，概念史能让我们考虑行为主体对他们自己的世界里的概念是如何阐释的，以及我们对这些概念的再书写继而如何变革这些概念的分析范畴。概念史汇集了语言对于物质世界的总结，并伴随着政治经济的物质条件带来新概念的过程。①

对于印度史来说，过去20年中产生了许多有关殖民时期知识和概念的作品，它们强调的是权力关系。我们当下使用的概念有一些包袱，这促使我们这个职业进行自我反思。我们知道分析类概念是不充分的，但找不到策略，而概念史的使用为我们提供了一条出路让我们摆脱这样的困境，只需要我们反复推敲史料，去研究概念的历史。如果说我们的"过去就像是外国"（the past is a foreign country），它并不是"无主之地"（terra nullius），并不是没有居住者的无人区。相反的，之前就已经被其居住者们定义并变革。尽管现在我们有很多口头的说法，但在印地语、泰卢固语或旁遮普语中，我们仍旧还没有关于国家和政治的概念史，也没有社会群体、种姓、人种甚至宗教及其语义的概念史，我们可以不断扩充这个名单。

这种概念史的方法不仅仅是要去创造一部印度语言（或汉语、斯瓦希里语）的百科辞典，当然这么做也会非常受欢迎——正如这篇文章所说明的，关键概念的历史能让我们在研究概念的变革时不仅纳入殖民者的经验，而且纳入被殖民者的经验。全球史正在迅速成为一种连主要叙事方式都会受到挑战的学科。在接下来的10年到20年，全球史的发展要看世界

①　关于物质世界的变革，见 Bernard Cohn, *Colonialism and Its Forms of Knowledge: The British in India. Princeton*, NJ: Princeton University Press, 1996。还可参考 Andrew Sartori, "Global Intellectual History and the History of Political Economy", in Samuel Moyn and Andrew Sartori (eds.), *Global Intellectual History*, New York: Columbia University Press, 2013, pp. 110 - 134; *Bengal in Global Concept History: Culturalism in the Age of Capital*, Chicago: University of Chicago Press, 2008。

南部区域相关领域的学者是否会加入书写过程。① 通用的分析范畴的发展对我们来说至关重要——概念史既提供了省份化这些概念的方法，也给跨国史发展出一种新的语言。

---

① 如果我们想要严肃对待跨国和比较研究的方法，我们需要更多合作项目。Margrit Pernau et al., *Civilizing Emotions: Concepts in Europe and Asia*, Oxford: Oxford University Press, 2015. 这本书关注研究了 13 种欧洲及亚洲的关于文明和文化性的语言。

# 历史中的翻译——作为翻译的历史? *

## ——对历史学分析概念和研究对象的思考

〔德〕西蒙娜·莱西希（Simone Lässig）**　著

王晓宁***　译

　　**摘　要**　本文开篇论述了文化学学者对"文化翻译"（cultural translation）的普遍兴趣，并探讨了这一概念在历史学研究中的潜力。作者概述了翻译学领域的研究现状，并指出"文化翻译"这一概念和翻译作为研究课题可以广泛应用的具体领域。尽管"文化翻译"无法对历史学研究做出根本性的变革，但是可以拓宽研究的视域。作者认为，"文化翻译"有助于历史学者以新的方式看待以往已经熟知的一些现象，增强历史学者对不断变化的交流"模式"（modes）和不断涌现的"证据"（supports）的处理能力，并意识到自身所处"语境"（contexts）在研究中的重要性。此外，作者也探讨了"文化翻译"在研究中存在的局限。总体而言，"文化翻译"可以为文化史研究领域中产生的既定问题选取一种新颖而缜密的研究路径。

　　**关键词**　文化翻译　文化迁移　霍米·K. 巴巴　历史学　传教史

---

　　* 本文原文为"Translations in History – History in Translations? Considerations on an Analytical Concept and Research for the Study of History"，*Geschichte und Gesellschaft*（Vandenhoeck & Ruprecht），Vol. 38，No. 2，2012，pp. 189 – 216。
　　** 西蒙娜·莱西希（Simone Lässig），德国历史学家，研究方向为19 和20 世纪的社会与文化史、犹太史和宗教史。
　　*** 王晓宁，北京外国语大学历史学院博士研究生。

　　理解与被理解是不同文化、社会以及政治实践中不可或缺的基础。然而我们很少考虑到这样一个事实：这个基础在很大程度上是经由翻译建立起来的。无论是阅读用陌生的外语撰写的小说，还是阅读关于"首脑峰会"的新闻报道以了解政治家和经济学家们对未来重要议题的讨论和决策，对我们而言，翻译在其中的作用既不起眼又理所当然。我们通常只有在翻译失位时才察觉到其在交流和几乎所有社会领域中的重要功用，当我们无法与交流对象进行信息的"正常传递"时，或者由于缺乏外语能力而对陌生语言产生无力感：我们无法掌控自己的思想在经由笔译或口译转换成外语的过程中发生了多大程度的改变，① 有无可能被赋予了其他的内涵。

　　相较于这种表层的日常生活视角，翻译在文化学研究中的意义和重要性日益为学界所关注。学者们的研究兴趣不仅局限于字面意义上的翻译，即将文字和内容从一种语言转译为另一种语言，也包含对其中文化和社会实践层面更有隐喻意义的翻译。"文化翻译"（Kulturelle Übersetzung）已成为当下学科研究中的热点。学者多丽丝·巴赫曼－梅迪克（Doris Bachmann－Medick）甚至将此研究趋势定义为一种"翻译转向"（translational turn）②。在本文探讨的文献中，大多数作者并未做到如此深层次的探求。多数研究者聚焦于评估文化翻译在历史学中的分析潜力，并企图进一步探寻其在历史现象阐释方面的可能性和局限性———一部分学者使用理论工具进行解读，另一部分学者则基于具体资料来源进行设问并做实证分析。

　　本文首先概述翻译领域研究重点的发展状况及过去20年其学术重心的转变。其次，探讨了受文化学启发而诞生的"文化翻译"概念与"文化迁移"（Kulturtransfer）之间的异同。"文化翻译"这一概念也因被引入以历史学为代表的学科研究而得到了相当广泛的接受。最后，简要概述了文化

---

① 在翻译研究中，"Übersetzung"（翻译）一词严格来说是指在书面上将文本由源语转换为目标语，而口头的语言转换和解释应称为"Dolmetschen"（口译）。

② Doris Bachmann－Medick, "Introduction: The Translational Turn", translated by Kate Sturge, *Translation Studies*, Vol. 2, Issue 1, 2009, pp. 2 – 16; "Translational Turn", in Doris Bachmann－Medick, *Cultural Turns: Neuorientierungen in den Kulturwissenschaften*, Reinbek 2010, S. 238 – 283; vgl. auch ihren Beitrag in diesem Heft.

翻译这一研究范式迄今以来具体应用在历史学研究中产生的学术热点，以便对相关主题的文献进行最终归类，从而进一步思索文化翻译在其中的潜力和机遇；同时对文化翻译这一概念应用在历史学研究中存在的局限也有所窥探。

## 一 翻译中的"学术热点"

应用翻译学就是字面意义上的翻译，尽管这是一门相对年轻的语言学学科，在过去的 20 年却发生了明显的改变。在"文化转向"（cultural turn）和其他新兴研究（例如后殖民研究或性别研究）的影响下，其方法论和研究领域都得到了进一步的扩展。现如今，翻译学大多被视为跨学科翻译研究的一部分，该研究涵盖任何形式的跨越语言与文化障碍的专业交流。[①] 翻译学重点关注语言和文本的语境，并以这些主要类别为中心：文化差异、符号划分、异域性或他异性——这些类别当然也与其他学科有所关联。在这个扩展化的学科中，翻译学虽然仍与特定的语言联系在一起，并且在某种程度上还是多为文本分析，[②] 但其影响力越来越超出此范围。与此同时，最新的翻译学研究也再次引起了其他学科对交流之复杂性和矛盾性的重视——类似于文化研究中的媒体研究——并使他们意识到，在处理原文文本与改写本、源文化与目标文化等问题时要保持敏感，应谨慎地使用所谓"成功的"译文，因为即使是最卓越的翻译也无法完全实现思想与意义的一致性：文化是一个同时涉及结构与个性的变量，这一变量总会

---

① 跨学科翻译研究除了包含笔译学、口译学和术语学之外，还包含跨文化交际学。

② Stefanie Stockhorst, "Cultural Transfer through Translation: A Current Perspective in Enlightenment Studies", in Stefanie Stockhorst (ed.), *Cultural Transfer through Translation: The Circulation of Enlightened Thought in Europe by Means of Translation*, Amsterdam 2010, pp. 7 - 26; Andreas Gipper u. Susanne Klengel (Hg.), Kultur, Übersetzung, Lebenswelten. Beiträge zu aktuellen Paradigmen der Kulturwissenschaft, Würzburg 2008; Theo Hermans (ed.), *Translating Others*, Vol. 1, Manchester 2006; Birgit Wagner, Erkundungen über ein wanderndes Konzept (Kakanien revisited), 2009, http: // www. kakanien. ac. at/beitr/postcol/BWagner2. pdf.

以某种方式对翻译产生影响。①

1994 年，霍米·K. 巴巴（Homi K. Bhabha）在阐释"文化翻译"（Kultur als Übersetzung）时就上述这些思考提出了深刻而独到的见解，并在其研究中引入了文化翻译这一概念。② 文化翻译不仅限于狭义的语言转换，还要通过语言和语言的特定载体去传达价值观、思维方式、取向和行为模式，传递知识体系、概念术语或者社会实践。这些因素从一种文化语境转移到另一种文化语境，其自身也发生了改变（部分因素彻底改变），同时也影响和改变着文化语境。该研究也重提赖因哈特·科泽勒克（Reinhart Koselleck）早在 20 世纪 70 年代就提出的观点：概念和术语带有记忆的痕迹，很难被轻易转换成另一种语言，有时甚至在同一种语言内的传递都会产生移情差异。③

受霍米·K. 巴巴《文化的定位》（*Location of Culture*）一书的启发，随着学术界对跨国视角日益增长的研究兴趣，以及关于社会对移民、跨文化交流和文化战争（cultural wars）④ 日益激烈的争论，"翻译"这一概念在各项研究中变得更具有吸引力。其狭义的字面理解和更广泛的隐喻意义也在以跨学科的方式被探讨和运用，其研究范围也从语言学、文学和翻译研究拓展到戏剧研究、哲学研究甚至档案学研究。

对此，现今存在两种相互交织又各具特色的研究趋势：一方面，传统的翻译学研究日益发展成为一个文化学研究领域；另一方面，文化翻译这一概念被视为一种更广阔的研究视域或者一个新的阐释框架，并且作为文化学的研究对象受到越来越多的关注。如果针对历史学的创新潜力和认识

---

① Harald Kittel u. a. , Übersetzung. Ein internationales Handbuch zur Übersetzungsforschung, Berlin 2004；Kurt Müller – Vollmer and Michael Irmscher（eds. ）, *Translating Literature, Translating Culture: New Vistas and Approaches in Literary Studies*, Stanford 1998；Maria Tymoczko and Edwin Gentzler（eds. ）, *Translation and Power*, Amherst 2002；Judy Wakabayashi and Rita Kothari（eds. ）, *Decentering Translation Studies: India and Beyond*, Amsterdam 2009.

② Homi Bhabha, *The Location of Culture*, London 1994.

③ Reinhart Koselleck, Historische Semantik und Begriffsgeschichte, Stuttgart 1979.

④ 这个概念在 20 世纪 60 年代就已经被讨论过，但直到 20 世纪 90 年代才受到关注，参见 James Davison Hunter, *Culture Wars: The Struggle to Define America*, New York 1991。但其意义如今已发生极大改变，参见 Irene Taviss Thomson, *Culture Wars and Enduring American Dilemmas*, Ann Arbor 2010。

论价值提出设问，那么只有第二种研究趋势——作为概念和研究对象的文化翻译——才能做出相关的回应。

## 二　文化迁移与文化翻译

如果不考虑近代早期研究，文化翻译作为一种研究范式已卓有成效，例如应用在批判性较强和向文化人类学拓展的传教史中。在启蒙研究中，翻译也很早就成为研究对象。人们虽然对翻译用于历史学研究的关注逐渐增加，却并未激起较大的反响。这是一个令人惊讶的结果，因为一方面历史学研究也刚好摆脱了线性叙事或者说目的论的进步叙事，摒弃了阐释世界的二元模型。历史学研究用愈发敏锐的目光去审视那些相互作用、相互抵抗和不可翻译的事物；去关注其中的断裂、越界、僵固和重构；去检讨那些混杂状态和归属不同的象征，最新的文化学都可以从文化翻译的视角去研究和阐释这些社会发展中的现象。

另一方面，这种谨慎的态度可能（也）源于这样一种感觉：历史学中很多早已确定和为人所知的事物现在被贴上"翻译"标签后就成了相邻学科中的创新内容了吗？早在 20 世纪 80 年代，历史学家就已经开始对文化间的迁移和纠缠产生兴趣。这类研究早期采用渐趋规范的方法，聚焦在德法关系史的背景之下，重点探究到底是什么促使德法两国克服和超越文化间的界限，团结在一起。通过这种研究路径，他们开辟了超越以往占主导地位的民族主义方法论的新视角。在历史比较学探究中，历史参与者一般被强制性地根据民族和国籍来进行划分。相比之下，如今文化迁移研究的重点已转移到跨国界的历史空间、人物及族群，他们传输了知识和技术，并在各自的"接受语境"（Aufnahmekontext）中对其进行重塑。[1] 而"源文

---

[1]　Matthias Middell, Kulturtransfer und Historische Komparatistik: Thesen zu ihrem Verhältnis, *Comparativ*, Vol. 10, 2000, S. 7 – 41; Johannes Paulmann, Internationaler Vergleich und interkultureller Transfer: Zwei Forschungsansätze zur europäischen Geschichte des 18. bis 20. Jahrhunderts, in HZ 267. 1998, S. 649 – 685; Michel Espagne, *Les transferts culturels franco – allemands*, Paris 1999; ders., Der theoretische Stand der Kulturtransferforschung, in Wolfgang Schmale (Hg.), *Kulturtransfer: Kulturelle Praxis im 16. Jahrhundert*, Innsbruck 2003, S. 63 – 76.

化和目标文化"（Ausgangs‒und Zielkultur）或"文化适应"（Akkulturation）等术语表明，文化迁移研究最初是基于这样的观点：文化的"发送者"（Sender）和"接受者"（Empfänger）可以相对清晰地进行识别，迁移的方向也可以精准确定。其实，早期这类相对单向和目的性较强的文化迁移研究确实合乎逻辑，毕竟一般情况下文化会从强势一方传到弱势一方，这也很常见。但这些早期研究很少关注交换过程，对双边（bilateral）文化迁移研究的关注则更少。①

学者本尼迪克特·齐默曼（Bénédicte Zimmermann）和迈克尔·维尔纳（Michael Werner）提出了"交叉史"（Histoire croisée）理论，拓展了文化迁移的视域。"交叉史"更密切地关注多个对象间相互交叉的关系，并重视学者对此做出的认识论上的预设。② 其实，近代早期研究已将注意力转向文化去语境化和再语境化（De‒und Rekontextualisierung）③ 的相互

---

① Ebd.；Michel Espagne u. Matthias Middell（Hg.），*Von der Elbe bis an die Seine. Kulturtransfer zwischen Sachsen und Frankreich im 18. und 19. Jahrhundert*，Leipzig 1999；Hans‒Jürgen Lüsebrink，Kulturtransfer. Neuere Forschungsansätze zu einem interdisziplinären Problemfeld der Kulturwissenschaften，in Helga Mitterbauer u. Katharina Scherke（Hg.），*Ent‒grenzte Räume. Kulturelle Transfers um 1900 und in der Gegenwart*，Wien 2005，S. 23‒41；Rudolf Muhs u. a.（Hg.），*Aneignung und Abwehr. Interkultureller Transfer zwischen Deutschland und Großbritannien im 19. Jahrhundert*，Bodenheim 1998. Dominant waren deutsch‒französische，später deutsch‒englische und deutsch‒amerikanische Perspektiven. Ein Beispiel für trilateral angelegte Untersuchungen ist Hans‒Jürgen Lüsebrink，Trilateraler Kulturtransfer. Zur Rolle französischer Übersetzungen bei der Vermittlung von Lateinamerikawissen im Deutschland des 18. Jahrhunderts，in Günter Berger u. Franziska Sick（Hg.），*Französisch‒deutscher Kulturtransfer im "Ancien Regime"*，Tübingen 2002，S. 81‒98. Mit europäischer（wieder überwiegend frühneuzeitlicher）Perspektive Thomas Fuchs u. Sven Trakulhun，*Das eine Europa und die Vielfalt der Kulturen：Kulturtransfer in Europa，1500‒1850*，Berlin 2003.

② Michael Werner u. Bénédicte Zimmermann，Vergleich，Transfer，Verflechtung. Der Ansatz der Histoire croisée und die Herausforderung des Transnationalen，in GG 28. 2002，S. 607‒636；Hartmut Kaelble，"Between Comparison and Transfers‒and What Now? A French‒German Debate"，in Heinz‒Gerhard Haupt and Jürgen Kocka（eds.），*Comparative and Transnational History：Central European Approaches and New Perspectives*，New York 2009，pp. 33‒38.

③ 黄俊杰在阐释东亚文化圈时将"De‒und Rekontextualisierung"译为"去脉络化"和"再脉络化"。参见黄俊杰《东亚文化交流史中的"去脉络化"与"再脉络化"现象及其研究方法论问题》，《东亚观念史集刊》2012年第2期，台北：政大出版社，第59~77页。——译者注

过程，并在研究中引入"文化交流"（cultural exchanges）这一概念。[①] 但彼得·伯克（Peter Burke）对此提出疑问，在他看来，"文化交流"类似于"传统"（Tradition），会使人产生一种不可改变的印象，即这种稳固在很大程度上可以从一种语境维持不变地移植到另一种语境，并且（只是）被新语境接受。然而，接受并不是一个被动的过程，有很多文化现象无法被直接地转译。彼得·伯克的表达十分中肯："在实际情况中，这些文化现象需要去适应新的环境，它们首先会被去语境化和再语境化，被驯化或者说'本土化'（localized）。总之，它们被'改变了'（translated）。"[②]

文化迁移的局限性也从其他角度展现出来。后殖民主义研究指出了文化迁移研究中潜在的欧洲中心主义，并用"纠缠史"（entangled histories）理论反驳了明确划定彼此界线的文化本质主义。[③]

此外还要考虑到，在各学科受到广泛关注的"冲击－回应"理论（impact－response－Ansatz）很少在以文化研究为核心的媒体研究中被使用。"冲击－回应"理论在媒体研究中实际上已让位于以连接和挪用（而非接受和适应）为主的循环模型，[④] 而文化翻译理论几乎可以完美匹配这种循环模型。

但学者们也要对"文化迁移"的非动态和抗混杂的趋向做出批判性评价：一方面，它将研究视线投向民族国家之外的相互纠缠和交流，去关注在传统研究中曝光严重不足的人群关系网络和迁移过程；另一方面，它也几乎没有对迁移过程的中断和不对称，不成功的迁移，迁移中产生的冲突、抵抗和拒绝等问题保持敏锐性。[⑤] 如果"文化迁移"理论不在方法论

---

① Peter Burke, "Translating Knowledge, Translating Cultures", in Michael North（Hg.）, *Kultureller Austausch. Bilanz und Perspektiven der Frühneuzeitforschung*, Köln 2009, S. 69 – 80.

② Peter Burke, "Translating Knowledge, Translating Cultures", in Michael North（Hg.）, *Kultureller Austausch. Bilanz und Perspektiven der Frühneuzeitforschung*, Köln 2009, S. 70.

③ Michael North（Hg.）, *Kultureller Austausch. Bilanz und Perspektiven der Frühneuzeitforschung*, Köln 2009.

④ Lawrence Grossberg, Ellen Wartella, D. Charles Whitney et al., *Media Making: Mass Media in a Popular Culture*, London 1998; Andrea Hepp u. Rainer Winter（Hg.）, *Kultur – Medien – Macht: Cultural Studies und Medienanalyse*, Opladen 1999.

⑤ Dorothea Nolde u. Claudia Opitz（Hg.）, *Grenzüberschreitende Familienbeziehungen. Akteure und Medien des Kulturtransfers in der Frühen Neuzeit*, Köln 2008, S. 6 f.

上进行扩展，就无法公正地对待历史进程的复杂性和模糊性。①

　　而这种复杂性和模糊性正成为最新的历史学研究着力探讨的对象。在全球化进程加速的背景下，挑战和纠缠也接踵而至。那些之前被广泛认可的阐释范式如今符合文化现实的程度有限，文化间的误解也不再是例外，而是逐渐成为常态，所以在那些过于单一、融洽和只谈论向前发展的研究中逐渐滋生出不安：研究不再只涉及单纯的文化迁移，而是转换。这不再关乎一个"接管"（Übernahme）的问题，而是一个包含复杂传递、挪用思想或方法并创造新意义的过程；同时也要考虑这些过程发生时的政治、社会和文化环境。最重要的是，关注那些在不同空间和时间进行文化交流且具有决定性影响的参与者，简而言之，关注译者和翻译。

　　与以往历史学的迁移研究相比，② 如今的文化翻译研究更侧重于不同文化体验情境中的社会互动和交流。它特别关注其中的误解和不可翻译的事物，重视迁移过程中的成本及其造成的损耗。文化翻译研究还对其中有意识或无意识的意义变化进行分析，促使之前曝光不足、隐藏的跨语境联系重见天日，从而使他者文化能够在自身文化中显现出来，反之亦然。多丽丝·巴赫曼－梅迪克指出，文化接触和文化迁移常常与文化理解（Kulturverstehen）等同起来，被视作沟通不同文化间的理想桥梁，这其实缩小了其概念范围。③ 正是这种趋于规范的、在其诞生时就具有说服力的特征限制了历史学迁移研究中的发散性思维，使语言、翻译和可译性这些安东尼奥·葛兰西（Antonio Gramsci）强调的重要维度（诸如权力或霸权）在文化理解的研究中居于次要地位。④

---

① Weitere Aspekte der Kritik bei Michael Werner, Zum theoretischen Rahmen und historischen Ort der Kulturtransferforschung, in: North, Kultureller Austausch, S. 15 – 24, hier S. 15.

② 同时，翻译一词也用于迁移研究本身，尤其是在讨论迁移过程、文化模式和属性的适应性或重新阐释的研究中。参见 Arnd Bauerkämper, Wege zur europäischen Geschichte. Erträge und Perspektiven der Vergleichs – und transfergeschichtlichen Forschung, in: Christiane Reinecke u. a. (Hg.), Vergleichen, verflechten, verwirren? Europäische Geschichtsschreibung zwischen Theorie und Praxis, Göttingen 2011, S. 33 – 60。

③ Doris Bachmann – Medick, Übersetzung in der Weltgesellschaft, in: Gipper u. Klengel, Kultur, Übersetzung, Lebenswelten, S. 141 – 160, hier S. 142.

④ Peter Ives and Rocco Lacorte (eds.), *Gramsci, Language and Translation*, Lanham 2010.

　　然而翻译属于极易被赋予附加意义的类型，它能够去描述更广泛的范畴，这个范畴包括迁移，但不只限于迁移。文化翻译还会考虑挪用他者文化并生成附加意义的过程。这主要是指参与者在遭受霸权话语或者被迫进行迁移时，有时会产生顽固心理。所以除了能联结的事物，其中分离的事物也清晰可见；那些难以翻译或无法翻译的事物、概念和世界观只能通过特殊的努力进行调解。在多丽丝·巴赫曼－梅迪克看来："首先应该关注这些分离的事物，因为这些也需要翻译。"所以她提倡，不仅要探讨跨边界理解中的成功之处，还要掌握其中的断裂和阻碍，即"误解、错译和失败的翻译尝试"。① 毫无疑问，该理念不仅对（后）殖民主义的历史学研究具有重要意义，还可以为广泛的文化和日常史研究开辟新的道路。②

## 三　文化翻译在历史学研究中的进展

　　在文化学中偶尔可见对翻译的字面理解与隐喻性的翻译术语的界限越来越模糊的怨言。翻译的字面理解与从一种语言到另一种语言的转移、语言和文化传播的转喻关系有关，而隐喻性的翻译术语则涉及文化挪用的过程、经验的传授和文化空间的整体性转移，这同时伴随着文化实践、习惯性结构以及个人和集体的挪用形式的变化。一方面，"文化翻译"这一概念不能被过度延伸，也不能被随意使用，致使滥用，这些警告很有道理，研究者势必要认真对待。③ 另一方面，这两个研究层面在实践应用中也确实难以分离。它们紧密叠合，随不同的研究课题而变，一旦有人敢对其中一方究根问底进行深入探究，它们就会直接融为一体。例如，当文化参与者暂时或永久地从一个文化空间转移到另一个文化空间时，就会出现这种情况：这些活跃分子打破了界限，并在必要时克服了界限。这一过程中他们携带着自己的语言，也

---

① Doris Bachmann－Medick，Übersetzung in der Weltgesellschaft，S. 142.
② 例如，德国与其邻国和前敌对国之间的和解问题，在国外受到了广泛关注。从上述的研究视角来写作这一主题，可以得到更多清晰的细节之处，类似的，这一视角对——仅列举两个其他主题领域——外部民主化和再教育计划的历史书写或者历史进程中的欧洲一体化、欧洲欣快感（Europaeuphorien）和欧洲怀疑主义（Euroskeptizismus）同样适用。
③ Birgit Wagner，Erkundungen über ein wanderndes Konzept，2009.

携带着与语言相关的、同时铭刻在他们身上的看待世界的方式，这些都随着他们进入了另一种文化中，同时也改变这种文化的一部分。① 人们常常可以发现既具体又带有隐喻性的翻译过程的完整链条。

尤其是对近代早期的史学家而言，他们不必从一开始就使自己的研究对象和研究方法脱离僵化的民族国家容器，而要对其中矛盾和模棱两可的事物保持超强的敏感性，所以研究后殖民史学和历史语义学②的学者成为最早将文化翻译概念用于历史问题研究的人，这显然是合理的。最初与来自远方陌生文化的接触研究，尤其是其中那些极具异国情调的内容，会刺激并强化对文化翻译的兴趣，这不足为奇。所以很久之前，在发现和征服非欧洲文化区域、近代早期移民运动以及跨大西洋交换关系的有关研究中，文化翻译这个概念就一直存在。③ 其中要重点关注传教史研究，因为

---

① 此处可以联想到各种类型的移民和文化传播者，他们已经本土化或通过与本地人接触确立了在当地的精英地位。

② 任何研究过公众、启蒙运动或资产阶级等术语概念的人都知道，这些术语在写进其他文化的这一历史进程中势必会发生变化，他们也知道，术语概念自身就具有不可翻译性，并且在翻译的过程中或多或少都会丢失一些原始含义。Jörn Leonhard, Von der Wortimitation zur semantischen Integration. Übersetzungen als Kulturtransfer, in Werkstatt Geschichte 48. 2008, S. 45 – 63; Stephan Lessenich (Hg.), Wohlfahrtsstaatliche Grundbegriffe. Historische und aktuelle Diskurse, Frankfurt 2003; Reinhart Koselleck u. a., Drei bürgerliche Welten? Zur vergleichenden Semantik der bürgerlichen Gesellschaft in Deutschland, England und Frankreich, in: Hans – Jürgen Puhle (Hg.), Bürger in der Gesellschaft der Neuzeit. Wirtschaft, Politik, Kultur, Göttingen 1991, S. 14 – 58.

③ Mark Häberlein u. Alexander Keese (Hg.), Sprachgrenzen, Sprachkontakte, kulturelle Vermittler. Kommunikation zwischen Europäern und Außereuropäern, 16. – 20. Jahrhundert, Wiesbaden 2010, hier v. a. Mark Häberlein, Kulturelle Vermittler in der atlantischen Welt der Frühen Neuzeit, S. 177 – 202, und Renate Dürr, Übersetzung als Wissenstransfer. Das Beispiel des Guarani – Wörterbuchs von Antonio Ruiz de Montoya S. J. , 1639 – 1640, S. 31 – 46; Peter Burke, "Cultures of Translation in Early Modern Europe", in Peter Burke and Ronnie Po – Chia Hsia (eds.), *Cultural Translation in Early Modern Europe*, New York 2007, pp. 7 – 38; Burke, Translating Knowledge; Mark Häberlein, Kulturelle Vermittler und interkulturelle Kommunikation im kolonialen Nordamerika, in: Johannes Burkhardt u. Christine Werkstetter (Hg.), Kommunikation und Medien in der Frühen Neuzeit, München 2005, S. 335 – 358; Hans – Jürgen Lüsebrink (Hg.), Das Europa der Aufklärung und die außereuropäische koloniale Welt, Göttingen 2006; Zur "atlantischen Welt" nun Beatriz G. Mamigonian and Karen Racine (eds.), *The Human Tradition in the Black Atlantic*, *1500 – 2000*, Lanham 2010; Karen Racine and Beatriz G. Mamigonian (eds.), *The Human Tradition in the Atlantic World*, *1500 – 1850*, Lanham 2010; Laurent Dubois and Julius S. Scott (eds.), *Origins of the Black Atlantic*, New York 2010.

传教史囊括了文化史和全球化史的各个方面，传教这一过程也催生了令人印象深刻的生产力，而文化翻译概念在传教史中占据了极其重要的地位。[1]

传教的区域是不同文化和语言产生接触和冲突之地。因此，目前可以将传教区作为历史学检验文化翻译这个词的双重意义的一个实验室。同时，传教士作为文化传播者、文化翻译者和跨境流动者的原型，在研究中也备受关注。文化翻译在历史学科的研究领域中存在两种类型的研究，它们理论上可以区分清楚，实际上却相互纠缠、难以厘清。这两种类型的研究也会在本文中进行论述：一种是文化的翻译；另一种是翻译的文化，即翻译的制度（Regime der Übersetzung）。

后者有更为悠久的传统，如启蒙研究长期以来就一直关注不同类型的翻译，[2] 与概念史主要揭示术语和概念在翻译过程中的语义转换不同。[3] 启

---

[1] Vgl. hierzu das von Rebekka Habermas herausgegebene Themenheft "Mission und kulturelle Globalisierung" von GG 36. 2010, v. a. Anne – Charlott Trepp, Von der Missionierung der Seelen zur Erforschung der Natur. Die Dänisch – Hallesche Südindienmission im ausgehenden 18. Jahrhundert, S. 231 – 256 sowie Renate Dürr, Sprachreflexion in der Mission. Die Bedeutung der Kommunikation in den sprachtheoretischen Überlegungen von Josö de Acosta SJ. und Antonio Ruiz de Montoya S. J. , S. 161 – 196; Sebastian Conrad (Hg. ), Mission und kulturelle Globalisierung, Göttingen 2010; vgl. auch H – Soz – u – Kult, Tagungsbericht. Missionarinnen und Missionare als Akteure der Transformation und des Transfers. Außereuropäische Kontaktzonen und ihre europäischen Resonanzräume, 1860 – 1940. 29. 9. – 1. 10. 2011, Göttingen, http: //hsozkult. ge – schichte. hu – berlin. de/tagungsberichte/id = 3888.

[2] 此处更多采用的是一种文化史方法，例如 Fania Oz – Salzberger, "Translation", in Alan Charles Kors (ed. ), *Encyclopedia of the Enlightenment*, Oxford 2003, pp. 181 – 188; Fania Oz – Salzberger, "The Enlightenment in Translation: Regional and European Aspects", *European Review of History*, Vol. 13, Issue 3, 2006, pp. 385 – 409; Stockhorst, Cultural Transfer; Katrin Dircksen, Die sprachlich Neue Welt. Die Suche nach Dolmetschern in den ersten europäisch – überseeischen Begegnungen, in: dies. u. a. (Hg. ): El Atlántico – Mar de Encuentros / Der Atlantik – Meer der Begegnungen. Münsteraner Beiträge zu Lateinamerika. Münster 2006, S. 201 – 238; Ulrike Gleixner, Sprachreform durch Übersetzen. Die Fruchtbringende Gesellschaft und ihre Verdeutschungsleistungen in der ersten Hälfte des 17. Jahrhunderts, in: Werkstatt Geschichte 48. 2008, S. 7 – 23; Müller – Vollmer u. Irmscher, Translating Literature。

[3] Leonhard, Von der Wortimitation zur semantischen Integration; ders. , "Experience, Language and Translation. Towards a Comparative Dimension", in Javier Fernandez Sebastian (ed. ), *Political Concepts and Time: New Approaches to Conceptual History*, Santander 2011, pp. 245 – 272; Mathias Mesenhöller, Übersetzungen der Aufklärung ins Kurländische. Ein Versuch zur Aktualisierung modischer Codes, in: Werkstatt Geschichte 48. 2008, S. 25 – 43.

蒙研究主要基于思想、文学，有时也以社会史的路径去进行研究。一方面，启蒙研究会关注哪些作品在什么时间已经被翻译成哪些语言，或者哪些作品还未被翻译，什么样的翻译得到了积极的回应，什么样的翻译则没有引起反响。简而言之，究竟哪些异域的知识能够传播，并且传播到了何地。另一方面，启蒙研究也会关注译者为何人，翻译的出版商和订阅者有什么反馈，最后才是关于启蒙时代知识和文化的转移研究。这将涉及一系列更广泛的问题，即谁来决定采用何种工具对知识做层级化的处理，以及在每种层级中应使用何种翻译策略：译者是否试图将翻译作品留置于一个源语的语境中？虽然这给读者提供了亲近外来文化的机会，但读者觉得这种来自异域的文化陌生感太强的话，也有可能会疏远排斥它们。这种情形或许会造成出版商和译者的经济危机，抑或译者在翻译作品时是否就直接以自身的文化语境为背景，从而使翻译作品在目的语国家问世时更像是译者自己的创作？这两种策略——异化自身的体验和驯化外国的实践——都代表（各自不同的）适应、重新解释和挪用的过程，二者都允许对特定的话语结构得出结论，尤其是得出自我形象和他者形象谁占主导地位的结论。

除了上述的研究重点，即近代早期的文化接触、作为传播史的启蒙运动、历史语义学和殖民史之外，迄今为止，历史学研究很少受到这些来自不同时代和不同研究重点的文化翻译概念的启发，既不将其作为探究对象，也不将其用作开辟一条研究文化和历史交流进程的独特路径的启发工具。① 尽管发生了"语言学转向"（linguistic turn），人们对"纠缠史"的兴趣也与日俱增，但学者莫妮卡·朱内贾（Monica Juneja）和玛格丽特·佩尔瑙（Margrit Pernau）的研究表明，历史学实则很少对语言和话语问题进行独立研究，这让人感到惊讶。② 早在 2008 年，格特鲁德·皮克汉

---

① 横向专题问题是少数例外之一。Zeitschrift für Jüdische Studien 10. 2009 und Werkstatt Geschichte 48. 2008.

② Monica Juneja and Margrit Pernau, "Lost in Translation? Transcending Boundaries in Comparative History", in Heinz - Gerhard Haupt and Jürgen Kocka (eds.), *Comparative and Transnational History: Central European Approaches and New Perspectives*, New York 2009, pp. 105 - 132.

（Gertrud Pickhan）就强调了翻译作为研究视角的潜力，特别是在那些东欧和中欧东部地区，不同类型文化的接触和碰撞主宰了人们的日常生活方式。[1] 特别是考虑到在最近的历史学研究中，帝国研究展现出的那种类似磁力的力量吸引了越来越多的多民族地区被纳入研究范围。在这个研究范围内，翻译作为一种语言和文化实践，代表一种与日常生活息息相关的体验和挑战。文化翻译这种刺激却几乎没有给历史学研究带来强大的推动力，这是让人更为惊讶之处。

## 四  本期专题的贡献

本期期刊不仅要考察文化翻译的概念在比较明确的历史学研究主题中的认识论功用，还要考察其在普遍历史学研究的功用，并介绍一些可能的研究应用领域。下文的一些思考既是为本期章节的文献勾勒一个整体框架，也是进行研究讨论的基石。虽然这种讨论已经酝酿了一段时间，但尚未在历史学学科中引发任何真正的火花。

因为文化翻译概念在（文化学）理论构建中存在的缺陷要比在（历史学）实证检验中更少，所以最终在衡量该概念时要看这一概念可以处理什么新的研究问题、它能够挖掘出什么新的问题根源或者它具体为已知的问题根源寻找了什么新的研究路径。因此，本文在选择文献时涵盖了尽可能广泛的范围。这种"广泛"不仅体现在时间和地理空间上——从近世到当代史，从印度、日本/亚洲到波兰、法国、英国和德国，还体现在文化翻译作为一种历史现象和启发式概念时涉及不同分析层次、概念框架和学科方法的"广泛"。

海克·利鲍（Heike Liebau）在传教背景下对跨文化交流进行了研究，迈克尔·法修斯（Michael Facius）则发表了一篇关于汉文训读[2]的论文。

---

[1]  Gertrud Pickhan, Übersetzung, Interkulturalität, Kontakte. Themen der osteuropäisch – jüdischen Geschichte, in: Osteuropa 58. 2008, S. 117 – 124.

[2]  汉文训读（德语：Kundoku，日语：訓読、漢文訓読、読み下し），指日本人依据日语文法解读汉语文言文。——译者注

该论文指出了汉文训读在明治时期（1868～1912）作为文化翻译的先例作用，并探讨如何书写在欧洲研究视角之外的语言和翻译的历史的问题。除此之外，还有三位学者的研究将文化翻译这一概念与近代历史及其解释联系起来。多丽丝·巴赫曼－梅迪克针对一个历史话题（人权辩论）提出了文化学的研究方法，而另外两位学者苏珊·格林德尔（Susanne Grindel）和宝琳娜·古林斯卡－尤吉尔（Paulina Gulinska－Jurgiel）则反其道而行之：她们将取自记忆研究中的文化学研究方法和最新的翻译学研究相结合，去处理历史学研究中的问题和在此启发下反思历史（Vergangenheitspolitik）和历史文化研究中出现的问题。

海克·利鲍以新教的丹麦哈勒传教团（Tranquebarmission）为例，将传教团的使命视为一项跨国和跨地区的事业，她分析了18世纪印度南部宗教社会中的翻译过程和翻译实践。其论文探讨了传教士和神职人员如何在不同的语言和文化之间展开斡旋，根据一些术语的字面意思进行笔译或口译。基于这种差异化的微观视角，揭示出欧洲人和本地人之间谈判和翻译过程的复杂性。以德国传教士本杰明·舒尔茨（Benjamin Schultze，1689～1760）和泰米尔语翻译丹尼尔·普莱（Daniel Pullei，1740～1802）为例，海克·利鲍的研究一方面描述了看上去似乎服从殖民逻辑的冲突局面和隶属关系；另一方面却明确表明这种欧洲知识与本土知识间的能动性创造了一个特殊的回旋空间，有时可以赋予当地翻译人员一定的解释权。但这种"权力"显而易见具有脆弱性，它往往以隶属关系间的冲突为代价，并给一些参与文化互动的人造成负担。

海克·利鲍的研究走到了历史学和语言学研究之间重要的交汇点。其研究的进步性在于，它不仅有理论上的假设，还经过实证表明内容和价值观无法轻易从一种社会背景转移到另一种社会背景，而且语言既不封闭也不"纯粹"。迈克尔·法修斯的研究也证明了这一点，但他选择了从另一个研究主题切入。他以汉文训读的研究为例，表达了与欧洲中心主义和全球化理论相反的观点。他认为，在1868年后对日本历史做出的普遍解释完全基于西方化的视角，这并不能准确反映明治时代的复杂性。在中日语言注释系统的棱镜中，他阐释了西方新思想是如何与中国传统知识进行结合的。他指出，尽管日本快速实现了现代化，但亚洲仍然是日本语言和文化的基点。①

与此相反，宝琳娜·古林斯卡－尤吉尔对 1989 年后波兰共和国议会的议员进行了研究，她探究了这些议员作为政治变革中的翻译者，如何在两个方面发挥作用：他们一方面在议会内活动，互相斗争来争夺政治变革的解释权和意义归属权；另一方面，议员们的活动也从议会走向社会——为了赢得解释权，他们还需让普通民众认可和接受其政治理念。② 宝琳娜·古林斯卡－尤吉尔专注于政治过渡时期的谈判过程、意义归属和解释研究，将翻译塑造为社会和政治生活的一个维度。她的研究重点不在于对政治结果进行分析，而是借助翻译的概念来重构其产生的方式，进而描绘出这个（任何）历史事件的历史动态。在实证研究中，她重点关注 20 世纪 90 年代通过的所谓"干部清洗法"（Lustrationsgesetze）的相关争论，对包括波兰在内的一些国家在处理其独裁遗产经验时产生的感知和挪用过程进行了深入探究。苏珊·格林德尔的研究也将知识的产生、传播和可视化视作一个可持续的过程。这一过程中，原有知识经过转移、挪用和整合，融入了新的知识结构并产生新的含义和取向，这可能会再度引发质疑。她根据德国的、英国的和法国的教科书中的表述，研究了殖民主义历史是如何被写入受国家意志影响的教科书和民族记忆文化的，以及又在多大程度上被转化成了欧洲的记忆话语和理解过程。她的结论是：尽管教育标准逐渐统一化，并且国家和欧盟层面也在努力地将纪念活动规范化，但不同的解释话语仍然并存（有时甚至存在于同一系列的教科书中）。她在教科书的表述中看到了裂缝，并且这个裂缝在逐渐清晰地显现出来。这表明在这三个社会中，至今没有就殖民主义的历史话语达成基本共识，而文化翻译的重要性恰恰就在这种知识尚未确定化甚至经典化的情况下表露出来。

---

① 在法修斯专注于日本汉文训读研究的同时，刘禾（Lydia He Liu）也对日本文言文到现代汉语的翻译进行了研究。和法修斯一样，她的研究（*Translingual Practice：Literature, National Culture, and Translated Modernity：China, 1900 - 1937*）也有启发性地将语言和文化的翻译概念结合起来。

② 相关翻译的接受研究，参见 Martin Fuchs, "Reaching Out；Or, Nobody Exists in One Context Only：Society as Translation", *Translation Studies*, Vol. 2, Issue 1, 2009, pp. 21 - 40。

挪用（Aneignung）是一种翻译，也是一种解释，是将自身的东西融入异域、将外来的东西融入自身的过程——这些都是历史学家在不同背景下遇到的历史现象——就像迈克尔·法修斯描述的现代化进程和苏珊·格林德尔谈到的不断变化的欧洲主义象征，还有多丽丝·巴赫曼－梅迪克根据《世界人权宣言》（*Universal Declaration of Human Rights*），对全球范围内进行的人权辩论所做的研究。《世界人权宣言》于1948年通过，现已被翻译成379种语言。她的这篇针对性研究指明了一个早已在全球化研究中得到明确的结论：从来不存在一个普适性的范畴。显然，在不同的背景下，同一个历史现象会被独立进行编排记录，这种独立的挪用形式和正当化策略也会在极其相似的表面下发挥作用。当前，世界范围内的人权话语是由379种语言的翻译组合起来的，它没有一个普适性的原文。这一论点使翻译概念的一个关键组成部分显现出来：在翻译中，总是会丢失一部分内容而添加另一部分内容。多丽丝·巴赫曼－梅迪克将人权视为一个"流动的概念"（travelling concept），这个概念源自一系列可以追溯到18世纪的翻译作品。并且据她所言，概念在流动时绝不是自动传播的，而是在个人或者集体的参与下被翻译进入当地的社会语境中。所以，现在所谓的思想和概念具有基本普适性的想法忽视了对社会结构和历史发展中所包含的复杂性。正如莫妮卡·朱内贾和玛格丽特·佩尔瑙的研究强调的那样：这种普适性的想法甚至会剥夺其他团体和社会正当的代表权。但就此方面而言，普适性话语反过来又能加强对外来文化的抵抗性，这种抵抗性实际上已经被国际上通用的标准和建议削弱了，普适性话语也在无意中限制了这些标准和建议的"渗透深度"（Eindringtiefe）。①

## 五　研究视角

下文将探索文化翻译的一些研究视角，由此带出一些有针对性的启示。

---

① Monica Juneja and Margrit Pernau, "Lost in Translation? Transcending Boundaries in Comparative History", in Heinz – Gerhard Haupt and Jürgen Kocka (eds.), *Comparative and Transnational History: Central European Approaches and New Perspectives*, New York 2009, pp. 105 – 132.

这些启示有些直接来自本文讨论的相关文献，有些则来自文化翻译概念之外的主题的文献。下文不是要对文化翻译的方法论领域进行一个全面概述，也无法对这些不同的研究视角都做一个均衡的探究，而是试图清晰地展示出文化翻译的不同维度来，并提出一些（进一步的）具体应用领域以供讨论。①

## 1. 文化接触地带和阈限空间（liminal spaces）

对翻译做进一步深入的研究后，人们可以从历史学的视角勾勒出文化接触地带和阈限空间的大致轮廓。这是本节要讲的第一个案例：作为一个知识主导性的概念，文化翻译拓展了现有的可能性，得以把控不同文化间存在"间隙"（Zwischenraum）的情形。② 这些情形是无法用一些仅仅基于适应性或不对称转移的陈旧概念——同化（Assimilation）或文化适应（Akkulturation）——进行精确地感知和描述的。如果有人去研究 18 世纪中叶以来犹太人日常生活的转型，在研究中摒弃以进步为导向的目的论观点，将这（些）转型（也）视作一个持续数十年、跨越几代人且不断产生冲突的文化翻译的过程，那么其中暗含的复杂性和辩证法就会变得有迹可循。这表明新的基层精英，受过大学教育的教师、拉比、传教士和媒体人员等已经将解放话语中传达的对犹太人的期望转化为精英内部话语，再由他们将精英内部话语进行翻译并传递到普通犹太民众之中，反之亦然。

如此一来，欧洲文明话语中的一些痕迹也可以从原始的犹太话语中溯源。这些痕迹一方面表明，占据霸权并且一些带有殖民色彩的术语概念也在被认为是弱势群体（即最初仅被视为文明战略的对象）中得到处理。另一方面，"高雅化"（Veredelung）或"文明化"（Zivilisierung）的概念用其普遍意义被翻译成犹太话语后，其目的和社会内涵离原有的国家概念越来越远，并逐渐展现出一种自我解放的潜力。在对文化差异进行深入探究

---

① 尽管本文的目的是引起人们对一种只是初步建立的研究路径的兴趣，可能这在一开始会导致人们对文化翻译概念的一些部分过度延伸化，但本文也并未忽略文化翻译的局限，并在单独一个小节（第六节）中对其进行了概述。

② Sanford Budick and Wolfgang Iser（eds.），*The Translatability of Culture. Figurations of the Space Between*，Stanford 1996.

后，霍米·K. 巴巴引入了"第三空间"（Dritter Raum）理论。在"第三空间"内，国家的期望被解读为一种参照资产阶级生活的方式，所以资产阶级和犹太人就如同一枚硬币的两面。① 几十年来，经过无数次文化翻译，一个关于犹太人的刻板印象就形成了。这个刻板的形象不仅塑造了许多讲德语的犹太人的自我认知，而且成为外人心目中所谓犹太人的模样，这一情形直到进入 20 世纪也未曾改变。

"第三空间"不是不同从属关系发生混合的空间，而是进行文化翻译时展开协商的一个空间。② 这就将注意力转向那些不同文化发生摩擦和产生重叠的接触地带。在这个具有比喻意义的空间内，文化间的互动、理解和误解、意义的解码和重新编码时刻都在发生，而变化则在这些刺激和冲突中产生。因此，在文化研究中几乎无处不在、经常被当作文化混合的同义词使用的"混杂性"（Hybridität）概念，得以（重新）拥有一个更确切的含义和一个积极的、任务型的维度。混杂性以"协商"（Aushandeln）为前提，③ 而协商对于是否能够成功处理统一或对立的"创造世界的方式"的策略具有重要意义。④ 其不仅对上述多民族情境和空间中日常生活的转型研究有意义，而且对其他主题的转型研究，诸如社会主义制度解体后，欧洲社会经历的转型等研究同样富有成效。⑤

---

① Simone Lässig, Jüdische Wege ins Bürgertum. Kulturelles Kapital und sozialer Aufstieg im 19. Jahrhundert, Göttingen 2004.

② Doris Bachmann – Medick, Dritter Raum. Annäherungen an ein Medium kultureller Übersetzung und Kartierung, in: Claudia Breger u. Tobias Döring（Hg.）, Figuren der/ des Dritten. Erkundungen kultureller Zwischenräume, Amsterdam 1998, S. 19 – 36.

③ Peter Burke, *Cultural Hybridity*, Cambridge 2009. 对"混杂性"一词的批评还指该词暗含了文化上纯粹西方的想法，未考虑其在西方引起的反响，并且该词经常在新自由主义的意义上被规范地使用。在这种话语的逻辑中，抵抗"混杂性"可以很快被解释为支持反动的、单一的文化。参见 Cornel Zwierlein, Die Auswirkung von Spatial Turn und Kulturtransferheuristiken auf das Epochenkonzept "Frühe Neuzeit", in: North, Kultureller Austausch, S. 43 – 67, hier S. 55。

④ Nelson Goodman, Weisen der Welterzeugung, Frankfurt 1984; Bachmann – Medick, Cultural Turns, S. 250.

⑤ 此处可与文化转移的最新研究相联系，后者也对转移过程中如何产生新的"第三事物"（Drittes）感兴趣。Zwierlein, Spatial Turn und Kulturtransferheuristiken, S. 57.

文化翻译唤起或者说加强了对那些创造了"第三空间"、在其中进行协商的参与者的关注——这种关注即使不是专门引起的，也至少是有意识去强调的。这些参与者特指一些文化中间人（包括男人和女人），近代早期历史学家在除欧洲之外的文化接触的背景下，把他们视作"文化中间人"（cultural brokers）、"文化代理人"（cultural agents）或是"跨境者"（go – betweens）进行深入研究。[1] 在双边转移研究（Bilaterale Transferstudien）中也出现了文化中间人的身影。[2] 但在其他的很多历史学研究领域，这些文化中间人基本上仍未被纳入研究视野，他们作为知识网络的节点、创新来源的同时也作为一股缓冲了现代化和传递安全的力量，其重要性明显被忽视了。[3]

---

[1] Häberlein, Kulturelle Vermittler und interkulturelle Kommunikation, S. 335 – 339；Nolde u. Opitz, Grenzüberschreitende Familienbeziehungen, S. 6；Häberlein, Kulturelle Vermittler in der atlantischen Welt；Beatrix Heintze, Luso – afrikanische Dolmetscher und kulturelle Vermittler in Angola im 19. Jahrhundert, in：Häberlein u. Keese, Sprachgrenzen, S. 203 – 222；Frances Karttunen, *Between Worlds: Interpreters, Guides, and Survivors*, New Brunswick 1994；James H. Merrell, *Into the American Woods: Negotiators on the Pennsylvania Frontier*, New York 1999；Margaret Connell Szasz (ed.), *Between Indian and White Worlds: The Cultural Broker*, Norman 1994；Andreas Weber, Sprache im "Zwischenraum". Adriaan David Cornets de Groot jun. (1804 – 1829) als multilingualer Grenzgänger im zentraljavanischen Surakarta, in：Häberlein u. Keese, Sprachgrenzen, S. 223 – 246.

[2] Michel Espagne, Frankreichfreunde. Mittler des französisch – deutschen Kulturtransfers, 1750 – 1850, Leipzig 1996；ders., Die Rolle der Mittler im Kulturtransfer, in：Hans – Jürgen Lüsebrink (Hg.), Kulturtransfer im Epochenumbruch. Frankreich – Deutschland 1770 bis 1815, Leipzig 1997, S. 309 – 329；Katrin Keller, Zwischen Wissenschaft und Kommerz. Das Spektrum kultureller Mittler im 16. Jahrhundert, in：Schmale, Kulturtransfer, S. 271 – 286；Erhard Hexeischneider, "Dolmetscher der russischen Aufklärungskultur". Zur Vermittlung russischer Kulturleistungen im mitteldeutschen Raum im 18. Jahrhundert, in：Volkmar Billig (Hg.), Bilder – Wechsel. Sächsischrussischer Kulturtransfer im Zeitalter der Aufklärung, Köln 2009, S. 223 – 242.

[3] 在文学研究中则不然，参见 Michaela Wolf u. Georg Pichler, Übersetzte Fremdheit und Exil – Grenzgänge eines hybriden Subjekts. Das Beispiel Erich Arendt, in：Claus – Dieter Krohn u. a. (Hg.), Übersetzung als transkultureller Prozess, München 2007, S. 7 – 29；Andreas Höfele and Werner von Koppenfels (eds.), *Renaissance Go – Betweens: Cultural Exchange in Early Modern Europe*, Berlin 2005；Marek Zybura u. Jürgen Joachimsthaler, Querdenker, Vermittler, Grenzüberschreiter. Beiträge zur deutschen und polnischen Literatur – und Kulturgeschichte, Dresden 2007。

## 2. 结构和中介（Structure and Agency）

文化翻译能够承担一种分析性铰链的功能，文化语境与文化参与者可以通过它来相互协商。文化翻译概念的最大优势和吸引力或许正是来自这种铰链功能。虽然扩散理论也提供了一条有趣的研究路径，例如任何致力于全球化历史、人权或教育标准化研究的学者都会被建议好好研究一下扩散理论。[①]然而此处必须考虑到，即便是在全球化的背景下，概念、解释和挪用方式也从来不仅仅是"扩散"（diffundierten）的，个人、组织和网络总是积极地参与构建各种转移和转型，并在其中施加自己的影响。[②]

文化和语言的翻译都取决于译者，这个见解本身很陈旧，却让人对这些"塑造文化"（doing culture）的参与者的看法更加深刻。他们在文本、符号和实践的翻译中不仅改变了文化语境和文化产品，也逐渐改变了自己：谁是有资格和有兴趣充当文化中间人的社会参与者？他们是在什么生活境遇中进行翻译的？谁付钱给他们？在何种情形下，翻译或口译能力能够变成文化资本，而且在经济上获益？何种能力是文化中间者需要具备的？在特定的时间、空间和社会中，何种类型的人特别适合做这项工作？他们和谁以何种方式就价值和知识翻译的具体前提进行协商？他们在何种背景下参与翻译，其宗教、社会出身或性别等因素在所有这些方面都发挥了什么作用？[③]

一个重要的研究领域也被开辟出来，目前针对跨境流动者——他们在进行

---

① Everett M. Rogers, *Diffusion of Innovations*, New York 2003; Veronika Karnowski, *Diffusionstheorien*, Baden – Baden 2011; Jürgen Schriewer u. Marcelo Caruso, Globale Diffusionsdynamik und Kontextspezifische Aneignung. Konzepte und Ansätze historischer Internationalisierungsforschung, *Comparativ* 15. 2005, S. 7 – 30; Barbara Weinert, "Integrating Models of Diffusion of Innovations: A Conceptual Framework", *Annual Review of Sociology*, Vol. 28, 2002, pp. 297 – 326.

② 最新的扩散研究也对网络和特定行为者（意见领袖、早期接受者、变革推动者）的作用进行了研究。

③ 女性翻译在任何时候都是研究的焦点。特别有名的是唐娜·玛丽娜（Doña Marina），又名玛琳切（Malinche），她是西班牙征服者埃尔南·科尔特斯（Hernán Cortös）的翻译和伴侣。然而，由于她与埃尔南·科尔特斯的密切关系，她也往往会作为翻译中的一个特殊案例被加以研究。参见 Felix Hinz, Traduttore, traditore. "Gefangene" und "befreite" Dolmetscher als argwöhnisch betrachtete Kulturvermittler während der spanischen Conquista Amerikas, in: Häberlein u. Keese, Sprachgrenzen, S. 157 – 176. 学者乌尔里克·格莱克斯纳（Ulrike Gleixner）指出，女性在旧帝国的妇女协会和小型缪斯宫廷中可以进行翻译工作。参见 Gleixner, Sprachreform。

扩张和征服的欧洲列强和本土精英间游走——进行的研究可以为该领域提供重要的推动力。① 这些研究中的大部分内容提高了人们对这样一个事实的认识：翻译从来无法摆脱支配。虽然其目的是开放和沟通不同的文化，但同时也需要对自身文化做一个界定，所以翻译具有隐含的划界潜力。文化中间者及其翻译不仅弥合了文化的距离和边界，而且参与了协商和巩固新的象征边界。

例如，18 世纪至 19 世纪的马斯基尔（Maskilim）② 和犹太改革者，他们通过与欧洲启蒙者的交流及多方面的——显性和隐性的——翻译过程，逐渐消除了传统上将犹太人的生活世界与其周围文化相隔的文化障碍。然而，他们也同时建立了新的边界。比如说，以前被尊为"博学"的塔木德门徒（Talmudjünger）和犹太青年学生（Bocher），现在被重新解释为虔诚的、不喜欢工作的人，对"真正的传统"（Wahren Tradition）感兴趣、想走向世界的犹太人必须远离他们身上的这些元素。③

新边界的建立也确保一种专业化策略，这是显而易见的，并且会推动语言发生变迁。在某种程度上，由于希伯来语，特别是意第绪语，在标准德语面前处于次要的地位，④ 所以理解与被理解成为阿什肯纳兹犹太人⑤内

---

① Simon Schaffer et al. （eds.）, *The Brokered World: Go – Betweens and Global Intelligence*, 1770 – 1820, Sagamore Beach 2009; Stephen Greenblatt, *Marvelous Possessions: The Wonder of the New World*, Chicago 1992.

② 马斯基尔（德语：Maskilim，意第绪语：משכילים）是指领导哈斯卡拉（Haskala）运动的犹太启蒙思想家。哈斯卡拉运动是 18～19 世纪欧洲犹太人的一场启蒙运动，该运动旨在吸收启蒙运动的价值，推动犹太人群体更好地整合融入欧洲社会，并借此增加世俗内容、希伯来语和犹太历史教育。哈斯卡拉运动标志着欧洲犹太人与世俗世界开始更广泛地接触，最终产生了犹太解放运动。——译者注

③ Andreas Gotzmann, Eigenheit und Einheit. Modernisierungsdiskurse des deutschen Judentums der Emanzipationszeit, Leiden 2002; Lässig, Jüdische Wege ins Bürgertum.

④ Michael Brenner, Jüdische Sprachen in deutscher Umwelt. Hebräisch und Jiddisch von der Aufklärung bis ins 20. Jahrhundert, Göttingen 2002; Simone Lässig, Sprachwandel und Verbürgerlichung. Zur Bedeutung der Sprache im innerjüdischen Modernisierungsprozess des frühen 19. Jahrhunderts, in: HZ 270. 2000, S. 617 – 667; Dorothea M. Salzer, "Das alte Gebäude fast einzureißen und von demselben Material wieder aufzustellen". Jüdische Kinderbibeln als Übersetzungszeugnisse, in: transversal. Zeitschrift für Jüdische Studien 10. 2009, S. 41 – 58.

⑤ 阿什肯纳兹（德语：Aschkenasim，意第绪语：אשכנזים）犹太人，指的是源于中世纪德国莱茵兰一带的犹太人后裔。10～19 世纪，很多阿什肯纳兹犹太人向东欧迁移。中世纪到20 世纪中叶，他们普遍使用意第绪语或斯拉夫语言作为通用语。其文化和宗教习俗受到周边其他国家的影响。——译者注

部至今都未知的难题。以前，共同的语言和相关的文化能够使犹太人和欧洲人存在交流的空间，并使知识的传递大致对称，而现在形成了一个象征性的边界，形成了西方资产阶级犹太人与非资产阶级"东方犹太人"（Ostjuden）的刻板二元定型模型。这种象征性二分法的影响很大，即使通过大量的翻译工作也难以消除，并在 20 世纪 30 年代和 40 年代的移民中继续产生影响。[①] 这表明，翻译概念不是以协调为导向，而是以对冲突发展的感知和分析为导向。翻译将视线精准地投向了那些边界被突破或者被建立，归属感的标志被协商、被否认或被改写的场景；转型的成功前提和失败原因也被纳入研究范围。

如果人们将翻译理解为一种涉及不同形态的参与者的文化和社会过程，那么也会涉及与信任有关的因素：人们信任那些占据翻译垄断权并拥有特定知识的人吗？还是不确定和不信任占主导地位？被翻译者和译者对彼此都有何种控制形式？谁制定了文化和语言翻译产生的条件？[②]

其中值得关注的问题是，因为只有少数人具备语言相关的知识，所以表面上看似落后的文化究竟能获得什么样的资源和中介？由此可能会产生什么破坏性的潜力？文化协商时又会伴随着何种特权和风险？现在可以肯定的是，权力差距在渗透并影响翻译过程的同时也会被未享有特权的弱势群体用于谋求自身利益，权力差距造成的影响是双向的。文化翻译虽然有能力，但也不一定要在每个历史情境中都重现公开可见的等级制度。[③]

---

① Steven E. Aschheim, *Brothers and Strangers: The East European Jew in German and German - Jewish Consciousness*, Madison 1982; Jack Wertheimer, *Unwelcome Strangers. East European Jews in Imperial Germany*, New York 1987. Zur Umkehrung des Stereotyps im Topos der "Jeckes" u. a. Joachim Schlör, *Endlich im gelobten Land? Deutsche Juden unterwegs in eine neue Heimat*, Berlin 2003.

② Karin Gottschalk, Herrschaftsvermittlung als kultureller Transfer? Lokalverwaltung und Verwaltungskultur in der Landgrafschaft Hessen - Kassel im 18. Jahrhundert, in: North, Kultureller Austausch, S. 175 - 191, hier S. 176 f.; Heintze, Luso - afrikanische Dolmetscher und kulturelle Vermittler, S. 220; Martina Steer, Kultureller Austausch in der Jüdischen Geschichte der Frühen Neuzeit, in: North, Kultureller Austausch, S. 25 - 42.

③ 这一点从鞍型期（Sattelzeit）时犹太教固执己见的挪用过程以及北美易洛魁人（Irokese）的翻译实践中可以看出，他们在 17 世纪就基本确定了自己与欧洲人的交流方式，参见 Häberlein, Kulturelle Vermittler und interkulturelle Kommunikation, S. 338。

文化"叛逃者"（Überläufer）展现了一种特殊的现象，他们在翻译过程中自身也改变了很多，从而将自己永久地置于阈限性情境中。这种现象一方面会影响弱势群体中的成员，因为他们本来就与自己的原生文化有了很大的距离，人们经常认为他们是"过度补偿"（Überkompensation）；另一方面，文化"叛逃者"还导致了相反的情形，即在殖民背景下的所谓"本土化"（going native）或者"本土化的过程"（Indigenisierungsprozess）。① 从历史学的视角来看，这些案例之所以有趣并不是因为它们具有来自异国的因素，而是因为它们展示了文化的现象和差异进行协商时的具体实践。凭借研究的主体性导向以及动态化的方法，文化翻译也打开了通往历史施为性维度的通道，反之这也证明文化翻译概念非常适用于人类行为学的研究。② 在文本、代码（Codes）和实践转换到其他语境的过程中，文本、代码、实践及其译者都发生了一些变化。虽然它们牢固地建立在信任和传统的基础之上，但文化翻译及其载体产生的却不是传统，而是创新，它们是"新的文化源泉"（kulturellen Quellen von Neuheit）之一。③ 这些源泉喷涌最持久的地方，就是那些新事物不会造成太多不安的同时能成功融入当地群体文化传统的地方。

## 3. 传统是成功翻译的前提吗？

学者贝蒂娜·登纳莱因（Bettina Dennerlein）以摩洛哥为例，探究了20 世纪初改革派穆斯林在借鉴欧洲思想话语的同时，如何吸收流传下来的宗教政治论证话语；她还探究了改革派穆斯林如何将两种话语结合起来，使现代的概念和制度在伊斯兰合法化，并将其转化为带有摩洛哥特色的改

---

① 一个最有名的案例就是印度的"白人大亨"（white moguls）。他们重视印度文化，但最终没有采取任何行动来反对普遍的东方化做法。参见 Monica Juneja and Margrit Pernau, "Lost in Translation? Transcending Boundaries in Comparative History", in Heinz – Gerhard Haupt and Jürgen Kocka（eds.）, *Comparative and Transnational History: Central European Approaches and New Perspectives*, New York 2009, p. 113。

② Sven Reichardt, Praxeologische Geschichtswissenschaft. Eine Diskussionsanregung, in: Sozial. Geschichte 22. 2007, S. 43 – 65; Wagner, Erkundungen.

③ 此为柏林社会研究科学中心（WZB）一个研究项目的题目，见 http: //www. wzb. eu/de/ forschung/gesellschaft – und – wirtschaftliche – dynamik/kulturelle – quellen – von – neuheit。

革方案。① 一百多年前，库尔兰（Kurland）启蒙思想家的做法也是如此，他们将宪法概念装入旧的建制框架，但他们从一开始就没有翻译那些可能会破坏自己权力地位的激进观点。② 如果人们想为新的、最初让人感到很陌生的想法寻找一个共鸣空间，那么调用或者捏造传统显然是必经之路。此外，如果新想法站在传统的对立面，或者成为传统的威胁；如果新想法中的主要部分未被翻译，或者说以陌生的面貌出现，那么其往往会遇到一些阻力。③

　　在其他历史情境中，人们有理由去假设：陌生或创新的思想、实践和制度对于传统社会群体来说似乎是可以理解和接受的。因为其经由基层精英进行了文化过滤，已被翻译为现有的知识，这也被认为是已知的、传承下来的事物的延伸，甚至也被理解为"传统"的一贯延续。但该类文化翻译往往掩盖了新旧之间、自我与他者之间的根本性差异，并抹去了系统受到威胁、日常生活本身遭到破坏时产生的后果。例如，传统上犹太人概念中的学习是完全从宗教视角进行定义的，这基本上是阿什肯纳兹文化的核心要素，并且当时对新教育概念的接受程度远没有现在那么高，所以马斯基尔和改革者们往往会借用熟悉的宗教语义在犹太人群体中表达自己的想法。在不断进行协商的具体翻译过程中，他们甚至在信仰东正教的犹太人中也寻求到了共鸣。该类文化翻译一方面可以被认为是一种策略或者是一种保护色；另一方面，它更多的是一种（无意识的）尝试，尝试在自己和家庭的传记书写中建立意义和连贯性，即建立可接受的、在自我认知中真实的归属感。在这两个层面上可以这样定义

---

① Bettina Dennerlein, Reform im vorkolonialen Marokko. Zur Zirkulation und Aneignung politischer Ordnungsvorstellungen, 1900 – 1908, in: Werkstatt Geschichte 48. 2008, S. 65 – 82, hier S. 80.

② Mesenhöller, Übersetzung der Aufklärung, S. 35 – 39. Mesenhöller spricht von einer "Bricolage altständischer und modern – konstitutioneller Versatzstücke". Vgl. zum Nicht – Übersetzen auch Burke, *Cultures of Translation*, p. 38.

③ 例如，从加利西亚设立的公立德裔犹太学校的失败也可以得出结论：尽管一些马斯基尔付出了努力，但该学校的设立仍被认为是当局对犹太人的管制，成为犹太人日常生活之外的一个异类。Dirk Sadowski, Haskalah und Lebenswelt. Herz Homberg und die jüdischen deutschen Schulen in Galizien, 1782 – 1806, Göttingen 2010. Zur gegenläufigen Entwicklung und den Übersetzungsleistungen in deutschen Territorien vgl. Lässig, Jüdische Wege ins Bürgertum.

文化翻译：努力为来自他者符号系统的术语和概念找寻到自己语言中的表述。

## 4. 社会代码文化间的语内翻译

当涉及空间上相距甚远、有极大差异或互相对立的文化之间的交流时，历史学研究首先会对文化转移的不对称性和翻译中的霸权影响感兴趣。而当参与交流的人使用的是同一种母语时，如何处理用语言建立、传递、暗示的社会或宗教中的边界划分，则尚未成为被讨论的问题。如果人们注意到一些已经在特定的类别系统和术语中被认可接受的社会文化中的边界标记，例如人们在说话、穿衣或出席公共场合时都会存在一些标记。人们也无法故意或者通过规定去废除这些标记，因为它们是布尔迪厄用术语"惯习"（Habitus）描述的无意识倾向系统的一部分，这也为历史学开辟了一个有趣的研究领域。

对于那些必须在很短的时间内从一种文化转移到另一种文化的个人或群体而言，这意味着什么？该主题已在移民研究中被多次探讨过，但除此之外，几乎没有其他领域对此进行过研究。例如，东德的难民、驱逐者、遣返者还有流亡甚至偷渡到西德的东德公民，他们是如何将自身经验转移到西德不同的社会环境中的？排除掉方言的因素，他们其实在理解与被理解方面并没有任何语言上的障碍。然而在现实中，这些偷渡到西德的东德公民尽管与社会主义制度保持了距离甚至拒绝了社会主义制度，但是也自带了一种语言文化的烙印。而这种语言文化并不能轻易转移到另一种社会制度中，所以他们中的许多人在西德被当作"异类"。此外，他们面临着看起来很陌生但必须要进行文化翻译的术语、解释和挑战（尽管西德电视节目在东德的收视率相当高）。他们究竟是如何做到这一点的？成功和失败的翻译策略是什么样的？谁自告奋勇担当了文化中间者？这些问题和思考对于母语不同的移民研究来说自然而然会出现，[①] 并且可能也为同一语

---

① 例如在霍米·K.巴巴看来，移民文化本身就是翻译文化，它使语言和文化中不可翻译的部分以表演化的方式显现出来，并由此进入社会协商的领域。

言社区内文化差异的历史表现形式研究呈现了新的视角。[1] 此处采用虚拟语气是必要的，因为文化的语内翻译研究在经验秩序和方法论结构上确实比不同语种间的翻译研究存在更多的不足之处。[2]

这里可能要再次提到那些文化中间人所需的素质：任何想要成功地在不同社会文化之间进行协商的人不仅至少要对两种社会语言有几乎相同的掌握程度，还要充分了解另一方的世界观和方法论，并能够真实地表达出来。谁拥有这种能力？谁能将来自不同生活世界的文化代码掌握到如此熟稔的水平，从而让互动成为可能，并将思想观念及利害关系既能从"上层"到"下层"、又能从"下层"到"上层"进行翻译？[3] 除了文化转移研究中考察的文化中间人——传教士、学者、工匠、外交官、商人、小贩和艺术家——之外，还有很多文化参与者也将注意力聚焦在社会翻译上，他们同样对交流感兴趣，并且对以文化史为根基的经济史和政治史而言具有重要的意义。例如，如果地方官员、政治家和律师，或者工会代表和企业家想让自己的心声被听到，并使自己能成功地在不同的社会群体之间进行调解，那么他们必须制定出能简化复杂性的程序，并且——此处涉及现代大众传媒史和消费史——让自己沉浸在下层阶级的文化中，或者反过来，下层阶级去学习精英的语言，以便自己能够接触到这些精英。因为概念和术语与其产生的社会、政治、经济和文化背景密切相关，且在布尔迪厄看来，不同的场域（Felder）也会产生不同的语言代码和"游戏规则"

---

① 这可能是基于历史社会语言学的考虑。Peter Burke，*The Social History of Language*，Cambridge 1987；*Language，Self，and Society：A Social History of Language*，Cambridge 1994.

② 针对母语的社区化功能与身份形成功能的研究做得相对好一些。例如，丽莎·米切尔（Lisa Mitchell）借助现代泰卢固语（Telugu）分析了南亚语言民族主义和国家建设之间的复杂关系，探究了泰卢固语如何在 1890 年到 1914 年从单纯的交流手段逐渐转变为民族身份的核心标志。Lisa Mitchell，*Language，Emotion，and Politics in South India：The Making of a Mother Tongue*，Bloomington 2009.

③ 学者斯蒂芬·布雷肯西克（Stefan Brakensiek）和卡琳·戈特沙克（Karin Gottschalk）将近代早期的统治中介定义为一种文化交流，指出研究主要遵循这样一种传播方式，即"上层"开发出的模型经由地方官员的翻译后被底层群体所采用、复制或改编，相比之下，底层"向上"反馈的效果则很少被人关注。参见 Stefan Brakensiek，Herrschaftsvermittlung als kultureller Austausch，in：North，Kultureller Austausch，S. 163 – 174；Gottschalk，Herrschaftsvermittlung。

（Spielregeln），所以上层阶级和下层阶级都需要下一番功夫、掌握特定的技艺并且对要翻译的另一个世界进行深入了解。①

这既引起了对社会和文化变迁（微观）过程的关注——布尔迪厄在很大程度上忽略了这一点，也引起了对社会区隔（Soziale Distinktion）实践的关注——布尔迪厄几乎将这一点视为自己理论的核心。在此基础上，文化翻译可以作为一个补充性视角去进行研究，例如在该视角下，书写不同社会中阶层跃升者的历史：在阶层等级森严的社会中，当一个人必须不断地为自己翻译，这意味着什么？什么行为是符合社会期待的？对文化资本和社会资本的挪用具体是如何运作的？对既定事物表示拒绝是如何展现出来的？跃升到更高阶层的新人制定了哪些策略？在哪些情境中，他们（没有）成功地找到接受感和归属感？（例如在中上层阶级或贵族阶层中）在这种情况下，引发关注的不仅是他们被嘲笑的暴发户形象，还有作为社会阶层跃升者的他们担任翻译能为自己的原生阶层争取多少利益？或者他们与原生阶层保持了多远的距离？作为"跨境流动者"（Grenzgänger），他们承担了多少翻译工作？或许这些翻译工作也会使其自身不堪重负，因为他们只熟悉自己社会场域的规则，无法游刃有余地在不同阶层进行交流。

## 六 文化翻译概念的局限性

本文提出的一些思考可能会给人一种普遍印象：从历史学的视域来看，文化翻译概念在主题和时代上几乎是无限适用的。实际上，文化翻译概念的应用领域列表还可以进一步扩展，其范围能够涵盖知识和科学史、文学和图书贸易史、商业史、跨国机构史以及民间社会倡议史等诸多领域。② 然而，鉴于大量的研究主题在文化翻译的棱镜中获得了清晰的轮廓，

---

① 专业资格或者职务也同样重要。近代早期以来，地方官员和律师一直在将下层社会成员日常话语的描述和请求转化为可审理的事实和官方语言，而这些事实和语言首先是可以进行协商的。Brakensiek, Herrschaftsvermittlung als kultureller Austausch, S. 167 – 168; Gottschalk, Herrschaftsvermittlung, S. 185.

② Christoph Conrad, Vorbemerkung, in: GG 32. 2006, S. 437 – 444, hier S. 441 f.

人们首先可能会忽视这样一个风险：在翻译的视角下该概念不必与其他研究概念竞争，而是（仅仅）为它们补充一些重要而又新颖的细节。而且，人们会助长概念使用中的随意性风险，而这种随意性正是研究性概念要避免的：与"文化"（在更广泛的概念意义上）类似，翻译也意味着与不同文化间交流相关的（几乎）一切——无论它们现在是否暗含着种族、宗教或社会的因素。①

并且文化翻译的概念也存在具体的限制，这些限制与一手资料的基础来源密切相关。与民族学家不同，历史学家可以对事件中发生变化的意义归属和翻译过程的结果进行重构，特别是针对以文本形式流传下来的语言。然而，在土著文化或者下层文化中，这种情形相对比较少见。这时就像往常一样，人们不得不反思霸权在发生的事件中的影响或者甚至根本找不到任何影响。包括艺术制品在内的图像或物品来源，以及非语言的交流形式，如手势、面部表情、仪式和实践，虽然这些可以为文化翻译提供线索，但它们不能完全弥补文字和文本的根本性缺失。归根结底，历史学视角下的人类行为学也仍然依赖于相应的资料来源。所有这些来源都以一种特定的方式适用于那些无法翻译、翻译失败或根本不应翻译的范畴和世界观。

该概念的研究范围同样也受到限制，因为对文化翻译的兴趣引发的一些主题热点研究遇到了和在其他领域的历史接受研究相类似的方法论问题。例如媒体史和传播史，或以文化研究为目的的政治史，这些研究很难对特定的阐释模型的深度和广度做出有根据的论述，针对翻译过程进行的研究也同样难以做到这一点，然而翻译过程往往会在这些研究领域内引发思考。诚然，其他文化学的学科为翻译提供了极其重要的启发——例如，

---

① 汉斯－约阿希姆·哈恩（Hans－Joachim Hahn）抱怨"这使该类内容的精确定义变得模糊"，而首先将其归因于"翻译概念的隐喻化及其过度使用"，参见 Hajo Hahn, Modelle jüdischen Übersetzens in der Moderne. Eine unendliche Forschungsaufgabe, in: transversal. Zeitschrift für Jüdische Studien 10. 2009，S. 9 – 24，hier S. 13。针对过于随意的文化概念的批评，参见 Terry Eagleton, *Was ist Kultur*?，Munich 2001。

人们分析了文本间的联系或者话语理论①之后，或许紧接着会想到探究话语分析过程。但是，所有研究计划在任何情况下都有方法论上的要求，尤其是针对语言和交流的研究，因为二者在历史进程中持续发生着变化。

因此，本文提及的研究者都很谨慎，他们并没有在概念上给文化翻译下一个新定义，而更多的是去拓宽文化翻译的研究视域，力图从新的视角看待已熟知的现象，并在跨学科研究的推动下为既定的文化史问题提供更有条理的论述和进一步的思考。归根结底，还是要由历史学家自己来决定他们想要研究的文化翻译的视域范围，决定他们想如何从隐喻意义或者字面意义去理解文化翻译。如果把每一次跨越文化边界的交流和每一次对外来范式和阐释模型的挪用都理解为翻译，这并不具有合理性。即使在这种情况下，这个概念也是有意义的——我们只会更加关注其中不断变化的交流模式，关注文化翻译各自的载体及其所处语境的意义。

---

① 继安东尼奥·葛兰西（其在翻译和可译性方面提出了自己的思考）之后，话语分析霸权理论的相关研究在很大程度上受到埃内斯托·拉克劳（Ernesto Laclau）和尚塔尔·穆夫（Chantal Mouffe）的影响，并且十分具有启发性。参见 Peter Ives, *Language and Hegemony in Gramsci*, London 2004；Peter Ives and Rocco Lacorte（eds.），*Gramsci, Language, and Translation*, Lanham 2010；Ernesto Laclau and Chantal Mouffe, *Hegemony and Socialist Strategy: Towards a Radical Democratic Politics*, London 2012。

# 从伊朗到全亚洲：马球的起源与传播[*]

〔美〕胡桑·E. 谢哈比（Houchang E. Chehabi）

〔美〕阿伦·古特曼（Allen Guttmann）[**]    著

朱风泠[***]    译

> 犹如马球任凭命运的曲棍摆弄，
>
> 忽东忽西，唯命是从。
>
> 就是他使你疲于奔命，
>
> 个中缘由唯他最懂，他懂，他懂①。[1]

---

[*]  本文原题为"From Iran to All of Asia：The Origin and Diffusion of Polo"，发表于《国际体育史杂志》（*The International Journal of the History of Sport*，Vol. 19，2002，pp. 2 - 3，384 - 400）。诚挚感谢作者授权中译文的发表。

[**]  本文第一作者胡桑·E. 谢哈比，美国波士顿大学国际关系学与历史学荣誉教授，专业领域包括中东政治和文化史、什叶派和国际法；毕业于法国卡昂大学、巴黎政治学院，取得耶鲁大学文学硕士学位、耶鲁大学哲学博士学位；曾任教于哈佛大学，受聘为圣安德鲁斯大学、加利福尼亚大学洛杉矶分校、阿根廷大学客座教授。其代表作有：*Iranian Politics and Religious Modernism：The Liberation Movement of Iran under the Shah and Khomeini*（1990）、*Distant Relations：Iran and Lebanon in the Last 500 Years*（2006）等。本文第二作者阿伦·古特曼，美国阿默斯特学院（Amherst College）英美研究的艾米丽·C. 乔丹·福尔杰教授（Emily C. Jordan Folger Professor），曾担任北美体育史学会会长，数十年间在体育史的教学、科研等多领域做出卓越成就和杰出贡献。其代表作有：*From Ritual to Record：the Nature of Modern Sports*（1978）、*The Games Must Go On：A Very Brundage and the Olympic Movement*（1985）、*Women's Sports：A History*（1991）、*The Olympics：A History of the Modern Games*（1992）等。

[***]  朱风泠，北京体育大学国际体育组织学院硕士研究生。

①  原文引自爱德华·菲茨杰拉德英译版《鲁拜集》，该译文援引自《鲁达基 海亚姆 萨迪 哈菲兹作品选》，邢秉顺译，人民文学出版社，1998；另有郭沫若译版："皮毯也只唯命是从，一任戏毯者倒出抛弄。是'他'把你抛到地来，一切的原由，只有他懂——他懂"（译自英语），选自中译本《鲁拜集》，吉林出版集团有限公司，2009。

本文全部脚注均为译者注；带方括号的数字角标为原文注释，作尾注，后不再作说明。——编者注

## 马球的来源

马球运动很可能自中亚地区古代游牧民族粗犷的马背运动演化而来。在阿富汗，有种运动流传至 20 世纪，它的最初形式"马背叼羊"（buzkashi），是由部落中数百位男子骑马争抢一只山羊或小牛的无头尸体，这是一场尘土激扬的混战。勇猛的骑士若能抓住猎物的腿，把它从激战的人群中拖拽出来，便获得胜利。[2]20 世纪 60 年代，得益于国家奥委会的支持，[3]阿富汗出现了一种相对温和的马背叼羊。然而在 1978 年苏联入侵后，原始的马背叼羊在巴基斯坦难民营中复兴，再现往日粗犷野蛮之态。1996 年，塔利班在阿富汗统治区宣布马背叼羊为非法行为。在与之接壤的巴基斯坦北部有一种马球形式流传至今。[4]而在更西边的伊朗（西方古时译为波斯），马球发展成为现如今用木槌（chowgān）和一颗圆球进行的马上运动。在当时，"chowgān"一词便指代马球运动。[5]

## 马球在伊朗的发展

在古伊朗，马球深受王公贵族喜爱。但正如沃尔夫冈·克瑙特（Wolfgang Knauth）在对伊朗历代统治者运动行为的研究中指出，波斯帝国之始——阿契美尼德王朝①的人们对马球运动还并不了解。[6]帕提亚王朝②发端于伊朗东北部（大约是呼罗珊③一带），毗邻中亚大草原。马球也许就诞生于此时此地（帕提亚人高超的马术技艺甚至得到其宿敌罗马人的认可）。帕提亚王朝后期，国家权力分散，出现了"政权林立；战乱频仍；狩猎、马

---

① 阿契美尼德王朝（Achaemenid，公元前 550～前 330 年），又称波斯第一帝国，是古波斯地区第一个把版图扩张到中亚及西亚大部分地区的君主制帝国，也是第一个横跨欧亚非三大洲的帝国。

② 帕提亚王朝（Parthian，公元前 247～公元 224 年），又名阿萨息斯王朝或安息帝国，是亚洲西部伊朗地区古典时期的奴隶制帝国。

③ 呼罗珊（Khurasan），中古地理名词，西南亚古地区名。大部分在今伊朗境内，一部分在阿富汗赫拉特一带和土库曼斯坦境内的马雷一带。

球、宴会、史诗诵读等贵族活动繁荣"的景象。[7]

有关马球最早的记载似乎也证实了马球发端于帕提亚这一假说。7世纪早期的文献《阿尔达希尔·帕别克功绩录》（*Kārnāmak – e Ardashir – e Pâpakān*）记述了3世纪的萨珊王朝①创建者阿尔达希尔一世（Ardashir Ⅰ，224～241年在位）的事迹和功勋。帕提亚王朝末代国王阿尔德旺五世（Ardavān V，212～224年在位）对阿尔达希尔一世颇为看重，让他与王子贵族们一同打马球。球场上，阿尔达希尔一世技高一筹，从一众王公贵族中脱颖而出。[8]阿尔达希尔一世之后的历代萨珊国王都热衷于马球运动。大约在萨珊王朝灭亡前不久，有一篇短文记叙道：萨珊王朝的最后一位国王库思老二世（Khosrow Ⅱ，590～628年在位）遇到了一位年轻人，想要在朝中谋得一官半职。这个年轻人自夸道："我精通马球，在赛场上无人能敌。"[9]这显然成了他入朝为官的一块敲门砖。资深穆斯林史学家塔巴里（Tabari，838～923）积累掌握了大量古代波斯的珍贵史料，他也证实了萨珊人对马球的喜爱。

650年，阿拉伯穆斯林的入侵终结了萨珊帝国，伊朗于是归入穆斯林哈里发的统治。在伊斯兰教的统治之下，马球运动得以继续蓬勃发展。阿拉伯人主宰伊朗大约200年后，一些伊朗土著小国（其中部分的祖先可以追溯到伊斯兰教创立以前的伊朗贵族）在哈里发统治区东部重新宣布独立。这些国家的统治者也都酷爱马球。其中萨法尔王朝②国王阿米尔·本·莱斯（Amr b. Layth，879～901年在位）一只眼失明却非常喜欢打马球。他手下有位军官，尽管这位军官自己也很喜欢打马球，却还是劝诫国王不要打马球。他对国王这样解释道："臣有两只眼睛，即使其中一只眼睛不巧被球击中而失明，我也还有一只眼睛能看见这个世界。可您只有一只眼睛，如果它不幸被球击中，那么您将无法一统呼罗珊，成就霸业了。"[10]

诚然，马球是一项危险的运动。不仅可能夺去一个人的王位（人们认

---

① 萨珊王朝（Sasanian，224～651），又称波斯第二帝国，是最后一个前伊斯兰时期的波斯帝国。

② 萨法尔王朝（Saffarid，861～1002），是中亚地区的一个地方性王朝。

为盲人无法执掌国家），甚至可能夺去一个人的生命。这也正是萨曼王朝①的一位王公阿卜杜·马利克（Abd al-Malik，954～961 年在位）的遭遇。他经常打马球，有一天他醉酒后还上场打球，由于马匹失控而不幸坠马，摔断了脖子。[11]伊朗北部齐亚尔王朝②的一位小统治者写给他儿子的《卡布斯教诲录》（Qābusnāmeh）是 11 世纪著名的治国经典和道德伦理准则。书中告诫年轻人最好每年最多打一两次马球，并且要小心谨慎地位于球场的一端，以免身陷混战，亦可躲避冲撞。[12]

苏丹马哈茂德（Mahmud，998～1030 年在位）也打马球。他的一位宫廷诗人法鲁克赫（Farrokhi）以他打马球为题写下了一首赞诗。[13]除此之外，法鲁克赫还写道："国王之要务有四：宴饮、打猎、马球和打仗。"[14]正如神秘主义诗人鲁米（Rumi，1207～1273）所说，打好马球教会统治者把一场仗打得漂亮。[15]一代枭雄帖木儿（Timur，1336～1405，西方称他作Tamerlane）征服了包括俄罗斯、伊朗、西亚以及印度等在内的辽阔土地。他应该也在自己的领土中推行过马球运动和伊斯兰教。波斯诗人哈菲兹（Hafiz，1320～1389）曾迎合帖木儿对马球的精通为其祝祷："愿敌人的头颅成为您的棍下之球。"[16]据说帖木儿实际上也是这样做的。[17]

统治伊朗 200 余年的萨法维王朝③创建了我们熟知的现代伊朗，他们也同样喜爱马球。为了纪念萨法维王朝的开创者萨法·伊斯迈尔（Shah Ismail，1502～1524 年在位）所举办的一场马球比赛，穆罕默德·卡西姆·焦纳巴迪（Mohammad Qāsem Jonābādi）写下了一首赞诗。[18]1540 年，威尼斯使者米歇尔·芒布雷（Michele Membrè）在萨法维王朝首都大不里士观看了一场马球比赛，对战双方为国王沙阿塔哈马什（Shah Tahmāsh）和他的兄弟各自率领的一支五人球队。

---

① 萨曼王朝（Samanid，875～999），统治呼罗珊一带与河中地区（Transoxiana），首都位于布哈拉（Bukhara），是中亚地区信奉伊斯兰教的一个封建割据王朝。

② 齐亚尔王朝（Ziyarid，928～约1090），伊朗北部的德莱木人（Dailamites）在里海南岸建立的伊斯兰波斯化王朝。

③ 萨法维王朝（Safavids，1501～1736），又称波斯第三帝国，是由波斯人建立统治伊朗的王朝，也是继阿契美尼德王朝、萨珊王朝以来第三个完全统一伊朗东西部的王朝。

广场中央，国王纵马疾驰，挥舞球槌，敲击木球。场中竖立着两根柱子分别表示对战双方，一方是国王和4个队员，另一方是他的兄弟和4个队员。双方球员都试图使木球越过本方的柱子。他们在马上飞驰着，击打着鸡蛋大小的木球。就这样，比赛持续了两个小时。无数子民、士兵把城墙和街道围堵得水泄不通。当他们看到国王时，便把头垂向地面念"沙阿、沙阿"，就像我之前提到过的那样。[19]

萨法维王朝最伟大的统治者阿巴斯一世（Shah Abbās，1587～1629年在位）就是一位狂热的马球爱好者。英国旅行家安东尼·舍里爵士（Sir Anthony Sherley）就曾描述球场上的阿巴斯一世。安东尼·舍里爵士着重描写了比赛时的奏乐。当国王"牵着他的马出场，号角伴着鼓点一同奏响……而每当国王争得球权时，鼓号声也都会鸣奏"。[20]后来，萨法维王朝迁都至伊斯法罕，阿巴斯一世给这座古老的城市拟定了一个新的中心——一座巨大的广场，称作"maydān"①，可作马球场用。那些作为赛场标记的石柱至今依旧矗立着。宫殿的露台能俯瞰整个广场，是个绝佳的观赛地点。

只要国王愿意，马球赛几乎夜夜开场……英雄不问出身，意欲一展身手者皆可上场；球技高超者，不论身份贵贱，国王都会亲自邀请他们参赛。国王自己也会下场打球，至于球技如何……国王本人技压群雄，几乎无人能敌。[21]

17世纪70年代，伊斯法罕中心广场上的马球赛场景如下：

城中央的马球场规模宏大，在广场尾端有两根距离相近的门柱，球可以从中穿过。球被投掷到场地中央，球员们手握球杆，马蹄飞扬间，竞相争球击打。由于球杆很短，球员们必须弯腰至鞍头以下才能击打。根据规则，球员们必须骑在马上带球推进。率先让球从门柱之间穿过的一方便获得胜利。在比赛中，双方都各有15名到20名队员。[22]

---

① "maydān"意为广场、空地，即现在伊斯法罕的伊玛目广场。

萨法维王朝覆灭后，由于时局动荡，加上缺乏朝廷支持，马球运动的发展遭受巨大打击。[23] 19 世纪晚期，少校珀西·塞克斯爵士（Major Sir Percy Sykes）又将马球运动重新带回伊朗，但主要是德黑兰和马什哈德的英国军队和印度军队在玩。[24]

## 波斯文学艺术中的马球

在大约 1000 年前，波斯语作为一种文学语言复兴后不久，马球的意象就出现在波斯诗歌当中，这也算是对马球曾盛极一时的一种致敬。在菲尔多西（Hakim Abu l – Qāsem Ferdowsi，933 ~ 1021）所著的伊朗民族史诗《列王纪》（*Shānāmāeh*）中，马和马术都有着重要的地位。[25] 王公贵族、英雄豪杰们好像永远都在打马球——甚至于那些伊朗神秘起源传说中的人物，他们的时代比马球最早的历史记载还要早上好几个世纪，考古学、史学、货币学等领域都还无从考证。[26]《列王纪》当中有个著名片段，描绘了一场马球比赛，由土兰（Turān）国王阿夫拉西亚伯（Afrāsiyāb）带领一支土兰球队对抗他女婿夏沃什（Siāvosh，凯扬王朝①国王卡乌斯之子）率领的一支伊朗球队。在这场首届"国际"马球赛中，夏沃什开球第一杆就打得很漂亮，"球从眼前消失不知去向"；随后，他又重击出杆，"球儿直飞云霄与月亮会面"②。[27]

在伊朗传统史诗中，凯扬王朝的末代国王达拉（Dārā，有时写作 Dārāb）与历史上阿契美尼德王朝的末代国王大流士三世（Darius Ⅲ）一样，都是马其顿帝国亚历山大（公元前 336 ~ 前 323 年在位）的手下败将。然而，在伊朗传统史诗中，亚历山大已经不完全是一个异邦的王子，而是凯扬王朝倒数第二位国王与一位马其顿公主的孩子。这样一来，假使他打败了达拉，作为达拉同父异母的兄长，亚历山大便拥有了伊朗王位的合法继承权。史诗中亚历山大的归化洗刷了他曾征伐伊朗的恶名，于是中世纪的波

---

① 凯扬王朝（Kianids），是波斯传说中的第二个王朝。
② 出自菲尔多西《列王纪》。此处译文援引自《列王纪选》，张鸿年译，人民文学出版社，1991。

斯传说便能毫不避讳地赞颂他的英雄事迹了。这些传奇故事改编自希腊的亚历山大传说。其中有个情节是波斯国王送给亚历山大一个球——意在嘲讽他乳臭未干，应该去玩小孩的游戏，战争则是成年人的事。[29]而在波斯传说里，这里的球变成了马球和马球杆。亚历山大告诉波斯使者，这个球好比地球，而他亚历山大就好比可以随心所欲将球打到任何地方去的球杆。这个故事最初出现于塔巴里写的故事中，后被编入众多波斯亚历山大传说故事。[30]其中最著名的要数内扎米·甘贾维（Nezāmi Ganjavi，1104 ~ 1202）的《亚历山大故事》（Eskandarnāmeh）[31]。

历史上萨珊人对马球的热爱在波斯文献记载中同样有迹可循。阿尔达希尔一世与帕提亚末代国王阿尔德旺五世的女儿生了一个儿子，名叫沙普尔（Shāpur），被隐秘地抚养长大，却能被父亲一眼认出。因为在一众年轻球员中，只有他有胆量去取回一个飞落到他父亲王座下的马球。以下是菲尔多西所著版本：

> 国王对一个随从吩咐道："去把那些孩子打的马球打到我这儿来，我要看看他们当中谁最勇敢，能像勇猛的狮子那样靠近，从我眼皮底下把球捡走……能做到这件事的人无疑就是我那单纯的儿子。"……随从听令骑着马把球朝国王的方向打去。年轻人们也骑着马如离弦之箭般飞快地追上去，但当他们靠近阿尔达希尔时，却都却步不前，没能追上那颗球。沙普尔果真像狮子般大胆上前，从父亲跟前捡回球后随即离去，把球传给了其他队员继续比赛。见此情景，阿尔达希尔喜出望外。[32]

萨珊王国的库思老二世同样也是马球爱好者。在《库思老和西琳》（Khosrow and Shirin）这首诗中，诗人内扎米·甘贾维讲述了国王与亚美尼亚妻子西琳的邂逅故事。他初遇她和她的女伴们时，他还"对她们的力量和胆识一无所知"。可当她们开始打球时，他惊讶地发现，原本像是"草地上的白鸽"的美丽姑娘，俨然成了"狩猎的鹰"。当库思老二世邀她们比试一场时，"现在西琳赢了，国王也是"。[33]

抒情诗亦会将马球作为意象。至少在诗人眼中，恋人那卷曲的长发就好似一根马球槌，截获了那迷茫爱人不安的心绪。例如诗人莫埃齐（Mo'ezzi）在诗中写道：

> 爱人之心犹如跳动的球，他们的脊背犹如马球棍般弯曲，
> 只因所爱之人的下巴圆润如球，发丝也如球棍般弯曲。[34]

马球的隐喻还出现在神秘主义诗歌当中。对一个神秘主义诗人来说，最大的幸福莫过于"被心爱之人的球杆击中了心中的木球般跳动不已"[35]。

马球在宫廷生活中处于中心地位，这意味着马球和狩猎一样，都是波斯（后来还包括土耳其和印度）的细密画家（miniature painters）最喜欢的题材之一。艺术家们描绘出菲尔多西《列王纪》以及内扎米·甘贾维作品中的各种浪漫场景。[36]细密画艺术传承至今，伊朗的任何一家手工艺品商店都能见到它的身影。

## 向西传播的马球

马球自伊朗向西传播，横跨拜占庭帝国来到它的首都君士坦丁堡。也许早在4世纪，马球就已经出现于此了。它在希腊被称作"tzykanion"（源自波斯语 chowgān）[37]。国王狄奥多西二世（Theodosius Ⅱ，408~450年在位）在君士坦丁堡修建了一座马球场，称之为"tzykanisterion"。马球在皇室和贵族中非常流行。巴西尔一世（Basil I，867~886年在位）非常擅长打马球；而特拉布宗帝国（Trebizond）的皇帝约翰一世（John I，1235~1238年在位）在君士坦丁堡马球场比赛时受重伤，生命垂危。[38]12世纪，十字军穿越小亚细亚前往黎凡特，法国历史学家让-朱尔·朱瑟朗（Jean-Jules Jusserand）对此写道："十字军的对头努尔丁（Noureddin）和萨拉丁（Saladin）与他们的拜占庭伙伴一样热爱打马球。"十字军将马球的概念带回了法国，可法国人只把它发展为一种用脚踢着玩的游戏。[39]一代人之后，1204年，法国十字军侵占了君士坦丁堡，同样也爱上了马球运动。十字军将马球运动带回法国，这一次马球依旧未能在法国落地生根。

7 世纪中叶，阿拉伯人征服了叙利亚和伊拉克，先后建立起倭马亚王朝①和阿拔斯王朝②。伊斯兰世界的统治者哈里发将萨珊王朝支持马球运动的传统延续下来。在倭马亚王朝第二任统治者叶齐德一世（Yazid I，680 ~ 683 年在位）的统治下，首都大马士革盛行马球运动；而在阿拔斯王朝统治者哈伦·拉希德（Hārun al - Rashid，786 ~ 809 年在位）统治下，首都巴格达也同样流行起马球运动。对西方读者而言，如果听过雪赫拉莎德（Scheherazade）的《一千零一夜》，也许会更熟悉与哈伦·拉希德同一时代的法兰克国王查理曼（马球多次在《一千零一夜》中出现）。哈伦·拉希德的儿子马蒙（Ma'mun，813 ~ 833 年在位）在宫殿附近建造了一座马球场。萨马拉市在 836 年至 892 年为阿拔斯王朝首都，在今天的萨马拉市依旧可以看到这座巨大的露天球场。[40] 后来，世俗王权取代了哈里发在阿拉伯近东地区的统治，统治者们与同时期的伊朗人一样将马球运动（阿拉伯语中称作 sawlajān）传承下来。[41] 例如埃及阿尤布（Ayyubid）王朝的创建者萨拉丁（Salahal - Din，1169 ~ 1193 年在位），他虽与十字军为敌，却颇具侠义风范，因此为西方人所熟知；以及马穆鲁克（Mamluk）王朝的统治者拜巴尔一世（Baibar I，1260 ~ 1277 年在位），他以体格强健而闻名于世，据说他曾于一周之内分别在开罗和大马士革打了马球。[42]

在小亚细亚半岛，塞尔柱人（Seljuk）和后来的奥斯曼土耳其人都打马球，但比起马球，他们更喜欢另一种马背运动——马上标枪（cirit）[43]。在小亚细亚半岛东部的库尔德，马球也颇受欢迎。1655 年，埃夫利亚·切莱比（Evliya Celebi）③ 这样描述道：

> 马球场的两端都设有石柱。双方各有骑兵千人，他们手持山茱萸木制成的弯曲球杆，列阵于赛场两端。场地中央放着一个人头大小的

① 倭马亚王朝（Umayyad，661 ~ 750），古代中国史籍中称之为"白衣大食"，阿拉伯帝国的第一个世袭制王朝。
② 阿拔斯王朝（Abbasid，750 ~ 1258），古代中国史籍中称之为"黑衣大食"，阿拉伯帝国的第二个世袭制王朝。
③ 埃夫利亚·切莱比（1611 ~ 约 1684），生于伊斯坦布尔，奥斯曼帝国伊斯兰教学者、著名旅行家。

圆形木球。当八重奏乐队开始奏乐，鼓声响至顶点时，双方便各派出一名骑兵向前飞奔，击打木球试图使其穿过本方门柱……就如此往复……直到（木球）被打得粉碎……这不失为一场精彩的军战演习，虽然偶尔也会超出球赛范畴变成一场真正的战役，鲜血淋漓……放眼整个库尔德斯坦和伊朗，这是最受欢迎的骑兵演练形式。

埃夫利亚·切莱比补充说，法学专家们不赞成马球运动并严厉抵制。其中的缘由值得注意：据埃夫利亚·切莱比所说，先知穆罕默德的外孙侯赛因①是受什叶派穆斯林认可的第三任伊玛目（先知的合法继承人）。侯赛因不幸于 680 年在卡尔巴拉殉难，他死后，倭马亚哈里发叶齐德一世把他的头颅当作马球来打。尽管萨法维人将什叶派尊为正统，但这显然并不妨碍他们对马球运动的热情。埃夫利亚·切莱比给出了一个稍显牵强的解释：波斯人和库尔德人并不了解这一典故，所以他们如此痴迷于马球运动。[44]

## 向东传播的马球

711 年，伊斯兰教开始了对印度次大陆北部的征服。帖木儿的后裔巴布尔（Babur）建立起莫卧儿帝国，穆斯林的统治至此达到顶峰。随着伊斯兰教的传播，马球运动开始在这一地区传播。德里苏丹国的第一任苏丹库特布丁·艾伊拜克（Qutbuddin Aimak，1206～1210 年在位）在一场马球赛中从马背上摔下并被马碾过，不幸英年早逝。莫卧儿帝国最著名的皇帝阿克巴（Akbar，1556～1605 年在位）与同时期伊朗萨法维王朝的阿巴斯大帝一样，都以高超的马球技艺和对马球的痴迷闻名。他用帕拉树的木头制成一种能发光的球，以便他在夜晚也能挑灯夜战。阿克巴的朝臣阿布－

---

① 侯赛因·伊本·阿里（Ḥusayn ibn 'Alī ibn Abī Ṭālib，约 626～680），伊斯兰教先知穆罕默德的外孙，伊斯兰教什叶派领拜人，伊斯兰教什叶派第三任伊玛目。由于拒绝效忠哈里发雅兹德一世，在离开麦加、前往伊拉克的库法与支持者会合途中遭倭马亚骑兵追杀，不幸于 680 年 10 月 10 日战死于卡尔巴拉（今伊拉克境内）。后什叶派定该日为阿舒拉节以志悼念，卡尔巴拉成为什叶派的圣地之一。

法兹（Abu l-Fazl，1551~1602）对国王热爱的马球这样赞颂道："目光短浅者视其为游戏，只供消遣玩乐；而有远见者则以其为敏捷性和决断力之磨炼。马球使强兵精进骑术，使壮马机敏驯服。马球可以检验一个人的价值，增进彼此的情谊，因此陛下对马球钟爱有加。"[45]

莫卧儿帝国的文学艺术在17世纪时达到顶峰，马球也常成为创作题材。有不少画稿都描绘了阿克巴的儿子贾汉吉尔（Jahangir，1605~1627年在位）打马球的场景。[46]一篇手稿上还写着鼓励贾汉吉尔要大胆击球的话语，[47]因为对印度教的王子并不提倡这样的举止。事实上，穆斯林统治者致力于阻止印度教徒喝酒、打马球，因为即使不是反叛的臣民，也容易因这两件事而变得难以管控。[48]莫卧儿王朝的文艺作品中有时也会出现女性打马球的场景，但我们不能以此就断定这些场景发生于某个时代。例如，阿克巴的宫廷中就有一幅不合年代的细密画，画上描绘的是女王胡玛①打马球的样子。

尽管史学家无法确定马球于何时传入中国，但可以推测马球是通过丝绸之路从伊朗东北部传入中国的。马球盛行于整个唐朝这一点毋庸置疑。李贤墓中的一幅打马球壁画②展现了一场马球赛的盛况，20多位骑手驱马争球。唐代马球队通常由16人组成，他们在乐声伴奏中奋力比赛。有考古证据表明，831年，长安城大明宫内建了一座巨大的马球场。唐朝的14位皇帝中有10位皇帝都会打马球，据说还有皇帝把马球作为官员晋升的前提条件。唐僖宗李儇（873~888年在位）在谈起自己对马球的痴迷时夸口说道，要是朝廷设置马球进士科，自己肯定能拿个状元。有一次，唐僖宗甚至以一场马球赛来决定任命谁为剑南和山南道节度使。[49]

据说唐睿宗（684~690、710~712年在位）下令让官员打马球时，一些年迈的官员摔倒在地，唐睿宗与后宫女眷们被逗得哈哈大笑。"庚戌，

---

① 胡玛（Homāi）为《列王纪》中的凯扬王朝女王，达拉之母。
② 此处李贤墓指陕西咸阳章怀太子墓，李贤（655~684）是唐高宗李治和武则天的次子。《打马球图》绘于墓道西壁，长6.75米，高1.65米，画面上有20匹"细尾扎结"的各色骏马，球手均身穿白色或褐色窄袖袍，脚蹬黑靴，头戴幞头，一律左手执缰，右手执偃月形鞠杖。

上御梨园球场，命文武三品以上抛球及分朋拔河，韦巨源、唐休璟衰老，随缅蹉地，久之不能兴；上及皇后、妃、主临观，大笑。"①[50] 由此看来，体育道德缺失问题似乎由来已久。

唐睿宗之子唐玄宗（712～756 年在位）统治时期是中国历史上最鼎盛的时期之一。他对唐朝的诗词、音乐、舞蹈以及艺术发展贡献卓著。[51] 当然，还包括马球。或许是他太过醉心玩乐而懈怠朝政，致使奸臣作乱，太子②即位。

中国古代，马球在军中大为流行。纵观整个唐朝，马球技艺最高超的人可能是夏将军。③ 传说唐德宗统治时期（779～805），夏将军曾于马球场中飞驰，地上摞着十几枚铜钱，他奔马而来，用马球杆击那铜钱，每次一击，则有一枚铜钱飞起二十余米（六七丈）高。[52] 马球运动在军中流行也有不利的一面。据说辽金时期，蒙古大军（翻越山西高原，东进开封）来犯时，一些女真将领"在球场比在战场更加骁勇善战"，更有甚者被戏称为"板子元帅"[53]。

唐代描写过马球的诗人众多。如诗人李廓④形容马球杆"顶端弧弯，状如新月"⑤。[54] 另一位唐代诗人花蕊夫人⑥写道："自教宫娥学打球，玉鞍初跨柳腰柔。"[55] 在当时，女性打马球绝非个例。许多唐代的雕塑都展现了女子纵马打球的英姿。卡尔·迪姆（Carl Diem）在《亚洲的马背运动》（*Asiatische Reiterspiele*）中展示了 6 件此类雕塑作品。

---

① 此处原文版本参考《资治通鉴》卷 209，中华书局，1956，第 6640～6641 页。

② 太子指唐肃宗李亨（711～762）。

③ 人物"夏将军"出自《太平广记·伎巧·绝艺·河北将军》，"建中初，有河北将军姓夏，弯弓数百斤。常于球场中累钱十余，走马，以击鞠杖击之，一击一钱飞起，高六七丈。其妙如此"。

④ 原文将诗人名字写为"Li Guo"，译者考唐代身份及姓名字音相近者唯有吏部侍郎同平章事李程之子李廓，生卒年均不详，约唐文宗太和中前后在世，元和十三年登进士第，调司经局正字，出为鄂县令；累官刑部侍郎、颍州刺史。李廓诗《长安少年行十首》中"长挑出猎马，数换打球衣"一句内容与马球相关。

⑤ 该诗句原文中英文为"the tip of the polo stick curves like a crescent moon"，原诗句及出处未能准确查考，故暂依据字面义将其译为"顶端弧弯，状如新月"。

⑥ 原文将诗人名字写为"Wang Jian"，应是指唐代诗人王建，但译者考证此处诗句实际出自唐代诗人花蕊夫人《宫词（梨园子弟以下四十一首一作王珪诗）》。因唐代诗人王建也作有《宫词》百首，推测原文或因两首诗同名且均包含马球内容而出现引用错误。

马球运动延续至宋朝。与唐朝时相同，宫廷女眷们，包括皇后在内都会上场打马球；宋朝时还出现了男女混赛；甚至记载有一种由年轻男子装扮成女子的"反串"马球（比赛中以驴代马）；还包括夜晚的火把马球。不过总体来说，人们对马球的热情已经不再如唐朝那般强烈、广泛了。朝廷官员不再骑马，打马球似乎成为"军中专人和宫廷艺人"的专属。[56]

如果这一情况属实，那么宋太宗（976～997 年在位）是个例外。他下令举办马球比赛，并积极参与。比赛开始时由皇上亲自开球，进球得分后也由皇上重新开球。唐朝皇帝玩过马球的长安马球场还相对简易，宋朝时修缮得更加精致完备。这一时期，人们习惯以双球门代替单球门，两个球门分别由对战双方各自防守。东西两侧的球门上都雕刻金龙，球门后放置锦旗。东侧球员穿黄色；西侧球员穿红色。进球得分则鸣锣。一些人认为，宋太宗对马球的热忱太过。有官员谏言道，他作为皇上亲自下场打球会带来一个政治问题——当皇上的队伍得胜，其对手会因战败而蒙羞；而当皇上的队伍战败，其对手则容易自傲，得意忘形。而无论是何种情形，花费在玩乐上的时间都终归于朝政无益。[57]

宋孝宗（1162～1189 年在位）也热衷于马球，有记载如下：

> 群臣以宗庙之重，不宜乘危，交章进谏，弗听。一日，上亲按鞠，折旋稍久，马不胜勤，逸入庑间，檐甚低，触于楣。侠陛惊呼失色，巫奔凑，马已驰而过。上手拥楣，垂立，扶而下，神彩不动，顾指马所往，使逐之。殿下皆称万岁……英武天纵，固宜有神助也。①[58]

道家学派频频抵制马球运动，早在唐代就因马球"一则损人，二则损马"而表示反对。[59]宋朝时，儒家学者也明确表达了对马球运动的批判："若以严苛的儒家道德观念来看，马球与酗酒、赌博、俗乐、淫乱等不端行为无异。"[60]或许受到这类思想观念影响，明清时期，马球运动逐渐衰落。刘子健先生指出，宋孝宗是中国古代历史上最后一位热衷于马球运动的帝王，在他之后"就再也没有一位皇帝或皇子打过马球了"[61]。尽管马

---

① 此处原文参考（宋）岳珂《桯史·隆兴按鞠》。

球已经不大流行，但清朝宫廷画家丁观鹏于 1747 年完成一幅马球水墨白描画，刻画极尽精美。然而，此画并非其原创，而是描摹了北宋著名画家李公麟（号龙眠居士，1049～1106）之作《明皇击球图卷》。[62]比起马背上的人，或许李公麟的创作兴趣更在于人物胯下之马。有人告诫他说"公业已习此，则日夕思其情状为神骏，系念不忘，一日眼花落地，必入马胎无疑"。① 李公麟听此劝诫，从此不复画马，转向了其他主题。[63]

受到中国文化的影响，朝鲜半岛也有一种类似马球的运动，被称为"Kyuk Koo"（격구，对应字形"擊毬"），被朝廷用来训练骑兵和战马。韩国的马球比赛注重仪式，皇室成员也常常参与。[64]刘子健先生指出："在蒙古入侵之前，朝鲜史料记载中 51 次提到马球仪式。"[65]蒙古侵入高丽后，马球运动逐渐走向衰落。

然而在日本，马球运动大约出现于奈良时代（710～794）和平安时代（794～1185）。关于日本的马球到底是由中国直接传入的，还是经由朝鲜半岛传入的，目前尚未可知。不过，根据日本 8 世纪成书的诗歌总集《万叶集》可知，727 年奈良宫廷贵族参与过"dakyū"（だきゅう，对应字形为"打毬"）运动。在之后的 500 年里，马球在贵族中流行开来。平安时代，天皇定都京都时，打马球是日本天皇卫队在每年农历五月的重要活动之一。随着藤原一族逐步攫取了天皇的权力，到后来源赖朝（武将）建立镰仓幕府政权时，马球运动已逐渐消亡。有关日本宫廷"打毬"的最后一次记载是在 986 年。由于奈良和京都出现的"打毬"既可步行打，也可在马背上进行，所以还不能完全确定它究竟应该归类于马球还是印第安人的长曲棍球。然而，流镝马（yabusame，やぶさめ）等其他形式的骑射类项目的广泛流行表明，"打毬"主要还是一项马上运动。[66]

在很长一段时期内，"打毬"在日本几乎无可考证，直到 18 世纪，德川吉宗复兴了这项运动。但此时"打毬"使用的球杖更像是长曲棍球棒，而不是马球木槌；其玩法也更像是投掷而非击打。20 世纪早期，为了招待英国外使，宫廷中表演了一场"打毬"比赛。其中一位英国外使曾表示日

---

① 此处翻译参考原文。

本的确"非常崇尚'打毬'这项运动"。[67]

　　马球虽然发明于亚洲，也发展于亚洲，可当"打毬"于18世纪在日本复兴时，马球却几乎在亚洲大陆文化中销声匿迹了。幸好，它在印度北部的兴都库什和曼尼普尔邦①被保留下来。目前尚不清楚于17世纪[68]传入该地区的马球究竟是莫卧儿王朝宫廷马球的离散后代，还是中亚地区马球运动的直系血亲。[69]无论如何，英国士兵在缅甸边境一带的曼尼普尔邦领略到了骏马全速飞奔时在马背上挥舞球棒、击球射门的乐趣。1854年，J. F. 谢勒（J. F. Sherer）中尉注意到曼尼普尔邦茶叶种植园的工人们玩的马球，他表示自己被这项运动深深吸引，忍不住亲自尝试一番。[70]1859年，谢勒和罗伯特·斯图尔特上尉（Captain Robert Stewart）共同创办了一个马球俱乐部，罗伯特·斯图尔特的兄弟还将马球带到旁遮普省（即现在的巴基斯坦）。到了1877年，马球已经在印度英属殖民地流行开来。这一年，他们举办了一场军团之间的马球锦标赛。英国军官被派遣回国时，将马球带回了英国。此后，马球由英国又传播到世界其他地方。1897年，马球传入伊朗，或者说回到伊朗。[71]

## 原文注释：

[1] *Rubaiyat of Omar Khayyam*, translated by Edward FitzGerald（Garden City, NY: Dolphin Books, n. d.）, pp. 45, 72, 98.

[2] C. Whitney Azoy, *Buzkashi: Game and Power in Afghanistan*（Philadelphia, PA: University of Pennsylvania Press, 1982）.

[3] For the rules see *Mosâbeqeh – ye Buzkashi*（Kabul: Government Printing Press, 1971）.

[4] Peter Parkes, "Indigenous Polo and the Politics of Regional Identity in Northern Pakistan", in Jeremy MacClancy（ed.）, *Sport, Identity and Ethnicity*（Oxford: Berg, 1996）, pp. 43 – 67. 目前尚不清楚这里的马球运动到底是源自中亚马球还是莫卧儿王朝宫廷马球在当地的一种变体。

[5] *Encylopaedia of Islam*, 2nd edn, s. v. "Cawgân". *Chawgân* 的词源是 *chub*，木头。

---

①　曼尼普尔（Manipur）邦，印度东北角土邦，该邦曾是阿萨姆邦的一部分。

［6］ Wolfgang Knauth，"Die sportlichen Qualifikationen der altiranischen Fürsten"，*Stadion*，Ⅱ（1976），p. 48.

［7］ Malcolm A. R. Colledge，*The Parthians*（London：Thames and Hudson，1967），p. 175.

［8］ Darab Dastur Peshotan Sanjana，*The Kârnâm î Artaakhshîr Pâpakân*（Bombay：Education Society's Steam Press，1896），pp. 6 - 7.

［9］ Jamshedji Maneckji Unvala，*Der Pahlavi Text "Der König Husrav und sein Knabe"*（Vienna：Adolf Holzhaurer，1917），p. 15.

［10］ Kai Kâ'ûs ibn Iskandar，*A Mirror for Princes：The Qa - bus Na - ma*（London：Cresset Press，1951），translated by Reuben Levy，p. 86. 萨法尔王朝与马球的渊源很有意思，因为这个王朝创建者的父亲是一名铜匠，显然不是贵族家庭。

［11］ Richard N. Frye，*Bukhara：The Medieval Achievement*（Costa Mesa，CA：Mazda，1997），p. 88.

［12］ Kai Kâ'ûs，*A Mirror for Princes*，p. 86.

［13］ Annemarie Schimmel，*A Two - Colored Brocade：The Imagery of Persian Poetry*（Chapel Hill，NC：University of North Carolina Press，1992），p. 441，note 2.

［14］ Ibid. ，p. 286.

［15］ Mowlana *Jalâleddin* Rumi，*Fi - hi - ma - fi hi*，in A. J. Arberry，*Discourses of Rumi*（London：John Murray，1975），p. 146.

［16］ Carl Diem，*Asiatische Reiterspiele*（Hildesheim：Olms，2nd edn 1982），p. 188.

［17］ J. Moray Brown，"Polo"，in Robert Weir，*Riding*（London：Longmans，Green，1891），p. 251.

［18］ 这首诗题为 "Guy - o - chawga - n" 或 "Ka - rna - mah"，目前尚未出版。D. N. Marshall，*Mughals in India：A Bibliographical Survey of Manuscripts*（London：Mansell，1985 reprint），p. 397.

［19］ Michele Membrè，*Mission to the Lord Sophy of Persia*（*1539 - 1542*）（London：School of Oriental and African Studies，1993），translated by A. H. Morton，p. 32. 在其他地方（p. 36），米歇尔·芒布雷暗示马球是在 "复活节" 或拜拉姆节（bairam festival）期间的活动。他指的可能是伊朗的新年——纳吾热孜节。

［20］ See *The Three Brothers；or，the Travels of Sir Anthony，Sir Robert，and Sir Thomas Sherley in Persia，Russia，Turkey，Spain，etc. with Portraits*（London：Hurst，

Robinson，1825），pp. 70 – 71. 这两页描述的是在第一个国都加兹温进行的一场马球赛。

［21］ *The Pilgrim: The Journeys of Pietro della Valle*，translated，abridged and introduced by George Bull（London：The Folio Society，1989），pp. 173 – 175.

［22］ Sir John Chardin，*Travels in Persia，1673 – 1677*（New York：Dover，1988），p. 200.

［23］ Ella C. Sykes，*Persia and Its People*（London：Methuen，1910），p. 109.

［24］ Sir Percy Molesworth Sykes，*Ten Thousand Miles in Persia，or，Eight Years in Iran*（New York：Scribner's Sons，1902），p. 343.

［25］ Paul Horn，"Roß und Reiter im Sa – hna – me"，*Zeitschrift der Deutschen Morgenländischen Gesellschaft*，Vol. 51，No. 4，1907，pp. 837 – 849.

［26］ Jivanji Jamshedji Modi，B. A.，"The Game of Ball – Bat（Chowgân – gui）among the Ancient Persians，as Described in the Epic of Firdousi"，*Journal of the Bombay Branch of the Royal Asiatic Society*，Vol. 48，1891，pp. 39 – 46.

［27］ Ferdowsi，*The Epic of the Kings*（London：Routledge & Kegan Paul，1977），translated by Reuben Levy，pp. 97 – 98. 显然，菲尔多西错误地将自己那个时代的习俗同化在早期的神话传说的人物身上，值得一提的是，《列王纪》早期部分内容源于伊朗东北部以及河中地区，而伊朗和土兰之间的对抗映射的也许是中亚原住民和游牧民族之间的斗争——毕竟，中亚是马球的发源地。

［28］ 参阅 *Epic of the Kings*，pp. 228 – 242。有关亚历山大"伊朗化"的争论，请参阅 William Hanawayx，"Alexander and the Question of Iranian Identity"，in *Iranica Varia: Papers in Honor of Professor Ehsan Yarshater*（Leiden：E. J. Brill，1990），pp. 93 – 103。

［29］ *The Greek Alexander Romance*（Harmondworth：Penguin，1991），translated by Richard Stoneman. Darius's letter is on pp. 70 – 71.

［30］ 参阅 Minoo sassononian Southgate，"A Study and a Translation of a Persian Romance of Alexander，its Place in the Tradition of Alexander Romance，and its Relation to the English Versions"，Unpublished Ph. D. thesis，New York University，1970。

［31］［Neza – mi Ganjavi］，*The Sikandar nâma，e bará: or，Boo of Alexander the Great*，translated by H. Wilberforce Clarke（London：W. H. Allen，1881）. 有关马球和球杆的内容在第 24 章（第 251 ~ 265 页）。在莎士比亚《亨利五世》（第一幕第二场）中有个情节相似得惊人，法国来使把一套网球先给年轻的英国国王来"跟他的气质相匹配"，解释说他还太年轻，不够资格"加入公国的狂欢"。亨利国王对法国皇太子给出

了与亚历山大一样挑衅的回应："我们将会在法兰西，在上帝的恩典之下，用我们自己的球拍好好打场球赛，小心他父亲头上的王冠将会被我们用网球打掉。"虽然莎士比亚不太可能了解波斯传说，但可以推测这一情节与最初希腊的亚历山大传说中的情节是相呼应的，而许多中世纪英国的亚历山大传说都是以希腊亚历山大传说为基础的。

［32］*Epic of the Kings*，pp. 274 - 275.

［33］Sir Percy Molesworth Sykes，*Ten Thousand Miles in Persia*，p. 338.

［34］Schimmel，*A Two - Colored Brocade*，p. 284. 后面几页有更多例子。

［35］ibid.，p. 285. 有一篇以马球为意象的神秘主义文章的例子，可参阅 Arifi，Guy va chawgan，ya，Halnamah，*The Ball and Polo Stick*，*or*，*The Book of Ecstacy: A Parallel Persian - English Text*（Costa Mesa，CA：Mazda，1999）。

［36］细密画举例详见 Norah M. Titley，*Persian Miniature Paintings*（Austin，TX：University of Texas Press，1982）；Norah M. Titley，*Sports and Pastimes: Scenes from Turkish*，*Persian*，*and Mughal Paintings*（London：British Library，1979）。

［37］Antonio Pagliaro，"Un gioco persiano alla corte di Bisanzio"，in *Atti del V Congresso internazionale di studi bizantini*，*Roma*，*20 - 26 settembre*，1936（Rome：Tip. del Senato del dott. G. Bardi，1939），Vol. 1，pp. 521 - 524.

［38］*The Oxford Dictionary of Byzantium*（New York：Oxford University Press，1991），Vol. 3，p. 1939，s. v. "Sport".

［39］Jean - Jules Jusserand，*Les sports et jeux d'exercice dans l'ancienne France*（Paris：Plon，1901），p. 319. 注意 "chicane" 这个词，它源自波斯语 "chowga - n"，由此可知，马球棍可用于恶作剧（欺诈）！吴嘉玲和张修枫在《社会学视域下游戏的本质与内涵》中指出 "英语 chicanery（诡辩，也写作 trickery）来自法文 chicane（诈骗），又是波斯语 chugan 的讹误"。

［40］Tahir Muzaffar al - Amid，*The 'Abbasid Architecture of Samarra in the Reign of Both al - Mu'tasim and al - Mutawakkil*（Baghdad：Al - Ma'aref Press，1973），pp. 115 - 117.

［41］有关中世纪阿拉伯世界的马球的完整讨论见 'Abd al - Razza - q al - Ta - 'i，Al - tarbiya al - badaniya wa al - riya - diya fi al - tura - thal - 'Arabi al - Isla - mi（Amman：Da - r al - Fikr，1999），pp. 277 - 291 and 'Abd al - Hamid Sala - ma，Al - riya - da al - badaniya 'inda al - Arab: ta - rikhuh，anwa - ùha - ，a - da - buha -（Tunis：al - Da - r al - Arabiya lil - kita - b，1983），pp. 271 - 280。For an excellent study in a European language see footnote 4 in *Taki - eddin - Ahmed - Makrizi*，*Histoire des sultans mamlouks de l'Egypte*

（Paris：Oriental Translation Fund of Great Britain and Ireland, 1837）, translated by M. Quatremère, pp. 121 –132.

[42] Carl Diem, *Asiatische Reiterspiele*, pp. 173, 174, 178.

[43] Zha – leh Mottahedin, Chowga – n dar Ta – rikh – e Ebn – e Bibi, Na – meh – ye Farhangesta – n, 3, 4（Winter 1376/ 1997 – 1998）, pp. 73 – 80.

[44] Robert Dankoff （ed. and trans. ）, *Evliya Celebi in Bitlis* （Leiden：Brill, 1990）, pp. 147 – 151.

[45] Abu l – Fazl Allami, *The Ain – i Akbari*, translated by H. Blochmann （Delhi：New Taj Office, 1989 reprint）, pp. 309 – 310.

[46] Titley, *Sports and Pastimes*, p. 5.

[47] Carl Diem, *Asiatische Reiterspiele*, pp. 218 – 219.

[48] Ibid. , p. 212.

[49] James T. C. Liu, "Polo and Cultural Change：From Tang to Sung China", *Harvard Journal of Asiatic Studies*, Vol. 45, No. 1, 1985, pp. 207, 209.

[50] Herbert A. Giles, "Football and Polo in China", *The Nineteenth Century*, Vol. 59, 1906, p. 511; James T. C. Liu, "Polo and Cultural Change", p. 208. Carl Diem, *Asiatische Reiterspiele*, p. 138. 假设朝臣是从马背上摔下来，但有可能他们只是站着摔倒在地。

[51] Howard J. Wechsler, "Tang Dynasty", in Ainslie T. Embree （ed. ）, *Encyclopedia of Asian History*, 4 vols. （New York：Scribner's, 1988）, pp. 4, 68.

[52] Carl Diem, *Asiatische Reiterspiele*, p. 143.

[53] James T. C. Liu, "Polo and Cultural Change", p. 214.

[54] Carl Diem, *Asiatische Reiterspiele*, p. 145.

[55] Ibid. , p. 146.

[56] James T. C. Liu, "Polo and Cultural Change", pp. 215, 219. 宋朝时，宫中女子不常走动，于是妇女缠足在宗室贵族中出现。

[57] Carl Diem, *Asiatische Reiterspiele*, pp. 152 – 156.

[58] Herbert A. Giles, "Football and Polo in China", p. 512.

[59] Quoted in James T. C. Liu, "Polo and Cultural Change", p. 208.

[60] Ibid. , p. 218.

[61] Ibid. , p. 222.

〔62〕 Ibid., pp. 157 – 160.

〔63〕 Michael Sullivan, *The Arts of China* (Berkeley, CA: University of California Press, rev. edn 1977), p. 159.

〔64〕 "Korea's Tradition Weapons", www. turtlepress. com/myt1a. html.

〔65〕 James T. C. Liu, "Polo and Cultural Change", p. 215.

〔66〕 Jörg Möller, *Spiel und Sport am japanischen Kaiserhof* (Munich: Iudicium, 1993), p. 80; Iwaoka Toyoma, "Dakyu," in Kishino Yu – zö (ed. ), *Saishin supo – tsu-daijiten* (Tokyo: Taishu – kan shoten, 1987), pp. 752 – 754.

〔67〕 Lord Redesdale, *The Garter Mission to Japan* (London: Macmillan, 1906), p. 71. 这本书的附录（第 269 ~ 274 页）中写有"这一项目的规则和礼节"。

〔68〕 Bimal J. Dev and Dilip Lahiri, *Manipur: Culture and Politics* (Delhi: Mittal Publications, 1987), p. 4.

〔69〕 Peter Parkes, "Indigenous Polo", pp. 44 – 45.

〔70〕 J. Moray Brown, "Polo", p. 279. 另一个类似的故事可参阅 Brigadier Jack Gannon, *Before the Colours Fade* (London: J. A. Allen, 1976), pp. 20 – 21。然而，据一份 1891 年的马球史材料记载，英国士兵首次使用马球是在 1869 年，可参阅 Frank Milburn, *Polo: The Emperor of Games* (New York: Alfred A. Knopf, 1994), pp. 34 – 35。

〔71〕 Sir Percy Molesworth Sykes, *Ten Thousand Miles in Persia*, p. 343.

全球史（第 3 辑）
# 书 评

# 海滨旅游空间的形成

## ——评阿兰·科尔班的《海之魅：西方世界的海滨发现史（1750～1840）》

### 刘雨石 *

　　人类历史置于时间和空间共同组成的坐标系上，仅凭时间性无法解释历史截面中的共时性关系问题。尽管与空间直接相关的区域研究、国别史研究蒸蒸日上，但是历史的空间性问题在理论层面上超越了地域意义上的划定。由于历史的主角通常是人类自身，外在于人类的空间问题只有依附于与人相关的具象空间形态，才得以进入人类历史的书写之中。这些具象空间形态包括特定的场所、地理概念等，如茶馆、山区等[①]人类与具象空间关系的历史，既包括人类在既定空间中进行活动的历史，也包括人类对既定空间感知维度的历史变迁。就后者而言，法国历史学者阿兰·科尔班（Alain Corbin，以下简称为科尔班）在《海之魅：西方世界的海滨发现史（1750～1840）》（*The Lure of the Sea: The Discovery of the Seaside in the Western World，1750 - 1840*，以下简称为《海之魅》）一书中探索了工业革命时期海滨旅游空间在西方世界形成的历史，为空间议题在历史学中的扩展迈出了开创性的一步。

---

＊　刘雨石，浙江大学历史学院世界史所博士研究生。

①　空间的具体化形态可能是人造空间，参王笛著译《茶馆：成都的公共生活和微观世界，1900～1950》，社会科学文献出版社，2010；也可能是自然空间，参 J. R. McNeill, *The Mountains of the Mediterranean World: An Environmental History*, Cambridge: Cambridge University Press, 2003。

科尔班的部分著作已有中译本，并得到国内一些历史学者的关注。[①]然而，《海之魅》作为科尔班的代表作之一，尚没有中文译本。本文通过《海之魅》一书，追随科尔班考察 1750 年至 1840 年西方世界在历史变迁的宏观背景下"发现"海滨空间的历程，并进一步思考经由海滨旅游空间带来的历史呈现议题。首先，本文考察科尔班在继承吕西安·费弗尔（Lucien Febvre）关于情感进入历史研究的主张后，如何把作为历史对象的名词性"情感"转化为作为探索途径的动词性"感知"，进而为历史与具象空间搭建桥梁。其次，本文依照西方世界认知海滨及与海滨相关实践活动的变迁，剖析科尔班笔下海滨从前现代时期被敬畏的空间，到启蒙运动与工业革命影响下审美的、理性的空间，最终走向休闲的旅游空间的叙事维度与思想价值。最后，本文通过科尔班笔下海滨旅游空间个案具有的象征意义，进一步解读海滨旅游空间体现出的全球视野和更具理论价值与学术延展性的历史呈现议题。

## 一 科尔班对"情感入史"的继承与发展

科尔班的历史研究在一定程度上受到法国年鉴学派的影响，又开拓性地在身体史、感官史、心态史及物质文化史等方面关注人类历史中被隐藏的细节。[②] 其中，吕西安·费弗尔的论文《感觉与历史：如何重建过去的情感生活》（Sensibility and History：How to Reconstitue the Emotional Life of the Past）对科尔班的情感史研究影响较大，并促使后者创作了史学理论专论《一种关于情感的历史与人类学》（A History and Anthropology of the Senses），

---

① 国内较早关注到科尔班的学者是沈坚教授，他在《法国史学的新发展》一文中视科尔班为法国"表征史"（histoire de représentations）或"表象史"的代表，并举例其《空白的领域，1750～1840 西方和对海边的向往》（Le Territoire du vide. L'Occident et le désir du rivage, 1750－1840）一书，即《海之魅》的法语原版，参见沈坚《法国史学的新发展》，《史学理论研究》2000 年第 3 期。另有俞莉琪《探索非现实：阿兰·科尔班与表象史》，第十届北京大学史学论坛会议论文，北京，2014，第 49～66 页；周小兰《从社会史到情感史——法国历史学家阿兰·科尔班的学术之路》，《史学理论研究》2021 年第 3 期。

② 周小兰：《从社会史到情感史——法国历史学家阿兰·科尔班的学术之路》，《史学理论研究》2021 年第 3 期。

自叙情感历史研究的要旨。①

早在 20 世纪 40 年代，吕西安·费弗尔在《感觉与历史：如何重建过去的情感生活》一文中指出，"情感"（sensibilité）是对于外在环境及其变化的主动适应，体现为人类的情感生活及其全部表现。作为历史研究对象的"情感"不同于心理学意义上的"温情"（tendre），它是社会认知的历史产物。因而，吕西安·费弗尔主张借助语言学、图像学、文学等人文社会科学的方法，对不同时代涉及情感问题的细微历史差别进行有针对性的考察。②

科尔班将吕西安·费弗尔关于"情感入史"的主张与担忧付诸实践，并进一步指出了这种研究路径的挑战性。首先，在历史观念的层面，情感作为历史研究的对象，是一个带有主观性的主体对象。这种被科尔班称为非史实性（non‐historicity）的特点，对以客观性为立足点的历史研究传统构成挑战。③ 其次，在研究方法的层面，历史学家研究情感问题面临的最大困难在于历史证据的无常性（the transience of the evidence）。尽管情感的行为发生时的外在环境可以通过一定的证据和研究方法加以实证，但是情感的内容及其影响则难以自明或评估。科尔班借鉴文学对情感问题的书写方式，引入一种被他称为"人类学的质询"（anthropological enquiry）的社会科学方法，即以微观的视角考察碎片化的历史认识证据，以描述性的方式书写历史。科尔班对此有诸多具体的实践，如关于屠杀、恐惧等历史现象进行的微观研究。④ 然而，人类学方法的介入对于历史学家来说又衍生了新的问题，即混淆了作为一种历史实在（reality）而发生的感知行为

① Lucien Febvre, "Sensibility and History: How to Reconstitue the Emotional Life of the Past", in Peter Burke (ed.), *A New Kind of History: From the Writings of Febvre*, London: Routledge & Kegan Paul, 1973, pp. 12 – 26. Alain Corbin, "A History and Anthropology of the Senses", from Alain Corbin, *Time, Desire and Horror: Towards a History of the Sense*, Cambridge: Polity Press, 1995, trans. by Jean Birrell, pp. 181 – 195.

② Lucien Febvre, "Sensibility and History: How to Reconstitue the Emotional Life of the Past", pp. 12 – 26. 德国历史学家扬·普兰佩尔对吕西安·费弗尔在情感史的研究的分水岭作用给予高度评价，参见〔德〕扬·普兰佩尔《人类的情感：认知与历史》，马百亮、夏凡译，上海人民出版社，2021，第 64~69 页。

③ Alain Corbin, "A History and Anthropology of the Senses", pp. 183 – 184.

④ Alain Corbin, "A History and Anthropology of the Senses", pp. 184 – 186.

与观察者对于情感和认知行为的描述之间的差别。① 针对这样的困境，科尔班认为，历史学家介入情感问题，首先要明确情感系统的表征现象及其发生作用的机理，即对破碎历史证据之间的内在关联性进行解码。进而回归历史对象所处的时间、语言和知识背景中，明确何种状态（habitus）能为可感知与不可感知、可表达和不可表达之间做出区分。② 最后，科尔班指出，情感的产生脱离不了一种社会想象（social imagination），因而上述的"状态"本身意味着某种社会断裂（social cleavages）的发生，即感官（生物性）和认知（社会性）之间的不可一致性。对历史中情感问题的研究需要以质化方法去考察情感行为所能带来的认知变化的限度和程度，并最终指向"情感价值的机制"（regime of the sensory values）。③

科尔班在《一种关于情感的历史与人类学》中对于"sensibilities"的分析和实践遵循了吕西安·费弗尔的警醒，并非仅仅停留在生物性的感官层面。情感历史诚然要以身体器官为物质前提，但是人类对空间的感知相较于其他的情感行为，需要更多知识性、经验性的要素，其最终体现为调动整体感官、弱化单一器官（如脑）的作用，即社会属性远远强于生物属性。在历史中感知空间既是人对自身生存状况的源流进行历时性的思考，也是以人为行动的媒介将空间放置于时间变迁之中的具体体现。

人类对物理意义上的空间具有本能性的认知，如空间的大小、开放性等。然而，当人类进入现代社会后，人类活动对空间的改造进程突飞猛进，使得后者的物理性逐步让位于社会性。法国社会学家亨利·列斐伏尔（Henri Lefebvre）认为，进入现代社会后，空间从一种产品（product）转变为一种生产过程（production），他将这种作为生产过程的空间称为"社会空间"（social space）。④ 正是在这种作为人类参与过程的社会空间中，科尔班勾画出一幅海滨空间历史演变的全景图，而情感恰恰是海滨空间得以经历这一系列变迁的端口。在古代的西方世界，人们对海滨的敬畏即一

① Alain Corbin, "A History and Anthropology of the Senses", pp. 187 – 188.
② Alain Corbin, "A History and Anthropology of the Senses", pp. 189 – 190.
③ Alain Corbin, "A History and Anthropology of the Senses", pp. 191 – 192.
④ 〔法〕亨利·列斐伏尔:《空间的生产》，刘怀玉等译，商务印书馆，2021，第40～42页。

种情感的表达，并在社会规训的框架内得到传播。工业革命以来，西方世界对作为陆地边界的海滨进行实践性解码，却因海滨自身具有的审美性、科学性等特质，在空间性实践（spatial practice）的再生产中衍生出一系列子空间，如工作空间、旅游空间等。如果说海滨空间成为科尔班笔下的历史对象，那么情感则动词化为一种关于感知的实践，包含着具体历史背景下的认识、理解与改造。反过来，作为历史对象的海滨空间也反哺于发起感知实践的情感维度，正如科尔班自己阐述的，"海滨"这一具体案例牵动着文化史领域对动情系统（emotionally charged systems）的关注。① 情感与海滨空间之间这种看似互为对象又互为方法的复杂关系，实际上是一个空间经由感知行为在人类历史中不断生产和再生产的过程。这是科尔班笔下海滨旅游空间形成的理论基础。

## 二　情感与认知维度下的海滨旅游空间

《海之魅》以西方世界对海滨认知的变迁作为研究对象，实为边缘性的研究，就连科尔班本人也担心自己的研究可能被认为缺乏代表性。② 然而，海滨作为陆地的边缘，在人类对空间的认识受限于交通和通信条件的时代确实具有典型意义。正如国界对于地缘政治学的重要性，海滨作为一种陆居生活空间的边界，是人类对空间认知的一个相对的极限。

科尔班把作为研究对象的海滨空间放置在历史时间里。虽然该书考察的时间范围是 1750 年至 1840 年，但是海滨空间作为感知活动的历史对象，其源头仍要追溯到古代。在启蒙时期之前，西方世界对于海滨的恐惧心理来源主要根植于《旧约》中创世初期的大洪水。海被认为是创世过程中未结的部分，③ 洪水被认为是上帝的震怒的具象体现。在《新约》中，福

---

① Alain Corbin, *The Lure of the Sea: The Discovery of the Seaside in the Western World*, *1750 – 1840*, trans. by Jocelyn Phelps, London: Penguin Books, 1995, Foreword, p. vii.

② Alain Corbin, *The Lure of the Sea: The Discovery of the Seaside in the Western World*, *1750 – 1840*, Foreword, p. vii.

③ Alain Corbin, *The Lure of the Sea: The Discovery of the Seaside in the Western World*, *1750 – 1840*, pp. 1 – 3.

音取代律法成为人类原罪的挽回祭，海（及洪水）与神迹相关联，战胜大海（而非如《旧约》中诺亚一家在洪水中保全）成为建立属灵信心的一部分。从历史的角度看，《圣经》中的事迹反映出人类情感与认知的一些母题，即人类对于公共或集体对象的普遍性认知。科尔班援引神学家的分析，认为在《圣经》中，海是作为与乐园相对立的深渊，是让人们心存敬畏乃至恐惧之地；海的震怒（灾难）即上帝的震怒的表征。① 如果从世俗层面探索古代西方对海的认知，一些文学作品透露出的信息则是，海象征着未知，指向令人恐惧的谜。② 然而，海本身呈现给古代人的无限和未知，即指向了属神而非属人的世界。因此，这里也成为他们自我认知的地理边界，以至于他们对海滨的关注胜过对海本身的关注。③ 作为陆地与海洋边界的海滨让人们产生一种犹豫不决的心理，即探索的欲望与畏惧的行动同在。④ 段义孚认为，一个人的恐惧包含着警觉（alarm）与焦虑（anxiety），并伴随着情感的波动性持续成为一个系统。⑤ 海滨是象征着安全性与保护性的边界，因此人们对它的恐惧也包含了一种神圣性与崇敬感。

然而，人们最终以商业投机或跨区宣教的目的冲破了这道防线。如果说大航海时代的人们以对利益的追求冲破了身体意义上的海滨表征，那么理智与情感中的"海滨"边界则要持续到17、18世纪才得到实质性的突破。这一时期，自然科学对西方神学观念的改变体现为在自然神学（natural theology）的影响下，上帝的至高性与以此为认知前提的人类理性活动并不冲突。神秘的自然之物在科学技术可触及的范围内经历了祛魅的过程，不再是人类活动的极限。海滨具有的神圣性日渐抽象化，人们探索海滨的欲

① Alain Corbin, *The Lure of the Sea: The Discovery of the Seaside in the Western World*, *1750 – 1840*, pp. 3 – 4.

② Alain Corbin, *The Lure of the Sea: The Discovery of the Seaside in the Western World*, *1750 – 1840*, p. 11.

③ Alain Corbin, *The Lure of the Sea: The Discovery of the Seaside in the Western World*, *1750 – 1840*, p. 12.

④ Alain Corbin, *The Lure of the Sea: The Discovery of the Seaside in the Western World*, *1750 – 1840*, p. 14.

⑤ Yi – Fu Tuan, *Landscapes of Fear*, Minneapolis: University of Minnesota Press, 1979, p. 5.

望则日渐具体化。自然神学以一种隐秘的方式将人的理性注入基督信仰之中，也将人类活动的动机引向信仰之外。18 世纪中叶，神学中的表征内涵在理性主义的打击下式微，对于海滨之美的颂扬也走向世俗，并从少数精英的思想扩展到公众的认知中。①

一些文学艺术作品中较早地透露出人们对海滨的新认知。17 世纪，一些法国巴洛克诗人将自己初见海滨时的喜悦之情述诸笔端，② 一些荷兰画家则在风景画中较早地将海景描绘为一种具有审美与休闲价值的奇特景观。③ 海的神秘性预示着海滨的诱惑力，航海巡游愈加频繁，尤其是壮游（Grand Tour）在欧洲国家成为一种热潮，也让人们对海滨的魅力给予更多审美层面的关注。④ 壮游初期的海滨探索更多是少数精英人士的猎奇活动，以寻求知识和获得愉悦为目的，依托于壮游胜地的意大利海滨地区尤为受欢迎。⑤ 然而，作为壮游附加值的临海快乐更多是满足一时的享受，难以对空间产生更为深刻的认知。17 世纪末至 18 世纪中叶，西方世界对海滨的认知是传统习俗、神学观念、人文知识等认知的混合体，这些来自历史与社会的规训塑造了西方人暧昧不明的空间观念。在这理性与荒谬交织的启蒙运动盛期，神秘海滨在西方人的实践中逐步实现祛魅。尤尔根·哈贝马斯（Jürgen Habermas）认为，尽管代表型公共领域在中世纪"公"与"私"的区分中已经产生，但是 18 世纪欧洲国家与社会的分离最终让公共领域和私人领域的区别基本定型。公共领域的基本成型让观念的交流和相互影响愈加频繁。沙龙及后来的公共博物馆中开始展示风景画，甚至在 17

① Alain Corbin, *The Lure of the Sea: The Discovery of the Seaside in the Western World, 1750 – 1840*, p. 31.

② Alain Corbin, *The Lure of the Sea: The Discovery of the Seaside in the Western World, 1750 – 1840*, p. 19.

③ Alain Corbin, *The Lure of the Sea: The Discovery of the Seaside in the Western World, 1750 – 1840*, pp. 35, 39. 〔美〕埃里克·朱洛：《现代旅游史》，王向宁、李淼译，商务印书馆，2021，第 43 页。

④ Alain Corbin, *The Lure of the Sea: The Discovery of the Seaside in the Western World, 1750 – 1840*, pp. 45 – 46, 111.

⑤ Alain Corbin, *The Lure of the Sea: The Discovery of the Seaside in the Western World, 1750 – 1840*, p. 50.

世纪末培育出一批职业的鉴赏家,① 并进一步激发了风景画爱好者们亲临海滨的愿望。在不同空间认知观念的碰撞与博弈中，海滨最终在工业化时代成为公众认知中的一个休闲空间。人们首先重新认识身体与海的关系，进而在尝试解谜的过程中寻求海滨带来的游憩、欢愉乃至时代精神。

科尔班长期以来对身体历史的关注也体现在海滨与身体在历史中的关系方面。18世纪中叶，自然科学在启蒙理性的助推下，改变了西方人对于身体与自然界之间关系的认知。为了解决最为急迫的身心健康问题，他们主动向海滨迈了一大步。一些患有如抑郁、狂躁等精神疾病的人前往开阔的海滨寻求治愈。这并非一时之举——早在中世纪，精神问题如倦怠（acedia）即被认为是与灵魂的敏感性相关的问题。只是，那指向永恒并包含着无限遐想的大海在这个时期不再是人类行动的禁区。亲临海滨意味着发生奇迹的可能，这也使海滨成为一个让灵魂得到医治的地方。②

工业社会发展的初期，城市环境的污染与人们工作压力的升级也促使一部分西方人寻求身心在空间上的改变。从表面上看，身体先于认知在海滨寻求释放或治愈，但这更是认知维度的变革，反映出人们对于焦虑的重新认识。焦虑被视为一种疾病，需要通过疗养等方式加以治疗。这一时期盛行的一种疗法是冷水浴（cold bathing），不过通常是在人造浴场中进行的。针对身体孱弱的人群，则采用被认为更加有效的海水浴（sea bathing）疗法。③ 然而，海水浴带来的不限于治疗心理疾病本身，海滨盛景也给造访者带来了审美层面的愉悦感。与之相关的配套设施与服务行业随之兴起，逐步将治疗导向疗养，将解决身心问题的特殊需求引向日常享受甚至炫耀的资本。与海滨相关的旅游行业甚至科研工作逐步兴起，并催生了新的美学观

---

① Alain Corbin, *The Lure of the Sea: The Discovery of the Seaside in the Western World*, *1750 - 1840*, p. 43.

② Alain Corbin, *The Lure of the Sea: The Discovery of the Seaside in the Western World*, *1750 - 1840*, pp. 57, 61.

③ Alain Corbin, *The Lure of the Sea: The Discovery of the Seaside in the Western World*, *1750 - 1840*, p. 63. 〔美〕埃里克·朱洛:《现代旅游史》，第71~72页。

念和生活方式。科尔班称之为"海滩的发明"（the invention of the beach）。①

　　海滨的美学效应起始于荷兰风景画引起的海景朝圣，经由工业化时代的技术革新发展为海滨旅行，最终将海滨打造成一种休闲空间。吕西安·费弗尔认为，感性是具有传染性的，这种传染性的社会功能也将成为关于情感历史研究的重要议题。② 通过新闻出版物、海景画乃至文学作品的广泛传播，海滨之美被更多人知晓且因此产生向往。③ 海滨作为一种综合体性质的景观呈现出来，旅行者则会对其进行细致拆解，如礁石、海浪、海滨洞穴、沙滩带给人们不同的精神感受。在海滨猎奇、惊险、审美的过程中，旅行者也发掘了单一视觉以外的综合性感观，如海浪击岸带来的视听震撼。④ 海滨旅行中充满冒险精神的参与性过程，正如皮埃尔·布尔迪厄指出的，是西方精英对于"风险"与"收益"之间进行一种最优区分策略的体现。⑤ 这种被称为"如画美旅行"（picturesque journey）的海滨旅行活动以一种探寻之心态抚平日常压力带来的情感波动，只不过成为一种主动的"治愈"。⑥ "如画美旅行"是一种精英化、知识性的旅行，其倡导者威廉·吉尔平（William Gilpin）在游览多佛峭崖（Dovor Cliff）时，想起莎士比亚晚年多次到访这里并创作了诸多与之相关的戏剧和十四行诗，一种历史性、时间性的共情聚焦于此。⑦ "如画美旅行"反映出18世纪中后期至19世纪初期的西方旅行者对于景

---

① Alain Corbin, *The Lure of the Sea: The Discovery of the Seaside in the Western World*, *1750 - 1840*, pp. 69 - 73, 85, 86 - 96.

② Lucien Febvre, "Sensibility and History: How to Reconstitue the Emotional Life of the Past", in Peter Burke (ed.), *A New Kind of History: From the Writings of Febvre*, pp. 12 - 26.

③ Alain Corbin, *The Lure of the Sea: The Discovery of the Seaside in the Western World*, *1750 - 1840*, pp. 127 - 129.

④ Alain Corbin, *The Lure of the Sea: The Discovery of the Seaside in the Western World*, *1750 - 1840*, p. 131.

⑤ 〔法〕皮埃尔·布尔迪厄：《区分：判断力的社会批判》，刘晖译，商务印书馆，2015，第442页。

⑥ Alain Corbin, *The Lure of the Sea: The Discovery of the Seaside in the Western World*, *1750 - 1840*, pp. 141, 172.

⑦ William Gilpin, *Observations, on the Coasts of Hampshire, Sussex, and Kent, Relative Chiefly to Picturesque Beauty Made in the Summer of the Year 1774*, London: A. Srahan, Printer - Street, for T. Cadell and W. Davies, in the Strand, 1804, pp. 77 - 78. 科尔班的评析见 Alain Corbin, *The Lure of the Sea: The Discovery of the Seaside in the Western World*, *1750 - 1840*, pp. 142 - 148。

观的一种普遍认识，即突出他们对于奇异景观（如海滨）的"感性钟爱"（sensitive affections）。[1] 工业时代的旅游活动试图去消解一种似乎难以克服的自我矛盾——工业革命带来的生活压力、环境污染等负面因素使以知识阶层为代表的人群开始珍惜并寻求那些未被开垦的自然佳境。保护自然以及历史文化传统的情感也以一种矫正性的角度，成为现代化迅猛发展过程中的潜流。不管工业化与现代化的浪潮多么汹涌，因怀旧或技术滞后而遭遇的淘汰有多么残酷，人类的活动总要在空间中以一种张力避免整体性的失衡。尤其是交通、通信等技术的发展，恰恰又为这种对技术的担忧提供了多元行动的可能。伴随着机器化、市场化的大潮，旅游本身从个体性的猎奇或自我提升，逐步转变为大众性的消费。这种趋势不仅为海滨旅游的公众化、个性化乃至炫耀性提供了可能，也为 19 世纪上半叶的西方社会提供了一种平衡。[2] 这种平衡发生在人们对空间的多元认知中，纠缠于对理性的追求和对感性的向往之间。

海滨最终被视为一个旅游空间，并按照消费者和市场需求加以改造。比起休闲空间，旅游空间具有更强的目的性，也意味着人们对空间从被动地接受，到主动地选择，最终变成着意改造的建成环境（built environment）。旅游空间赋予人们一种与日常时间紧密关联的空间认知，即人们在这些不同于日常生活的景观中改变自身的生活节奏，在心态上放慢时间的体验感。旅游空间也会给予人们一定的生活空白，让人们在感受时间流动的同时思考过去。[3] 因而，旅游空间的形成是与两个维度的时间相关的：其一是历史时间，即旅游空间唤起旅游者对个人记忆与集体记忆的思考；其二是生活时间，即旅游空间以通过赋予旅游者不同于日常生活和工作的场所，让旅游者感受到一种相对自由、自主乃至浪漫的时间。旅游空间同时塑

---

[1] Alain Corbin, *The Lure of the Sea: The Discovery of the Seaside in the Western World, 1750 - 1840*, p. 153.

[2] 〔美〕约翰·厄里、乔纳斯·拉森：《游客的凝视》（第三版），黄宛瑜译，上海人民出版社、格致出版社，2016，第 36 页。Alain Corbin, *The Lure of the Sea: The Discovery of the Seaside in the Western World, 1750 - 1840*, pp. 160 - 162.

[3] Alain Corbin, *The Lure of the Sea: The Discovery of the Seaside in the Western World, 1750 - 1840*, p. 171.

造了一种新的时间，即度假时间。度假区别于公务出行、宣教、商旅、游学，是一种以纯粹休闲娱乐为目的的行为。科尔班称 19 世纪初期的旅行为"浪漫旅行"（romantic travel），① 突出了这一时期西方世界里时空的特质。

海滨成为一个旅游空间，既是人对海滨空间逐步接纳的结果，也是人对海滨空间塑造的结果。科尔班在《海之魅》中强调两种典型的海滨景观塑造及其带来的旅游效应，反映出 18 世纪末至 19 世纪上半叶西方世界对海滨空间认知的深化。一种就是海港（harbour），它从一种全然经济、政治性的空间也被纳入旅游空间中：人们不再满足于欣赏海滨的自然景观，对海港的工作（如装卸货物）乃至水手们的生活也产生了兴趣。海港不仅呈现出一种迥异的工作和生活状态，也彰显着国家的繁荣与富强。② 旅游空间唤起的认知既有个体的，如身心的愉悦或对工作和家庭的逃逸；也有社会性、群体性的，如对于国家和民族的自豪，以及社会阶层的加剧分化。这些认识最终通过不同类型的旅行活动得以实践。旅游者还对码头漫步饶有兴趣，并使之成为一种日常休闲活动。③ 临近城市的海滨、设施相对完善的码头让度假时间变得碎片化。人们愈加频繁地亲临旅游空间，意味着旅游与日常生活的关系愈加紧密。这是一种对于生活本身认知的改变。另一种景观塑造体现为"海滩的发明"。科尔班把"发明海滩"的内容放置于全书的最后，即认为这一现象是西方世界在 1750 年至 1840 年对海滨认识的最终体现。曾经作为旅游空间客体的旅游者，努力成为操纵空间价值的行为主体。他们按照自己及客户的需求、愿望乃至想象制造人本化的海滨，即海滩，意味着海滨度假最终形式的产生。④

---

① Alain Corbin, *The Lure of the Sea: The Discovery of the Seaside in the Western World，1750 – 1840*，pp. 174，165 – 167，181 – 182.

② Alain Corbin, *The Lure of the Sea: The Discovery of the Seaside in the Western World，1750 – 1840*，pp. 191 – 192.

③ Alain Corbin, *The Lure of the Sea: The Discovery of the Seaside in the Western World，1750 – 1840*，pp. 194 – 197.

④ Alain Corbin, *The Lure of the Sea: The Discovery of the Seaside in the Western World，1750 – 1840*，pp. 253，263 – 264，279.

### 三 认知空间与历史呈现：《海之魅》中的理论延伸

海滨作为旅游空间在西方世界引起的认知变革，也从欧洲扩展到了大西洋彼岸的美国。美国历史学者辛迪·阿伦（Cindy Aron）在研究美国假期产生及演变的历史时，也强调了海滨带给中产阶层的愉悦感，是"假期"被"发明"的一个重要条件。① 以海滨旅游为契机，休闲旅游伴随着假期的制度化，在工业革命末期基本实现。西方世界的时间观也伴随着空间认知的改变而变化着。正是这种全球视野，让海滨旅游空间的象征意义超越了一种具象空间的历史，指向更为广泛的认知与实践层面。笔者认为，海滨成为一种旅游空间的过程，本质上是人们不断为海滨赋予或生产意义与价值的过程。这一过程始终需要寻求一种来自海滨的回馈，然而海滨自身无法言说，于是人们最终通过复杂的历史呈现过程，将作为旅游空间的海滨置于一种可理解的时间变化历程中。简言之，海滨旅游空间的形成不仅是一个制造意义的过程，也是一个呈现意义的过程。

科尔班在《海之魅》中探索 1750 年至 1840 年西方世界对海滨空间认知的变化。认知由时代性走向人们的日常生活，即是从特殊性走向了一般性。在工业革命的大潮下，认知的流变因社会变化节奏的加快和程序化变得更加复杂，呈现出欲望与信念、利益与伦理、效率与审美交织在一起的状况。海滨本身没有太大的改变，是人们对于海滨空间的认识改变了，而整个认知的变化都是在宏大的历史背景下发生的，并且始终与人类的情感相伴。从恐惧、敬畏到涉足乃至改造，体现为人们对海滨空间感知的变化；从边界到疗养地最终到旅游地，则体现出海滨作为具有生产性的意义空间，始终与人们的日常生活空间交织在一起。日常生活以碎片化的形式却展现出不同历史时期、不同地域和文化的人的潜在需求的一致性，科尔班笔下的海滨旅游空间作为案例指向一定历史时期的西方世界，作为一种

---

① Cindy S. Aron, *Working at Play: A History of Vacations in the United States*, New York: Oxford University Press, 1999, pp. 3 – 11.

人类认知与实践活动的物化表征却指向全球。

作为具象空间的海滨既是物理的，又是社会的。尽管空间的物理性并不是历史研究的主体，但是物理空间并非毫无社会性、历史性，它通过人类的实践活动成为一个价值生产的过程，又通过集体记忆的时间留痕成为一个开放的系谱。在社会化和历史化（或时间化）的过程中，空间被赋予了关于价值观的多重伦理表述，① 以满足到访者崇敬、反思、回忆等思想活动。在《海之魅》中，人与作为物理空间的海滨之间的关系的变迁是科尔班研究的内容。人们把一种权力附加在感知海滨的过程中，这种权力来自传统与现实的撕裂。对海滨的恐惧和敬畏是一种传统，这种传统在1750年至1840年并不是消解在了时代背景中，而是成为认知流变的起点，流变的关键点在于海水浴的发明。海水浴包含着一种对海滨的敬畏，只不过传统的敬畏是在距离感中形成的，这时的敬畏则体现为一种关系，即海滨成为病人治愈这一奇迹发生的条件。现实感让人们对海滨的空间认知呈现出从传统到现代的软着陆。而作为派生物的审美性、消遣性，也因为一种现实感被提升为人们对海滨空间认识的主要内容。后者的现实感体现为工业革命及其带来的生活困惑，促使人们在视觉上把海滨作为与工业市镇迥异的景观地，在行为上作为逃逸日常生活的目的地。这种与时间相关联的空间即旅游空间。与旅游空间相关联的时间则是一种心态时间，即海滨让旅游者改变了日常生活即工作中的时间节奏，并为其提供反思过去和展望未来的空白场域。《海之魅》中的空间依附于一种指向性的、进化的心态时间，即最终成为旅游空间的海滨，无法再还原到传统的恐惧或敬畏中，一经祛魅则成为人类认知活动中的隐喻。

启蒙运动时期，一种"自我呈现"（self‐presentation）的认知及表现形式在公共领域中产生。旅游空间同样也作为一种动态场景，在人们的日常评议中成为一种具有知识生产性的隐喻。海难给探索海滨之美带来了风险，但是也因为这种风险性强化了海滨之魅力（the lure of the sea），这也

---

① 〔美〕Dean MacCannell：《旅游者：休闲阶层新论》，张晓萍等译，广西师范大学出版社，2008，第42页。

是海滨空间认知中最矛盾而复杂的表征之一。[1] 几乎一切的探索都包含着无数的风险，但是许多人依然乐此不疲。海滨作为一种旅游空间，始终是与风险相伴的。人们对这种认知既基于共时性的日常生活，即海滨作为一种具象空间呈现出的特质，也基于一种历史，即他人和自己对于海滨空间的向往（来自愉悦体验）或担忧（如海难历史）促成了人与海滨之间实践关系的建立，甚至进一步影响到海滨旅游空间的塑造（如加强海滨的安保设施建设）。当行动的抉择与价值，在关乎历史时间的思考中投射到具象空间中，海滨旅游空间形成的议题则走向了一种更为深刻的历史呈现。

所谓历史的呈现问题，即过去如何被认知并被表达出来的问题。在科尔班这里，又延伸为过去或历史如何在空间中被感知进而得到理解的问题。感知历史中的空间作为进一步理解的前提，并不是将历史对象抽离于其所属的发生情境进行一种平行关系的转喻或模仿，而是要基于情境本身分析历史对象在时空坐标系中所处的关系与地位。对此，历史学家芭芭拉·克什恩布拉特－金布利特（Barbara Kirshenblatt－Gimblett）用"在原位"（in situ）和"在情境"（in context）两个概念加以区分。[2] 亨利·列斐伏尔则认为，"空间的呈现"（representation of space）需要社会关系在空间实践中实现再生产。[3] 一种新生的空间认知即这种再生产的产物之一。这种"呈现"或"表现"从社会学进入历史学，F. R. 安克斯密特（F. R. Ankersmit）在探讨历史学的"语言转向"（linguistic turn）时有所提及，他认为"表现是实践性的；描述则是理论性和抽象性的"。[4]

因而，科尔班笔下的海滨无法仅通过关于认知的语言表述就成为一种旅游空间，这暗示着历史学在语言转向尝试中遭遇的困境，需要在一次全

---

[1] Alain Corbin, *The Lure of the Sea: The Discovery of the Seaside in the Western World*, 1750 – 1840, pp. 236 – 237.

[2] 关于"in situ"和"in context"的区别，历史学家芭芭拉·克什恩布拉特－金布利特认为前者是关于一个对象的转喻（metonymy）或模仿（mimesis），后者则是用特定的手段和解释为一个对象搭建一种理论参考框架（theoretical frame of reference）。参见 Barbara Kirshenblatt－Gimblett, *Destination Culture: Tourism, Museums, and Heritage*, Berkeley & Los Angeles: University of California Press, 1998, pp. 19 – 23。

[3] 〔法〕亨利·列斐伏尔：《空间的生产》，第 76 页。

[4] 〔荷〕F. R. 安克斯密特：《历史表现》，周建漳译，北京大学出版社，2011，第 76 页。

新的"实践转向"（practice turn）中重构历史叙事追寻的现实感。这种"实践转向"来自历史学家对社会学、人类学等学科中关于实践知识（practical knowledge）和结构化理论（structuration theory）的思考，预示着历史学新范式的来临。① 在历史学的"实践转向"中，历史主体的在场性因时间的不可逆而消解。历史书写不仅需要呈现出遗失在时间中的历史主体，也需要将后者在结构性关系（如历史情境）中的实践活动实体化，使得历史中关系性对象的实践本身成为明确且可以被解释的指称。② 历史中的实践活动包含着行动者的认知行为，历史书写则需要通过表现将历史中的认知转化为历史性的认知。人类在海滨的实践活动与对海滨的改造活动在科尔班笔下成为一种带有当下性的历史议题。时间的不可逆性意味着"实践转向"，如果面对断裂的过去，则需要以一种基于当下的同理心（empathy）去维系历史与现实之间的疏离感，而吕西安·费弗尔、科尔班等学者对历史中的情感问题的关注正是针对这一问题。历史学在社会现实层面的深化实践又丰富了原有的历史认知途径，并带来了新一轮的"转向"。

随着敬畏空间被尘封在历史中，审美和理性的空间因缺乏实践感而仅仅依附于认知层面，只有作为旅游空间的海滨经由历史呈现伴随人类走到了全球化的今天。我们在科尔班的《海之魅》中发现的不仅仅是成为一种旅游空间的海滨。伴随着环境保护与资源开发、生活质量的改善或提高、人际关系的建立与维系等更具现实感的议题，观沧海的我们或许也会借此反观自身的生活，并重新思考承载着我们过去、现在与未来的这个世界。

---

① Michael Polyakov, "Practice Theories: The Latest Turn in Historiography?", *Journal of the Philosophy of History*, 6 (2012): 218 – 235.

② 此处是吉登斯"结构化理论"在历史学"实践转向"中的应用，参见〔英〕安东尼·吉登斯《社会的构成：结构化理论纲要》，李康、李猛译，中国人民大学出版社，2016，"导论"第11页。

# 棉花帝国与大分流

## ——评述斯文·贝克特《棉花帝国：一部资本主义全球史》

石静雯 *

棉纺织业和采煤业是第一次工业革命中备受关注的两个产业。彭慕兰在《大分流：中国、欧洲与现代世界经济的形成》[①]（以下简称为《大分流》）中，认为优越的煤炭地理分布是导致原本没有明显差异的亚洲与欧洲在 19 世纪走上不同道路的关键偶然因素之一，但他并没有给予棉纺织业同等重要的地位。相反，他将棉纺织业视作一个可以用来反映"大分流"影响的行业，淡化了它与其他各种行业之间的差别，作为案例之一出现在书中。彭慕兰希望强调的是在 19 世纪前后出现的断层式的偶然分歧，而某个产业的发展牵涉的制度和历史发展因素都是长期形成的，因此强调生态资源制约的彭慕兰对这个方面的论述有所回避。

《大分流》出版十余载后，哈佛大学历史系教授斯文·贝克特在《棉花帝国：一部资本主义全球史》[②]（以下简称为《棉花帝国》）中为"棉花"正名。以棉花作为切入点，贝克特围绕棉花种植、棉纺工业和棉纺织品市场，讲述了资本主义全球化宏大框架下的历史。棉花在这之中既是工业化、资本主义潮流下的典型反映，同时也是推动这一世界剧变不可或缺

---

* 石静雯，伦敦政治经济学院硕士研究生。

① 〔美〕彭慕兰：《大分流：中国、欧洲与现代世界经济的形成》，黄中宪译，北京日报出版社，2021。

② 〔美〕斯文·贝克特：《棉花帝国：一部资本主义全球史》，徐轶杰、杨燕译，民主与建设出版社，2019。

的重要推手。我们不可否认，棉花相关的一系列产业并不是在19世纪后的欧洲凭空崛起的，而是早已奠定了基础，并在资本主义工业化中起到了至关重要的作用。

从欧洲棉花的历史去窥视整个资本主义全球史，能帮助我们从"长时段"的视角对《大分流》更深层的隐喻进行补充：19世纪前的欧亚两大洲或许没有表现出明显差异，但种种迹象表明，促成"大分流"的经济、制度、社会等因素早已暗流汹涌。

为此，笔者从三个角度展开论述。首先，从欧洲进入棉花产业的早期历史入手，解释其决策的经济逻辑，并论述这一决定对缔造全球贸易网络的开创性奠基；其次，关注国家、商人与劳动力的互动关系，来论述棉花帝国从建立到持续发展的内驱力，强调制度的重要性；最后，论述棉花扩散对社会生产生活其他方面的影响，探讨包括技术、制度在内的因素对"大分流"的作用机制。

## 一　近代早期欧洲棉花产业兴起的经济逻辑

直到18世纪前，长时间主导全球棉花生产的都是亚洲，印度、中国占据了全球绝大部分的棉产品生产和市场。欧洲自16世纪进入棉产品市场时并无优势可言，更无法预知自己将在19世纪成为主导全球棉花产业的巨大垄断商。然而就在各棉花大国并未将欧洲视为竞争对手时，以英国为首的欧洲正不声不响地拉开棉花产业全球化的序幕。

欧洲人为什么会抓住这个他们并不熟悉的产业？首先要关注棉花产业自身的特殊性。斯文·贝克特指出："棉花有两个劳动力密集的生产阶段，一个位于农田，另一个位于工厂。"[①] 具体来说，第一步是在土地上种植棉花，在第二次工业革命发明棉花收割机之前，采摘棉花的过程非常烦琐，需要大量人力劳动；第二步是对摘得的棉花进行加工，从农舍到手工工场，从用小型木制纺车或纺纱杆、纺纱锭的妇女，到后来使用纺纱机的工

---

① 〔美〕斯文·贝克特：《棉花帝国：一部资本主义全球史》，第8页。

人，都依赖人的劳动。

这是棉花被欧洲人最先投以热情的原因，欧洲企业家和政治家们从中发现了获利的机遇。对劳动密集型产业而言，劳动力对资本的替代率较低，意味着当增加一单位劳动投入（或降低一单位劳动力要素价格）时，劳动密集型的产业更能获得高额的利润增加值。于是从棉花产业中获利的逻辑显而易见：如果当时在劳动力数量上有所增加，或劳动力要素的价格下降，那么企业家就有动机去投资劳动密集型的棉花产业。

那么在16世纪时欧洲是否具备这样的条件呢？回溯当时的历史条件，开始于15世纪的黑奴贸易为棉花种植提供了大量廉价劳动力；而第二阶段的纺纱和织布成本同样低廉。因为在新型纺纱机发明以前，纺纱效率低，劳动的单位成本很低，劳动力需求量大，劳动者往往是细致而工资很低的妇女——如果她们将同等的时间用于从事其他的工作，也并不能得到更高的工资——属于"低机会成本"的劳动力。因此对于商人来说，如果能将黑奴劳动力和人口密集国家的妇女劳动力分别投入棉产品生产的两个阶段，就能大幅降低平均可变成本，以至于抵消构建新生产体系所花费的固定成本，从而获利。

然而，早期的棉花红利仅仅是小部分资本家的红利，政府和国家似乎并没有被这些数据打动。英荷战争的胜利使印度纺织品贸易主要落入英国人手中，英国东印度公司在成立后的60年内进口了至少25万件棉纺织品。[1] 这些进口的棉纺织品，部分被欧洲人购买，部分用于换取更多黑奴或再出口到世界各地——但在出口市场上还远不到占主导地位，很少向具有棉产品比较优势的国家出口。18世纪前英国与印度的棉纺织品贸易中，英国始终处于逆差，18世纪与19世纪之交的年均贸易逆差超过2400英镑。印度对棉纺织品的年消费量中来自英国出口棉纺织品的部分直到19世纪初依然微不足道，30年来仍徘徊在3%以下。[2] （见表1）

---

[1] 〔美〕斯文·贝克特：《棉花帝国：一部资本主义全球史》，第36页。

[2] Stephen Broadberry, Bishnupriya Gupta, "Lancashire, India, and Shifting Competitive Advantage in Cotton Textiles, 1700 – 1850: the Neglected Role of Factor Prices", *The Economic History Review*, Vol. 62, No. 2 (2009), pp. 279 – 305.

**表 1　英国出口棉纺织品在印度的市场占有率**

单位：%

| 年份 | 1810 ~ 1819 | 1820 ~ 1829 | 1830 ~ 1839 | 1840 ~ 1849 | 1850 ~ 1859 | 1860 ~ 1869 | 1870 ~ 1879 | 1880 ~ 1889 | 1890 ~ 1899 |
| --- | --- | --- | --- | --- | --- | --- | --- | --- | --- |
| 平均占比 | 0.1 | 1.3 | 2.7 | 11.5 | 21.8 | 24.9 | 40.1 | 61.4 | 51.8 |

资料来源：Stephen Broadberry, Bishnupriya Gupta, "Lancashire, India, and Shifting Competitive Advantage in Cotton Textiles, 1700 – 1850: the Neglected Role of Factor Prices", *The Economic History Review*, Vol. 62, No. 2 (2009), pp. 279 – 305.

尽管如此，这缓慢的起步不容忽视，倘若没有欧洲人在这两个世纪内缔造的全球贸易体系，就没有后来的"大分流"。斯文·贝克特在书中用"战争资本主义"一词来描述这种贸易体系，他指出："欧洲人在棉花世界中变得重要不是因为新发明或先进技术，而是因为他们具有重塑和主导全球棉花网络的能力。"[1] 这种能力正是欧洲资本家和政治家通过军事、武力等暴力手段获得的，"（这）一小部分欧洲人主导了构建全球经济联系的过程"，使印度棉纺织品在 17 世纪成为一种全球性商品。贸易网络逐步包裹着世界，奠定了全球史改写的根基。

在欧洲的主导下，"奴隶制""土地掠夺""帝国扩张"勾连起了非洲、欧洲、亚洲与拉丁美洲（图 1）。欧洲人在三角贸易中贩卖非洲黑奴获取暴利，将大批黑奴劳动力送往美洲；16 世纪航海大发现标志的一系列美洲殖民扩张使欧洲人获得了大量美洲土地，被征服的土著与黑人就在这土地上被强迫纳入种植园的劳动中，棉花就是其中重要的产品；同时，达·伽马开拓的航线为欧洲人提供了与南亚的印度次大陆建立贸易关系的途径，欧洲国家在印度相继成立各自的东印度公司，而棉纺织品正是东印度公司最重要的贸易货物，约占出口量的 3/4。在南亚的扩张不仅为这些特许公司提供了条件，同时也成为他们了解亚洲市场的重要渠道。

---

[1] 〔美〕斯文·贝克特：《棉花帝国：一部资本主义全球史》，第 34 页。

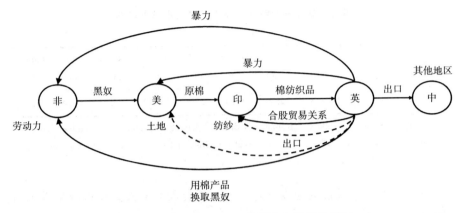

**图1 战争资本主义：全球棉花贸易网络示意**

战争资本主义的概念昭示着资本主义自身的"异质性"——它的形态不仅涵盖通过工资等因素剥削剩余劳动的工业资本主义，同样也包括通过武装暴力来强迫奴隶劳动的战争资本主义。资本主义的统一特质是以任何形式胁迫劳动的全球性生产扩张，那么战争资本主义就可以被看作某种前工业资本主义。进入19世纪后，它保留了全球经济联系的结构框架，将中心进一步向欧洲大陆聚拢，压迫的武器则从钢炮弹药转变为工资和隐蔽的强迫。用枪炮打下的这个坚固的全球贸易链成为基础，支撑着转型后的资本主义在世界范围内以惊人的速度扩张。

## 二　英国棉花产业异军突起的制度因素

16～18世纪形成的棉花贸易网络为资本主义的全球扩张打下根基。工业革命浪潮下，战争资本主义向工业资本主义转变，贸易链条运行出新的秩序。19世纪初，印度已经被踢出棉纺织品生产者的行列，取而代之的是英国当地的制造商。从最初的农村"外包"，到大工厂的建立，棉纺织业在英国逐渐立稳脚跟，英国从一个纯粹的贸易商转变成了全球棉花生产贸易的中心，如同一个帝国般掌控着这张大网（见图2）。

从建立到持续发展，是什么成为棉花帝国转型和崛起的动力？战争资本主义下的欧洲棉花产业并非一帆风顺，变化的外界环境酝酿着挑战。欧洲各国在印度的特许公司为了争取更有利的价格，想方设法地移除印度中间商、直接垄断印度织工市场；而英国本土的棉纺织业处于起步阶段，尚无比较优势，如何挤进这个已有成熟厂商的行业并维持在其中的发展是它面临的问题。

在自由贸易下能发挥各国比较优势的"垂直分散化"生产能改善各国的福利，但在由暴力开启的早期全球化下，反而使绝大部分地区受尽压迫。专业化分工能提高生产效率，但是对于存在控制关系的经济体之间，被控制方没有议价能力，效率对市场占有来说就并不是必要条件。对欧洲来说，生产的分散只是地理上的分散，它们依旧需要权力与贸易控制上的集中。

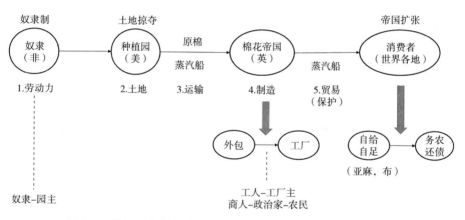

**图2　从战争资本主义到工业资本主义：全球棉花贸易网络示意**

因此对于在印度的特许公司而言，排除世界其他地方贸易商的竞争威胁、实现"上下游一体化"，是它们对这个贸易网络进行长久控制的最好方式。东印度公司是处于印度中间商和消费者之间的下游企业，上游中间商收购织工的劳动成果，加价卖给下游东印度公司，成为英国商人所有。英国商人面临的成本是织工工资、原棉等生产要素的花费以及上游企业的加价，收益是卖给英国零售商或再出口的价格扣除贸易成本，二者之差为公司净利润。欧洲商人通过政治扩张获得了对印度各地区的经济控制，虽然无法完全移除次级承包商，但他们用代理人代替中间商，强迫织工基本只为他们工作，其他贸易商无法得到货物，英国就可以肆无忌惮地压低织工工资，同时也不必担心在下游市场抬高价格会阻碍他们的销售，因为愿意以更低价格销售的贸易商都已经被他们踢出局。

那些看似在竞争市场下无法解决的难题、无法更进一步获得的利益，在夹杂着资本与暴力的贸易制度下，又有了可乘之机。

在形成垄断之前，正如斯文·贝克特在书中所说，整个 17 世纪和 18 世纪"英国和欧洲其他地方的棉纺织业几乎停滞不前"[1]。先行占据国际市场的传统生产商能达到"动态收益递增"，单位成本能随累积产出增加而不断下降，阻碍后来厂商进入市场，即便后来者可能拥有更低的成本曲线。英国的棉纺织业在成本上避免了从印度进口的运输费用，但在生产上具有明显的比较劣势，获取原材料困难、国家相对工资水平高、尚未形成外部规模经济，使英国难以在国际市场与对手抗衡。因此无论在价格还是质量上，英国棉纺织品都远不及印度棉纺织品有吸引力，在欧洲的需求量很低，制约也从产品市场传导至劳动力市场，压低了英国棉纺织业的工资水平。17 世纪至 18 世纪，英国手工纺织业的平均工资始终远低于其他农工业，棉纺织业的工资更是低于整个纺织业的平均水准，仅及羊毛、麻这些主要纺织产业的一半。[2]

对劳动力市场的垄断也部分推动了欧洲人对英国本地棉纺织品的需求，但更重要的还有贸易保护制度。垄断与保护主义是相互促进的，同时伴随着英国在全球棉花产业势力的扩大。随着垄断的优势体现，政府为商人提供保护的动机更为强烈，是因为这些获取高额利润的商人会为政府缴纳大量的税收。国家通过施加关税、限制进口，甚至禁止民众穿着印度棉纺织品，来保护国内的"幼稚产业"能在羽翼下得以生存和发展。然而，在商人与政府的相互依赖之下，政府却不得不在商人与劳动者的诉求中寻

---

① 〔美〕斯文·贝克特：《棉花帝国：一部资本主义全球史》，第 43 页。
② 数据主要集中在 1750 年至 1800 年，但斯蒂芬·布罗德伯里（Stephen Broadberry）在其 2015 年发表的论文中测算出，这段时间棉产品占工业总产值的比重基本高于 18 世纪前后，所以求得的回归系数是绝对值的下界，甚至可能低估了棉纺织业工资过低的水平。Jane Humphries, Benjamin Schneider, "Spinning the Industrial Revolution", *The Economic History Review*, Vol. 72, No. 1 (2009), pp. 126 - 155.

求权衡，因为政府同样依赖人民，所以农民和工人有资格通过政府向商人争取更多权利，他们也是被保护的。自 18 世纪初期至 18 世纪中叶，英国花纱布占所有纺织品的工业生产比重从不到 40% 上升至近 65%，[①] 纺纱手工业者的工资也在 70 年后翻了一番（见图 3）。

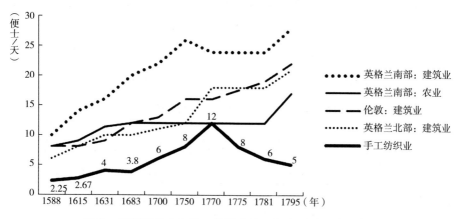

**图 3　英国农工业与手工纺织业的工资水平（日均工资）**

资料来源：Jane Humphries，Benjamin Schneider，"Spinning the Industrial Revolution"，*The Economic History Review*，Vol. 72，No. 1（2009），pp. 126－155；Robert C. Allen，*The British Industrial Revolution in Global Perspective*，Cambridge：Cambridge University Press，2009，pp. 34，76，188。

　　随着科技取得突破，英国国内的生产结构历经了升级，制度对产业的优势进一步放大。18 世纪中期，飞梭和"珍妮纺纱机"的发明拉开了英国工业革命的序幕，棉纺织业首先迎来了生产效率的提升，不断上涨的工人工资开始停滞，取得了很大的成本优势。此时的"外包"不再是以家庭为单位，塞缪尔·格雷格（Samuel Greg）于 1784 年在村庄建立的小工厂是一个典型例子：几台新式的水力纺纱机、周边村庄的一些孤儿和外包工人。尽管如此，商人们正是通过这些小工厂的生产获得了资本的原始积累。斯文·贝克特写道："（扩张）资金的最佳来源就是留存利润。"[②] 贸易的留存收益作为下一期的运营资本继续投入，就可以不断扩大投资存

---

① Stephen Broadbery，Bruce M. S. Campbell，Alexander Klein et al.，*British Economic Growth*，*1270－1870*，Cambridge：Cambridge University Press，2015，pp. 172－175.

② 〔美〕斯文·贝克特：《棉花帝国：一部资本主义全球史》，第 43 页。

量，在下一期产生更多的盈利，使厂商规模产生指数级增长。

18世纪末，达格代尔公司的资本回报率高达24.8%，麦康奈尔和肯尼迪公司达到16%，1799年至1804年每年的留存利润平均为26.5%。[①] 高利润带来的高留存收益率能保证厂商盈利的可持续增长，商人拥有更充裕的资本投入大工厂的建造和新机器的生产，与工业资本主义的发展相互推动。英国棉纺织业自18世纪末以来扭转贸易逆差，顺差优势在19世纪得到放大，19世纪最初10年的平均净出口已达1629万英镑之多（见表2），[②] 英国棉纺织业彻底转变为出口依赖，棉花帝国迎来了蓬勃发展。

表2 英国对印度的棉纺织品出口情况（按当期价格的年平均值计算）

单位：英镑

| 年份 | 1780~1789 | 1790~1799 | 1800~1809 | 1810~1819 | 1820~1829 | 1830~1839 |
| --- | --- | --- | --- | --- | --- | --- |
| 净出口额 | -184000 | 2835000 | 15281000 | 18198000 | 16084000 | 22457000 |

资料来源：Michael J. Twomey, "Employment in Nineteenth Century Indian Textiles", *Explorations in Economic History*, Vol. 20, No. 1 (1983), pp. 37-57。

直到工业化初期，劳动力群体从美洲和印度转向欧洲，劳动形式也从奴隶制向自由劳动过渡，但"为挣工资而进行的自由劳动仍属少数"。[③] 于尔根·科卡（Jürgen Kocka）认为，此时的劳动多受到户主、协会、土地和地主的束缚，自由劳动是到19世纪中期才在政治中受到关注。从某种角度来说，这些劳动并没有彻底摆脱奴隶制的印迹，都具有胁迫的特征，反映了社会制度中的重商主义。这段过程展示了棉花代表的现代世界在乡村地区的起源，是"社会等级和权力关系"的重建，没有乡村劳动和资本的积累，大工厂和工资劳动就不会凭空出现在城市里。[④]

---

① 〔美〕斯文·贝克特：《棉花帝国：一部资本主义全球史》，第70~71页。

② Michael J. Twomey, "Employment in Nineteenth Century Indian Textiles", *Explorations in Economic History*, Vol. 20, No. 1 (1983), pp. 37-57.

③ 〔德〕于尔根·科卡：《欧洲历史中劳动问题的研究》，李丽娜译，陈启能校，《山东社会科学》2006年第9期，第5~11页。

④ 于留振：《新资本主义史与美国史研究的新趋向——再论〈棉花帝国〉》，《美国研究》2020年第4期，第141~155、158页。

## 三 棉花产业对欧亚大分流的推动作用

涌现的大型厂商提高了社会总体对劳动力和市场的整合，在与技术革新的共同作用下，生产效率陡然上升。18世纪末以来，英国对原棉的需求呈指数型增加（见图4），在欧洲地区率先占领棉纺织品市场，生产规模持续扩大（见图5）。

当棉花塑造的不只是一个产业，而是一整个帝国时，棉花在这段历史中的地位就远不止于突破它自身。它对工业革命的推动作用溢出到其他产业和社会生活的方方面面。在战争资本主义阶段，由于进出口贸易繁荣，与运输和外贸相关的航运、保险等次级经济部门兴起，政府信贷、货币、国防等公共机构也得到发展。步入工业资本主义，人类历史上第一个由"非生物能量"驱动的机器在棉纺织业出现，开启制造业机械化的序幕，推动着社会整体生产的变革。而其他行业工业化的成果也反过来为棉花产业向世界渗透提供动力，装载着棉纺织品和资本主义的蒸汽船从利物浦港口开往世界各个角落，将资本主义全球化的蓝图在19世纪末勾勒成现实。

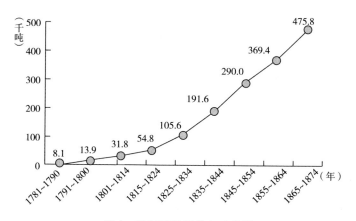

**图4 英国原棉平均年消费量**

资料来源：Robert C. Allen, *The British Industrial Revolution in Global Perspective*, p. 211。

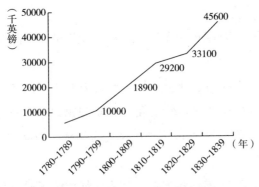

**图5 英国棉产品平均年产值**

资料来源：Michael J. Twomey, "Employment in Nineteenth Century Indian Textiles", *Explorations in Economic History*, Vol. 20, No. 1 (1983), pp. 37–57。

因此，"大分流"并不源自某个产业的单独作用。即使是棉花产业也无法孤立地对中西发展造成如此大的影响，与它紧密相关的技术、制度、经济等因素都是"大分流"不可或缺的条件。如果没有棉花帝国的支撑，也就不会出现另一个与之相仿的"产业帝国"——引领着工业革命的技术和生产力革新、构建起如此庞杂的全球贸易网络——很难说"大分流"是否会发生，或者到怎样的程度。

欧洲单凭暴力和保护主义入侵棉纺织品市场时，似乎并没有对中国、印度这些能自给自足的国家造成很大威胁。正是历经了工业革命，欧洲不仅彻底拉开了与亚洲的差距，也压制了这些小农生产国家的发展。新技术的发明固然重要，但更重要的是将它投入大规模的实际运用中去。中国早就具备发明蒸汽机的技术条件，但人口密集的中国并没有迫切地占领全球市场的动机，而且缺乏战争资本主义和优越的煤矿分布这些工业革命的先决因素，因此新技术并没有得到传播和大量使用。那么在英国这片土地上，棉纺织业是通过怎样的机制推动了新技术的发明和广泛运用，成为工业革命的先驱产业？

斯文·贝克特引用了亚当·斯密的观点，认为英国开拓的非洲、美洲出口市场使它越来越依赖于棉纺织品的出口，市场反过来又促进了分工和新技术。另一方，彭慕兰则结合技术史研究的思维，指出英国首先出现的新纺纱技术导致原棉需求增加、棉价暴涨、棉花产量增加，出现缺乏土地和劳动力的社会生态"瓶颈",进而促使人们寻求"节省土地"的技术,实现新的突破。[①]

不过,从技术对生产成本的影响结果来看,"节省土地"的动力似乎并不够强。首先,在工业革命中对棉纺织业最为重要的技术和机器基本都旨在以更高效的生产率来节约劳动力,而非节约土地。自 1760 年工业革命开始以来的大半个世纪里,原棉的生产成本几乎并无降低,这意味着唯一依赖于土地的环节并未有效地减少成本;而真正在成本上有大幅下降的环节诸如梳棉、纺纱、绕丝等,无一例外都是由劳动力来完成的环节。[②] 此外,土地制约的问题在 16 世纪就已经通过开拓海外殖民地得到缓解,正如彭慕兰自己在书中提到的,殖民主义也是导致"大分流"的关键因素之一。如果他想表达的是资本主义全球化后,资本家为了进一步压迫和节约成本而产生对节约土地的诉求,这已经是 19 世纪后半期的事情,并不能很好地解释棉花产业与工业革命起源的关联。

因为在生态之外,市场和生产结构对技术的影响是更加直接的。想要占领市场,价格优势背后的成本优势尤为重要。在资本主义工业化初期,小农生产的外包工厂难以建立大规模生产,因为工厂周边能吸纳的工人数量十分有限,外包分散到不同地区又难以控制质量和成本。因此,斯文·贝克特和"高工资促进创新"的学者一致认为,"降低劳动成本"从而扩大生产的动机促进了飞梭、新型纺纱机这些棉花产业历史上最重要的发明。18 世纪 30 年代发明的飞梭使生产率提高了一倍,18 世纪 60 年代发明的珍妮纺纱机使生产率提高了两倍,[③] 它们都是出现在英国织工工资水平不断上升的阶段。这些降低织工工资水平的新发明在扩大生产规模的过程中不断得到普及,在步入 19 世纪后使英国棉纺织品价格得以在 30

---

① 〔美〕彭慕兰:《大分流:中国、欧洲与现代世界经济的形成》,第 62 页。
② 1760 年至 1836 年,原棉价格稳定在 16.88 ~ 16.70,梳棉从 5.60 下降到 0.14,纺纱从 7.00 下降至 0.34,绕丝从 0.47 下降至 0.01 以下(基于 1784 年物价水平,单位是 d/lb)。Robert C. Allen, *The British Industrial Revolution in Global Perspective*, p. 185.
③ 〔美〕斯文·贝克特:《棉花帝国:一部资本主义全球史》,第 64 页。

年内下降 2/3。① 但"高工资"对创新的助推是有条件的，它既能产生促进转型的"替代效应"，也能产生抑制新技术投资的"规模效应"。只有当替代效应超过规模效应时，工资率才对资本投入具有正向影响。

当新技术支持着棉纺织业向大规模集中生产转变时，仍须依靠贸易保护来保障它在市场中的地位。尽管斯文·贝克特认可高工资诱发了机器的改良，但他也认可罗伯特·艾伦的观点，即国家的保护主义更大程度地缓解了高工资带来的阻碍。② 他们更注重彭慕兰等人忽视的制度对经济变革的影响，这一点与一些制度经济学家不谋而合："真正伟大的发明是这些机器所嵌入的经济、社会和政治机构。"③ 正是这些制度性的因素，将工业资本主义逐渐从战争资本主义中剥离出来。王国斌和罗森塔尔近年的研究也表明他们对那些能把制度和规则调动、整合起来的经济社会进程更为重视。④

关于"发明"和"保护"在工业资本主义的发展中谁更胜一筹的问题，或许很难得到确切的答案，但毋庸置疑的是这二者自出现以来是相互强化、共同作用的。正如王国斌的观点，工业资本主义的发展离不开国家的扶持和对反对声音的打击；⑤ 倘若没有国家的保护，"幼稚产业"难以发展，无法促进国内需求，也更难促进发明。然而没有发明、仅有保护主义，短期来看能维持行业的存在和盈利，但长远来看不具有竞争优势，无法走出国门在海外市场占据霸权。正是在保护主义的保驾护航下，新技术迎来了自己的用武之地，在壮大棉花产业的同时，扩散到各种社会生产活动的发展中，推动着欧洲走上与亚洲不同的现代化发展道路。

---

① Michael J. Twomey, "Employment in Nineteenth Century Indian Textiles", *Explorations in Economic History*, Vol. 20, No. 1 (1983), pp. 37 – 57.

② Stephen Broadberry, Bishnupriya Gupta, "Lancashire, India, and Shifting Competitive Advantage in Cotton Textiles, 1700 – 1850: the Neglected Role of Factor Prices", *The Economic History Review*, Vol. 62, No. 2 (2009), pp. 279 – 305.

③ 〔美〕斯文·贝克特：《棉花帝国：一部资本主义全球史》，第 74 页。

④ 转引自周琳《从"大分流"到"大分流之外"——〈大分流之外：中国和欧洲经济变迁的政治〉述评》，《中国社会经济史研究》2019 年第 4 期，第 103～113 页。

⑤ 〔美〕斯文·贝克特：《棉花帝国：一部资本主义全球史》，第 69 页。

# 结　语

棉纺织业是工业革命的先驱，在"大分流"中也代表性地反映了亚欧生产力的差异。这些差异并非毫无征兆地突然出现，而是伴随着资本主义全球化的过程逐步演进。斯文·贝克特在一次采访中说："资本主义的历史，不只是技术创新的历史，或者说是市场无形的手的历史。恰恰相反，它是一部胁迫、暴力、掠夺和奴役的历史。"[①] 胁迫和暴力的实行与转型离不开国家的作用，也离不开历史环境。在此基础上发展的自由劳动力市场根本上也是"暴力的产物"，那些用自己的劳动换取薪酬的工人大多是被迫成为无产者的农民。

彭慕兰与斯文·贝克特的分歧，实际是以不同的关键要素为出发点进行分析。比如彭慕兰利用棉花来反驳欧洲中心论时，关注到 19 世纪前的欧洲无论是外贸市场占有率还是国内生产都远不及古老的亚洲，而国际贸易与暴力压价使名义工资高、价格敏感的欧洲棉纺织品不必降价，从而也无法催生出节省劳动力的创新。因此彭慕兰的论述中更关注的是资源与市场本身，而斯文·贝克特将"大分流"首先看作国家权力、国家和资本所有者之间的特殊关系的分流，他更注重贸易体系背后的制度。斯文·贝克特采取了一种更深层、更长远的视角（即"长资本主义"）来看待资本主义的历史，而不仅仅停留于某个时间点的数字所能反映的信息。

尽管斯文·贝克特试图摆脱欧洲中心论的影响，讲述一个全球化的故事，然而他自己也承认他仍对欧洲大陆持有太多的关注。他有意地提到非洲等地区的"棉花部落"在棉花帝国建立后继续存在，但并没有同样重视许多第三世界国家参与工业资本主义发展的不同途径，它们不像欧洲那样迅速，而是长时间保持着"不完全"的发展形式。[②] 书中依然是从欧洲的

---

① 澎湃新闻：《答问｜斯文·贝克特谈〈棉花帝国〉、全球史与资本主义史》，2020 年 8 月 18 日，https://www.thepaper.cn/newsDetail_forward_8760748。

② 王燕：《棉花帝国之殇——评贝克特〈棉花帝国全球史〉》，《史学理论研究》2016 年第 2 期，第 142～148 页。

视角来看待资本主义全球史，欧洲在逐渐扩大的贸易网络中似乎是无可置疑的中心，具有强烈的"内""外"区分。不过这也与《棉花帝国》特殊的主体有关，17～19世纪的棉花产业最重大的变革就发生于欧洲，不可否认原本多中心的世界至少在棉花帝国的崛起下体现出某种意义上的单中心结构。

# 林恩·亨特、杰克·R. 森瑟《法国大革命和拿破仑：现代世界的锻炉》

彭业佳[*]

《法国大革命和拿破仑：现代世界的锻炉》（*The French Revolution and Napoleon：Crucible of the Modern World*）由法国大革命史研究领域的两位著名学者林恩·亨特（Lynn Hunt）与杰克·R. 森瑟（Jack R. Censer）合著完成。作为新文化史的领军人物，林恩·亨特擅长从政治话语、象征意义等角度研究法国革命。近年来，林恩·亨特积极推动法国史学研究的全球史转向，这本书便是在这一基础上的探索。这本书着重将细微之处的考察与全球史的宏观视野相结合，例如通过呈现共和国印章取代国王印章、摧毁君主制雕像等革命举措来理解其背后的象征意义；同时，这本书也从更全面的视角去探索跨大西洋的激进主义观念在全球的流动与蔓延，例如大革命中锻造出的革命话语、政治动员模式与极具煽动性的修辞如何在全球贸易带来的征服战争中作为一种公共资源席卷了大西洋两岸，从而使法国大革命的遗产成为形塑现代政治的一股力量。

全书依据时间顺序展开，从革命前夕、革命走向激进、拿破仑帝国的形成及其终结四个部分呈现出法国大革命前后三十多年的演变历程。第一章分别从内、外两个因素介绍 1789 年革命爆发的背景，即 18 世纪下半叶复杂的国际形势与法国社会裂痕如何导致债务危机，并进而引发宪制危机。第二、三章从激进主义的角度考察法国革命爆发后革命不断走向激进的历程。第四、

* 彭业佳，广西百色市委党校市情研究室教师。

五章勾勒了督政府终结恐怖统治与拿破仑的对内统治与对外征服，以及最终建立帝制的过程。第六章分析了拿破仑帝国背后潜在的危机以及帝国的终结。

## 一 全球史视野下法国大革命的缘起

19 世纪 70 年代，法兰西民族在经历了一个世纪的动荡之后终于确立了民主共和政体，但共和制依旧面临着诸多挑战。共和派致力于形成统一的共和主义文化认同，因此成立了"大革命史研究会"。1886 年，阿方斯·奥拉尔（Alphonse Aulard）担任巴黎大学法国大革命史的首任讲席教授，开创了革命史学研究。在阿尔贝·马迪厄（Albert Mathiez）、让·饶勒斯（Jean Jaurès）、乔治·勒费弗尔（Georges Lefebvre）以及阿尔贝·索布尔（Albert Soboul）等著名历史学家的不懈努力下，该学派成为正统史学派，并享有"国家史学"的地位。正统史学派受到马克思主义史观的影响，从社会经济、阶级斗争的角度来解释法国革命的起源。

20 世纪中后期，法国史学家弗朗索瓦·孚雷（François Furet）与德尼·里歇（Denis Richet）合著《法国大革命》（La Révolution française），正式向正统史学派宣战。弗朗索瓦·孚雷反对把法国大革命诠释为一种宗教式的公共记忆，较之正统史学派，他更强调政治话语与意识形态在革命中扮演的重要角色，他指出："大革命发明了一种政治话语和一种政治实践，从此我们不断地生活于其中。"[1]

冷战结束后，人们对新文化史的关注取代了正统史学与修正史学之间的争论。林恩·亨特主编的《新文化史》（The New Cultural History）于 1989 年出版，该论文集一经问世便产生巨大反响，由此确定了历史学主流的"文化转向"。近二十年来全球化的发展为史学研究提供了一个更为宏观的、整体的全球史视野。全球史与跨国史视野下的法国大革命研究侧重从全球经济发展、殖民地与法国本土的互动、帝国间的全球竞争、跨国启

---

[1] 〔法〕弗朗索瓦·傅勒：《思考法国大革命》，孟明译，生活·读书·新知三联书店，2020，第 109 页。该历史学家人名现通译为孚雷，但该书出版时译为傅勒。——编者注

蒙运动等视角探讨法国大革命的起源及其发展动力等问题。[①] 法国大革命史的著名学者皮埃尔·塞尔纳（Pierre Serna）教授也十分关注法国大革命研究中殖民地的问题，他认为"法国大革命不止是法国本土的革命，它也应该包含在法国殖民地发生的革命"。[②]

传统史学派和修正史学派在解释法国大革命的起因时，通常认为法国内政方面的各种因素都压倒了英法两国在国际贸易中的利益之争。[③]《法国大革命和拿破仑：现代世界的锻炉》的最大特色恰恰在于凸显了英法贸易争端对于大革命缘起的影响。作者着眼于 18 世纪全球竞争的背景，抓住英法争夺殖民地资源这条主线，英法之间持续性的战争致使法国的财政状况日益恶化。林恩·亨特敏锐地捕捉到国际资本市场的运作与法国债务危机之间的关联。自15 世纪起，欧洲银行家们跨越国界的金融投资为财政危机中的法国王室带来了解决困难的希望。[④] 法国王室越来越依赖国外银行家提供的借贷来为其帝国野心买单，巨额资本的糖衣炮弹裹挟着法国王室一步步走向破产。

此外，本书还抓住激进主义思想在全球范围的互动与影响。法国支援北美独立运动从客观上推动了先进的启蒙思想与民主共和理念在全球范围的传播。在 18 世纪，出于对共和制与人民主权的向往，各国革命者在共同的理想道路上相互支持，形成一个不断吸收新观念的国际网络。各地相继爆发的革命运动也体现出启蒙运动的影响力已超越国界，显现出其普世主义的价值。

法国债务危机夹杂着自由、理性的小火星，在人们猝不及防的瞬间点爆了革命，威力巨大，不仅响彻欧洲，也震荡了世界。法国大革命在战火的锻造下，为现代民主政治留下丰富的政治遗产。苦难与伤痛塑造了一代人的记忆，它们留在了革命时代，而革命话语作为一种政治资源，为后世的革命者们提供了一种关于共和主义的想象，拉丁美洲人民在自由、平等

---

① 庞冠群：《全球史与跨国史：法国革命研究的新动向》，《史学理论研究》2017 年第 1 期，第 91～101 页。

② 高毅、马麟贺：《法国革命史学前沿热点问题巡礼——塞尔纳教授 2019 年末北大讲学述评》，《历史教学》（下半月刊）2020 年第 6 期，第 11～17 页。

③ 〔法〕弗朗索瓦·傅勒：《思考法国大革命》，第 223 页。

④ 参见 Lynn Hunt, "The Global Financial Origins of 1789", *The French Revolution in Global Perspective*, pp. 32－43。

的理念与民族主义的召唤下掀起了独立运动浪潮。

## 二　全球史视域下的革命暴力

1787 年，法国深陷债务危机。法国贵族们不仅强烈地拒斥法国国王为解决债务危机提出的征税政策，并以此为契机发起一场宪制斗争：强迫国王重新召开三级会议，并通过主导三级会议来实现对王权的制约。而在三级会议停开的这一百多年中，第三等级抓住机会实现了财富增长，正如西耶斯所言，第三等级承担着维持社会运转的所有劳动，而贵族成了"寄生虫"。因此，由资产阶级组成的第三等级为摆脱贵族的绝对支配，要求改变三级会议的召开方式和投票方式，但遭到了拒绝。多次调解失败后，第三等级的代表们怒不可遏，决定放弃通过合作的方式推进改革，成立了"国民议会"，并要求制定新宪法。部分开明贵族也站到了第三等级的一边，他们对王权的公开反叛、对特权的弃绝都动摇了绝对君主制的根基，法国国王不得不承认合法革命已经完成。

路易十六迫于王党的压力，命令军队包围巴黎，加上时任财政大臣内克被辞退一事彻底点燃了民众的怒火。1789 年 7 月 14 日，巴黎民众自发地武装起来攻占了巴士底狱。该事件虽然成功挽救了危机中的制宪议会，却意味着和平革命向暴力革命的转变。在此后的三年，革命机器如同上了发条般不知疲倦地运转起来，人们带着"与旧制度决裂"的信念和激情，在人民主权的裹挟下，朝着激进主义的方向越陷越深了。

倘若内克被辞退一事让法国人开始猜忌国王，那么国王出逃瓦伦事件则彻底伤害了法国人的感情。1791 年 8 月 10 日，由激进分子组成的起义公社在丹东的带领下爆发了二次革命，人们在激情与狂热中颠覆了君主政体，也顺手将斐扬派和 1791 年的立宪制宪法扔进历史的尘埃中。"除了共和制，代表们也许再看不到别的选择。"[1] 布里索和支持共和制的吉伦特派

---

[1] 〔美〕林恩·亨特、杰克·R. 森瑟：《法国大革命和拿破仑：现代世界的锻炉》，董子云译，中信出版社，2020，第 109 页。

很快主导了立法议会，但他们与人民之间的分裂在经济危机中早已有迹可循：吉伦特派依靠着人民的力量取得革命的领导权，却拒绝满足人民最基本的生存需求；为了推翻君主制而煽动国外战争，却无法对接连失利的战事负责。最终，因征兵而引发的旺代叛乱把法国大革命的危机推向顶点。

吉伦特派在一次次的错误决策中为雅各宾派提供了机会。与吉伦特派相比，雅各宾派选择为满足民众的需求而奔走呼吁，并在无套裤汉的支持下共同推翻了吉伦特派的统治。雅各宾派采取了更为激进的政治路线，新的救国委员会和革命法庭应运而生，并可以轻易处决所有可疑分子，无差别的屠杀事件也时有发生，救国委员会正以一种极其残酷和血腥的方式维持着它的正当性。同时，革命释放出的极具破坏性的能量也在一次次恐怖和流血中威胁着雅各宾派。1794年忿激派与宽容派相继被处决，断头台下血流成河。复仇与惩罚成了恐惧的代名词，昔日的革命战友在彼此猜忌和斗争中将尖刀刺入对方的心脏；恐怖政治源源不断地塑造的革命敌人在敌我对立中清除异己。

关于如何看待革命中的暴力与恐怖这一议题，传统史学派与修正派史学派亦存在分歧。传统史学派把革命不断走向暴力与激进化归咎于战争造成的国内外的危急形势，这迫使革命者不得不诉诸恐怖。马克思主义史学家阿尔贝·索布尔认为，1793年9月5日，民众涌入议会大厅并强迫政府满足他们的诉求，意味着民众暴力已经导致形势失控，而革命政府不得不开展声势浩大的清洗运动。① 正如另一位马克思主义史学家让-克莱蒙·马丁（Jean - Clément Martin）所言，"雅各宾主义正是国家机器层面的政治试图控制民众政治的一种努力"。②

较之传统解释，修正史学派从革命话语与意识形态的角度切入革命中的暴力与恐怖。巴黎高等社会研究院的帕特里斯·葛尼斐（Patrice Gueniffey）教授深受修正史学派影响，他认为，革命冲击了旧秩序，必然

---

① 〔法〕阿尔贝·索布尔：《法国大革命史》，马胜利、高毅、王庭荣译，北京师范大学出版社，2015，第229页。
② 崇明：《启蒙、革命与自由：法国近代政治与思想论集》，上海三联书店，2018，第208～248页。

会产生敌人，革命制造的语言、词汇、言论中包含大量激进色彩。① 革命政治的内在激进性把原本可以解决的分歧转化成截然对立的敌我矛盾，最终陷入无法转圜的处境；而革命则演变成革命者之间对政治和权力的角逐，暴露出其残酷性。当罗伯斯庇尔在借助美德为恐怖辩护时，意味着利用严苛抽象的美德建立共和国。他对道德优先性的强调扩大了革命政府敌人的范围，只要还存在不符合美德标准的人，革命与恐怖就将继续进行下去。②

《法国大革命和拿破仑：现代世界的锻炉》从全球史的视角呈现殖民地贸易在客观上推动了法国大革命的激进主义发展。《人权宣言》中抽象性的语言与普适性的观念为法属殖民地人民争取平权提供了依据，米拉波、布里索、孔多塞、丹东等本土革命领袖都支持有色人种争取公民权的斗争。③ 1791 年 8 月，圣多明各爆发奴隶叛乱事件，该殖民地的产品出口额大幅降低，而此前全球一半的咖啡和蔗糖都产自圣多明各，法国本土的蔗糖、咖啡、肥皂等生活必需品供应紧缺，导致物价上涨，妇女们走上街头要求国民议会采取限价措施。革命阵营内部就如何对待民众暴力而产生分歧，相对温和的吉伦特派惧怕民众暴力的泛化会危及资产阶级的既得利益，表现软弱；反观更为激进的雅各宾派，则是以妥协的姿态与民众暴力结合。革命阵营内部的分裂进一步导致暴力泛化。

## 三 全球史视野下的拿破仑帝国

热月政变结束了雅各宾派的统治，却无法磨灭恐怖带来的惨痛回忆。人们在恐惧中选择放弃自由。伊德·德·纳维尔（Hyde de Neuville）写

---

① 〔法〕帕特里斯·葛尼斐：《法国大革命中的暴力与恐怖》，马贺译，《学海》2011 年第 2 期。
② 潘丹：《"以最崇高的美德为由"——罗伯斯庇尔笔下的革命、美德与恐怖》，《读书》2019 年第 3 期。
③ 高毅、马麟贺：《法国革命史学前沿热点问题巡礼——塞尔纳教授 2019 年末北大讲学述评》，《历史教学》（下半月刊）2020 年第 6 期，第 11~17 页。

道："法国自愿接受了波拿巴的奴役……长久以来第一次满足了它对秩序和稳定的需求。"[1] 拿破仑深刻地认识到其权力的脆弱性——依靠不断战争和随之而来的荣耀来维持其统治。为了腾出手应对复杂的国际形势，拿破仑必须尽快整顿国内秩序，他尽可能地拉拢一切可利用的力量争取保守派和天主教势力，坚决镇压顽固分子并借机肃清政敌。

《法国大革命和拿破仑：现代世界的锻炉》从全球史的视角呈现了拿破仑如何重塑欧洲及其影响。1802 年法国分别与奥地利、英国议和停战，但 1803 年拿破仑入侵英国的计划让《亚眠和约》成了一纸空文。在此后的十二年中，战火烧遍欧洲大陆，英国几次主导组建反法同盟围剿法国。而这场最初只是英法争夺势力范围的战争，逐渐将大多数欧洲强国卷入其中，最终引发了全球性的影响。

1805 年，奥斯特里茨一战让奥地利损失的不仅是领土，就连弗朗茨二世"神圣罗马帝国皇帝"的王冠也被踏碎在拿破仑的铁蹄下。德意志地区的各公国相继脱离神圣罗马帝国的统治，组成莱茵邦联，并由拿破仑实际控制。拿破仑对欧洲的改造不只停留在对德意志地区的政治空间上，他将家族成员安插在欧洲古老的王室网络中，并在附属国推行《拿破仑法典》，使其成为欧洲的唯一立法。在《拿破仑法典》中体现的启蒙思想与普世主义原则都顺应了民主时代的发展，给欧洲封建秩序带来了巨大挑战，其影响甚至波及中美洲和南美洲。[2]

拿破仑的殖民政策同样体现了其全球扩张的野心。18 世纪的圣多明各依靠种植园体系获得的巨大财富引发欧洲强国的激烈争夺。法国为换取殖民地人民的拥护和支持，于 1794 年通过《废奴法令》。此举颇有成效，法属殖民地团结起来相继驱逐了西班牙与英国的入侵者。拿破仑掌权后，重新瞄准了富饶的圣多明各，他派出军队，准备着手恢复殖民地贸易和奴隶

---

① 〔法〕帕特里斯·格尼费：《帝国之路：通向最高权力的拿破仑，1769～1802》，王雨涵、黎炜健译，九州出版社，2021，第 676～677 页。这本书的作者即上文的帕特里斯·葛尼斐，上文采用了所引论文的译名。——编者注

② 参见〔德〕埃米尔·路德维希《拿破仑传：征服欧洲》，郑志勇、李慧泉译，华文出版社，2018，第 97 页。

制。然而拿破仑野心勃勃的扩张计划却在黄热病的侵袭下损失了大量兵力，最终破产。1804 年，圣多明各宣布独立，海地革命不仅成为拉美独立运动的先锋，对美国而言，购入路易斯安那为西进运动和奴隶制的扩张准备了条件，同时也为美国内战的爆发埋下伏笔。

# 编后记

　　《全球史》第 3 辑终于要出版了，能在"编后记"中写几句话，我感到很欣慰。

　　第 3 辑一共有 3 个栏目：专论、译文和书评。

　　"专论"共有 5 篇文章。《〈美国东方学会会刊〉汉学研究的分期及其演变成因》对《美国东方学会会刊》（*Journal of the American Oriental Society*）上刊载的有关汉学研究的文章进行了再研究，其意义在于以一种跨文化的视角重新审视了这批极有价值的学术史资料。李松等的这项工作，明显超越了纯粹的知识论研究，也超越了单纯汉学史研究的范畴。曹瑞臣对蔗糖传播及其影响的研究和郭幼为对汉唐之际蒜的应用的考察都属于比较典型的微观个案全球史，即以某种商品为研究对象，将其置于广阔的关系情境中，探讨其全球性意义。

　　本辑还有作者探讨了东亚范围内的知识环流现象。刘小丽的《东亚视域下的明代兵书流播研究——以〈纪效新书〉为例》对《纪效新书》在日本和朝鲜半岛的传播情况做了系统的梳理。按照日本历史学家西嶋定生的定义，"汉字文化圈"是以汉字为传意媒介，以儒家为思想伦理基础，以律令制为法政体制，以汉传佛教等为宗教信仰的历史空间。因此，将某一研究对象置于东亚历史的整体情境加以考察可以凸显前现代"东亚文化圈"的共性。

　　我们一直非常重视近代以来中国现代知识体系的形成机制。孙一赫的《林乐知〈万国公报〉世俗化转型及其启蒙教育意义》是非常重要的研究成果，它向我们呈现了《万国公报》从基督新教的报纸转向世俗媒体的过程，指出这份报纸借助戊戌变法成功进入了中国人的政治和文化生活。

除中文原创论文外，本集刊特别重视包含新史料、新观点的译文，本辑共收录4篇。《锅匠、裁缝、学者、间谍：尉迟酣、佛教和冷战》一文根据档案和口述资料对美国中国宗教研究学者尉迟酣的生平进行了梳理，指出尉迟酣的著述只有结合冷战背景才能被充分理解。佩尔瑙（Margrit Pernau）的《将概念省份化：跨国史的语言》一文告诉我们，关键概念的历史能让我们在研究社会变革时不仅纳入殖民者的经验，同时也纳入被殖民者的经验。《历史中的翻译——作为翻译的历史?》一文认为，"文化翻译"（cultural translation）的概念有助于历史学家以新的方式看待以往已经熟知的现象，增强他们对不断变化的交流"模式"和不断涌现的"证据"的处理能力，并意识到自身所处"语境"在研究中的重要性。谢哈比（Houchang E. Chehabi）和古特曼（Allen Guttmann）的研究《从伊朗到全亚洲：马球的起源与传播》系统地梳理了马球运动从波斯传播到东亚的过程，新意迭出，体现了一种跨文化互动与跨文化比较相结合的研究视角。

本辑的"书评"栏目只有3篇文章，但都是研究型书评，既有介绍，也有评述，显示出较高的学术水准。

整体来看，本辑内容根据研究主题的大小，可分为五个不同的层次。一是全球史理论建构，包括对跨国史的语言和作为翻译的历史的探讨。二是叙事性的全球史研究，如全球视域下的蔗糖叙事。三是区域性全球史，本辑较多关注亚洲区域体系内部以及区域间的互动关系。四是专题性全球史研究，本辑所收文章涉及的出版物分析，蔗糖、蒜的历史，兵书流播，人物研究等，都属于此类。五是微观个案全球史，即以某个小地方、旅行家、商品、概念、国际组织等为研究对象，将其置于广阔的关系情境中，探讨其全球性或广域性的流动及其意义，如本辑研究蔗糖和马球历史的文章。与一般的比较研究相比，全球史的最大特色在于始终强调同一性内部的变化，这个变化是不断互动和交流的结果；而一般的比较研究则预设了比较双方"虚构的自主性"（fiction of autonomy），即彼此独立、本质上没有关联的平行结构。这正是我们需要通过聚焦迁移史、纠缠史和关联史的全球史研究来修正纯粹比较研究的原因。

尽管 20 世纪 90 年代以来民族国家已不再是历史学家最常见的分析单位，它依然是全球史的重要研究对象。因此，本集刊会继续收录与汉学研究相关的文章。从全球史的角度来看，恰恰是西方的汉学研究，为我们超越僵化、封闭、独断的思维方式与知识生产方式提供了宝贵的镜鉴。

李雪涛

2024 年 4 月 18 日于北京外国语大学历史学院/全球史研究院

# 稿　约

1. 《全球史》(*Chinese Journal of Global History*) 由北京外国语大学历史学院主办，每年两辑，专事刊登全球史研究领域的论文、译作、访谈和书评，力求在不同尺度与维度上探究和呈现近代以来人类超越各种地理、政治和文化边界的交往与互动，包括但不限于贸易史、移民史、传教史、语言交流史、知识迁移史、环境史、科技史、疾病史、概念史、翻译史、留学史等内容。本刊对所有原创学术论文实行匿名评审制度。欢迎海内外学者赐稿。

2. 发表论文以中文为主，一般以3万字为限，特殊情况另行处理。

3. 来稿必须未经发表，如属会议论文，以未收入正式出版论文集为限；如有抄袭或侵权行为，概由投稿者负责。

4. 所有学术论文先由编委会作初步遴选，获通过的论文会送请专家学者做匿名评审。文中请勿出现能够辨识作者身份的信息。

5. 来稿请另页标明中、英文篇名，投稿人发表用的中、英文姓名，并附中、英文摘要（各200字为限）及中、英文关键词（以5个为限）。

6. 来稿一律采用页下注（脚注）形式，每页单独编号。一般情况下，引用外文文献的注释仍从原文，无须另行译出。文章正文后不另开列"参考文献"。所引资料及其注释务求真实、准确、规范，体例请参考《社会科学文献出版社学术著作出版规范》第17～25页，下载地址：https://www.ssap.com.cn/upload/resources/file/2016/11/04/126962.pdf。并请以 Microsoft Word 兼容的文稿电子文件投稿。

7. 来稿请附个人简介，并附通信地址、电话、电子邮件等联系方式。

8. 来稿一经刊登，即送作者当期刊物两册。本刊无稿酬。

9. 来稿经本刊发表后，除作者本人收入其著作结集出版外，凡任何形式的翻印、转载、翻译等均须事先征得本刊同意。

10. 来稿请以附件方式发邮件至：cjgh_bfsu@163.com。

11. 本刊主编和编委会保留发表最后决定权，并可以对来稿文字做调整删节。如不愿删改，请于来稿时事先予以说明。

《全球史》编辑部

**图书在版编目（CIP）数据**

全球史. 第 3 辑 / 李雪涛主编 . -- 北京：社会科学
文献出版社，2024.9
ISBN 978 - 7 - 5228 - 2980 - 7

Ⅰ. ①全…　Ⅱ. ①李…　Ⅲ. ①世界史 - 研究　Ⅳ.
①K107

中国国家版本馆 CIP 数据核字（2023）第 237978 号

**全球史（第 3 辑）**

主　　编 / 李雪涛

出 版 人 / 冀祥德
责任编辑 / 赵　晨
责任印制 / 王京美

出　　版 / 社会科学文献出版社·历史学分社（010）59367256
　　　　　　地址：北京市北三环中路甲 29 号院华龙大厦　邮编：100029
　　　　　　网址：www. ssap. com. cn
发　　行 / 社会科学文献出版社（010）59367028
印　　装 / 唐山玺诚印务有限公司

规　　格 / 开　本：787mm × 1092mm　1/16
　　　　　　印　张：16.5　字　数：251 千字
版　　次 / 2024 年 9 月第 1 版　2024 年 9 月第 1 次印刷
书　　号 / ISBN 978 - 7 - 5228 - 2980 - 7
定　　价 / 128.00 元

读者服务电话：4008918866